U0815870

TopBook

一 个 人 ， 遇 见 一 本 书　饕书客

去印度，与诸神同行

去印度，与诸神同行

小重山 —— 著

陕西新华出版传媒集团
陕西人民出版社

图书在版编目（CIP）数据

去印度，与诸神同行 / 小重山著.—西安: 陕西人民出版社, 2019

ISBN 978-7-224-13153-6

Ⅰ.①去… Ⅱ.①小… Ⅲ.①散文集－中国－当代
Ⅳ.①I267

中国版本图书馆CIP数据核字(2019)第052547号

出品人　惠西平
总策划　宋亚萍
出版统筹　关　宁 韩　琳
策划编辑　王　倩 王　凌
责任编辑　张启阳 晏　藜
装帧设计　闫薇薇

去印度，与诸神同行

作　　者：小重山
出版发行：陕西新华出版传媒集团 陕西人民出版社
（西安北大街147号 邮编：710003）
网　　址：www.sxrmbook.com
发行电话：029-87205094
地　　址：西安北大街147号
邮　　编：710003
印　　刷：陕西金和印务有限公司
开　　本：787mm × 1092mm 16开 17.75印张
字　　数：320千字
版　　次：2019年8月第1版 2019年8月第1次印刷
书　　号：ISBN 978-7-224-13153-6
定　　价：59.80元

微信扫一扫
关注饕书客

新浪微博 @ 饕书客topbook

Contents
目录

01.旧德里

旧德里诚如耄耋之年的老者，难以加快他老迈蹒跚的步履，也无法熨平他沟壑纵横的额头。

02.杰伊瑟尔梅尔

仿佛踏进中世纪的骑士故事，或是想象力丰富的细密画展览，不禁让人联想到古代的沙漠光辉和奇异的商贸通道。

03.焦特布尔

梅兰加尔城堡是冷兵器时代防御工事的巅峰作品，暗褐斑驳的壁垒承载着血色的历史，是拉索雷人精神的象征。

04.乌代布尔

乌代布尔是一座炮塔林立，充满了奶色、蜜色和玫瑰色的城市，是印度大陆最浪漫的地方。

05.斋普尔

血性尚武的卡奇瓦哈人为了奉迎殖民者，卑躬屈膝，居然给城市涂了一层模仿砂石的粉红色调，以示热情好客。

06.阿格拉

沙·贾汗在阿格拉堡的八角楼里思念他心爱的泰姬，情到深处，无限伤感地抱怨：“亲，咱老三坑爹啊，我俩怎会生出如此忤逆不孝的儿子？”

07.奥尔恰

太阳爬上错落参差的建筑顶端，霞光洒落在寺庙群高耸的尖塔上，奇异梦幻，扑朔迷离，让人想起童话世界里超现实的镜头。

08.克久拉霍

神庙墙壁上的性爱雕塑动作大胆、姿势夸张、花样繁多，每组雕像几乎就是经典的性爱课堂。除正常性爱，尚有群交、爱抚、挑逗，甚至人兽交合。

09.瓦拉纳西

恒河洗浴可以祛除秽语、谎言、诽谤、骚语、盗窃、暗害、盲从、贪欲、恶语、愚妄十大罪孽。其实，人类背负着的原罪，即使跳进恒河，又如何能够洗刷得清？

10.拘尸那迦

涅槃像造于公元5世纪，为典型的犍陀罗佛像雕塑风格，古朴而圆润，被信徒供奉的各种丝绸袈裟覆盖，头脸和暴露在外的部分贴满了金箔。

11.菩提伽耶

佛陀是征服内心世界的人。他最典型的身体特征，就是目光集中在鼻端的“内审神态”，这样就能有效控制自己的精神世界。

12.新德里

到底是鲁琴斯规划的城市，所谓“殖民王冠上的宝石”，绝非浪得虚名。对照破败的旧德里，简直天上地下，甚至让人怀疑两个城区是否属于同一国家。

序言

xuyan

与诸神同行

提到印度，我总喜欢跟人打嘴仗。有人说，印度是人类生存的原点，盛产思想和哲学；也有人说，印度人活在自己编织的神话中，恒河里充斥着愚昧和迷信。要我说，对印度所有的描述都是正确的，因为每一种观点都能找到相应的实例佐证。

中国网民对印度的评价可不怎么好，甚至贴上让人哭笑不得的标签。有个流行语叫“开挂”，最初就是评价印度人的专用词，源自几张火车上挂满当地人的照片；还有一句是“干了这碗恒河水”，指印度人“饮恒河水”的习惯；再者“神一样的左手”，似乎不用过多解释。对这些幸灾乐祸似的段子，我要为印度辩白几句。

我在印度旅行时，从来没见过车顶车外都挂满人的情况。最多两节车厢衔接处人堆人，夸张时乘客从窗口出入。和我们的春运相比，应该半斤八两，似乎没有笑点。至于“恒河水”与“左手”，只是不同民族的不同习惯，有什么大惊小怪的呢？

也不全是编排。有些人又极力夸赞印度的民主自由及免费医疗、免费教育，似乎印度就是人间天堂，就是西方乐土，又将印度捧上了天。

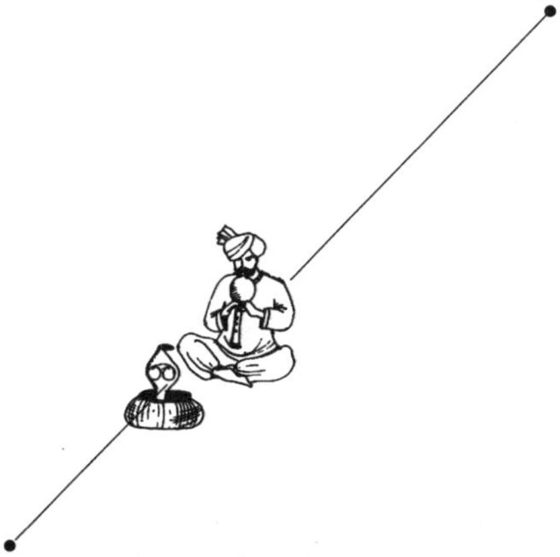

其实，印度与中国极其相似，如家庭观念、乡土情结、鬼神崇拜等。因为山水相依，两国自古就有密切的来往。坦白地说，更多时候我们在向印度学习。佛教理论及其所蕴含的生活哲学，就源于印度，影响着每一个中国人。所以，我们应该正确认知印度，而不宜盲目自大。我们都有着值得自豪的古代和不堪回首的近代，中国因为最近三十年的发展，才引起世界的关注。

无论如何，放下偏见，去印度旅行都是一件令人激动的事情。我们可尽情于《摩诃婆罗多》所记载的王国中徜徉，或者与中世纪吟游诗人笔下的悲情骑士对话。走进拉贾斯坦的古堡、德里苏丹的皇宫、阿格拉的陵墓、恒河岸边的祭礼、菩提伽耶的佛迹。这一切，都令人流连忘返，一咏三叹。

诚然，印度的确有令人不安的一面，落后的基础设施、脏乱的卫生环境、神出鬼没的小偷骗子，尤其整体社会对女性的歧视，甚至被评为“对女性来讲最不安全的国家”。可见世间本没有完美的风景，印度也同样在错综复杂的矛盾中前进。

那么，真实的印度到底如何？我还是推崇眼见为实。如果你没有机会去印度旅行，不妨跟随我的文字和镜头，去感知不可思议的印度。

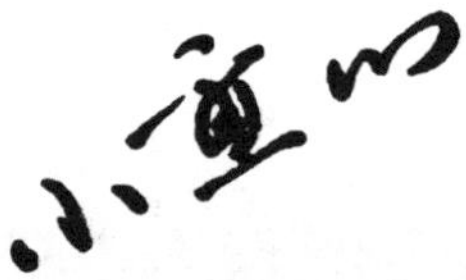

01

OLD DELHI

旧德里

欢迎来到婆罗多

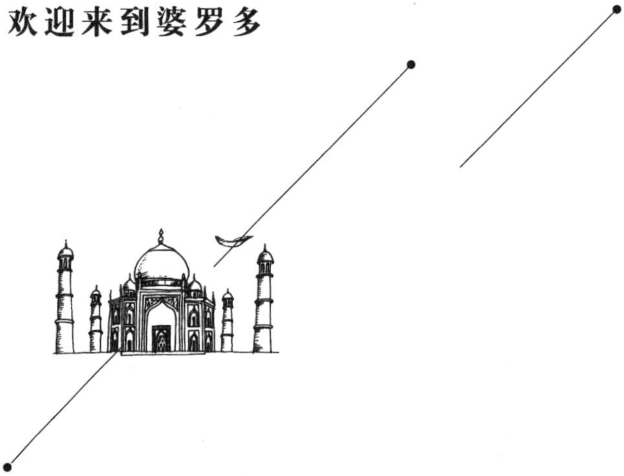

新德里英迪拉·甘地（Indira Gandhi）国际机场。

刚下飞机，吴茱萸和徐长卿就扔下行李，迫不及待地去找卫生间。回来时笑逐颜开，像发现了新大陆，鼓动我前去参观。原来，机场卫生间的标识是身着印度传统服饰的大画幅清纯玉女和络腮胡子猛男肖像，刚柔相济，夸张幽默，确实是别样的异国风情。甫一抬头，我甚至误以为风月场，就算在宽衣解带不胜“唏嘘”的时候，也忍不住咧嘴一笑。

严格来说，尚未入境呢。但是，不可思议的婆罗多就让人非常期待，正如印度旅游局官方的全球宣传口号：“Incredible India!”

入境大厅边检柜台上面镶嵌着铜饰的墙壁里伸出许多动作各异的手势。印度人发明了阿拉伯数字，但他们又用这些手势代表这些数字，以表明柜台的编号。手势掌心莲花绽放，姿势优雅神秘，仿佛谁人微笑着说，“哦，亲爱的，欢迎来到婆罗多！”

印度人称自己的国家为“婆罗多”（Bharata），而“印度”（India）源自梵文，得名于印度河（Indus）。中文“印度”则是唐代高僧玄奘所著《大唐西域记》里的译法，此前中国典籍里称其为“天竺”、“身毒”。

办完入境手续，才算真正走进了印度。机场门口有换汇的柜台。知情人说，汇率较市内为低，1美元可换60卢比。我先换来20美元，以支付前往旧德里的出租车费。近些年卢比贬值，人民币升值，虽然印度物价也上涨，但1人民币能换10卢比，相当于没有涨价。

一行六人，吴茱萸和徐长卿将与我走完全程。徐眼镜明天会被他的组织“搭救”，金樱子很不走运，却捡了个更不幸的谭姑娘。谭姑娘拖着巨大的箱子，步履维艰，怎不让人怜香惜玉？金樱子来自东北，遇到无良代理商，签证迟迟不能下来，导致旅行计划完全被打乱。最终成行时，已经晚了好几天，恰好和我同时抵达德里，便相约一起到旧德里的帕哈甘吉

英迪拉·甘地国际机场，边检柜台

(Pahar Ganj)区寻找住宿。因为有位巴豆先生早就到了德里，我们就打算住在他落脚的客栈，免得半夜再去找房间。

门口值勤的警察说，地铁已经停止营运，可以搭乘计程车前往市区。穿过马路，我们到车站对面寻找预付费的出租车。

新德里的天气较南中国暖和，但印度人似乎异常怕冷，不是戴了帽子，就是包着围巾，或者干脆裹上一条毯子。连荷枪实弹的军人，也拉起棉外套领子，不停地搓手跺脚。几个出租车司机过来招揽生意，也许时间太晚，并没有过多纠缠。

办理预付费出租车手续的小亭子实在很不起眼，正面窗口提供旅游咨询机票代售之类的服务，说明来意，工作人员指指后面。转过去，老旧的窗口里面有几张玩世不恭的笑脸，六人两辆车，每辆375卢比。

出租车可乘四人，司机胡子拉碴，高瘦弯曲如虾米。车身就像烤糊了的方块面包，没有观后镜，满身补丁，赤橙黄绿，抽象写意。出于习惯，我拉开右侧车门欲上副驾驶位，孰料却是驾驶座。后面的人笑起来，我才恍然醒悟，印度是左向行驶，与中国相反。不过，管理似乎甚为严格，出停车场门口，有人检查单据，并需要司机签字。

车子慢悠悠地驶出机场，路边有个瘦高男子顺手拉开车门想上来。车内已满员，他上来干吗？我吃了一惊，大声对司机说“No， No”，男子就像干坏事被当场捉住一样，讪笑着松手。于是，我们就由这辆“烤糊了的”面包车载着，左冲右突，往旧德里驶去。

新德里是印度的首都，但机场到旧德里的路况实在不敢恭维，坑坑洼洼，破破烂烂。路上挤满了“TATA”牌的大卡车和小汽车，还有突突车(Tuk-Tuk)、人力车、自行车，见缝插针，拼命争道。奇怪的是，这些车子多数没有观后镜，偶有鲜亮的新车，观后镜也会打下来，俯首帖耳。即使尘土飞扬，也都摇下车窗，有说为了便于观察后面的情况，转向拐弯要依靠手势，驾校培训课中也包括行车手势和动作。

不时见到慢吞吞横穿马路、背上长着大瘤子的神牛，或者干脆站在路中央昂首甩尾，细嚼慢咽，骄傲得像出巡的国王，懒散的样子让人恨不得踹它几脚。但是，司机们似乎毫不介意，放慢了速度小心绕过。

游荡在马路上的神牛，带来的不仅仅是简单的交通堵塞问题。因其在印度教中神圣的地位而不能宰杀，导致数量急剧上升，成为都市的老大难。尤其失去劳动和供给能力的老牛，被主人抛弃，只好流浪在没有草料的城市里，以垃圾果腹，瘦骨嶙峋，步履蹒跚。据说，妥善处理神牛问题都成了政治筹码，哪个党派如果能够拿出解决“牛满为患”的方案，在大选中获胜的几率就越高。但是，获胜方进驻总理府后，神牛的处境还是得不到改善，只能继续做城市的流浪者，不停地在垃圾堆里翻腾，等待下次大选的到来。

不可思议的婆罗多，究竟有多神奇？还没开头呢，就让人跌破眼镜。

旧德里在新德里以北，由印度的伊斯兰王朝莫卧儿帝国所建。新旧德里以市区中心的康诺特广场（Connaught Place）为界，路边有画着神牛“Stop”的牌子，大概算是界线了。其实并没有严格的划分，只是以城区的新老风貌在心理上区分罢了。依我看，统称为德里更为贴切。但是，如果要买机票火车票，都要输入“New Delhi”。

新德里城由英国建筑师鲁琴斯（Edwin Landseer Lutyens）主持修建。20世纪初，因了殖民的方便，英国人将首都从加尔各答（Kolkata）迁到德里。印度独立后，定都新德里，在原来鲁琴斯的建筑基础上向南扩展，而将老城完整地保留下来，成为人们寻访旧时光的所在。

车子跑了一个多小时，在路口停下来，司机说找不到具体的旅馆。我跳下来问路，热情的印度人有的指东，有的指西，让人茫然不知所措。突然看到火车站站台，以及站台正对的两个框架建筑，便叫大家下车走过去。巴豆曾说过详细的线路，所订旅馆离那两个框架建筑不足500米。

后来才发觉，司机根本在耍滑头。因为很多背包客都遇到同样的情况，有些坚持的人，赖在车上不走，最后都被拉到了旅馆门口。

帕哈甘吉区的街道清冷寂寥，仿佛繁华过后的舞台。昏黄的路灯将夜行者的影子拉得老长。路边几个披着毯子的人正在烤火，火光忽明忽暗，周围的几张脸便相应地阴晴不定。左顾右盼间，却听到路边有人叫喊，原来前辆车上的人早到，正在旅馆门口喝茶呢。

因为我们在走廊里喧哗，隔壁的客人敲打墙壁以示抗议，我们便迅速回房歇息。房间的毛毯单薄，再要两条，犹是不够。我和巴豆背了睡袋，将多出来的毯子给徐眼镜。惊喜的

傍晚，一位清洁工还在工作

新德里街头

是，热水充足，可尽情冲洗。来过印度的朋友曾再三告诫，千万不能饮用自来水，即使刷牙，也尽量用瓶装水。我倒不以为然，直接用自来水刷牙。我想，如果连刷牙都谨而慎之，旅行的乐趣将会大打折扣。反过来，如果刷牙会出问题，那洗澡又当如何？

巴豆是台湾人，早到几天，从阿姆利则（Amritsar）回来之后，将德里逛了个遍。余下的旅程，将和我们一道，最后在格雅（Gaya）分手，经加尔各答回家。我心里嘀咕，此公真是健谈。从见面时起，他的嘴巴一直就没有闲着，关灯欲睡的时候，犹自滔滔不绝，我只得含糊应过几声，在他和三轮车夫的“斗争”中沉沉睡去。

小贴士：

北京、上海、广州、香港有印度使领馆，可就近办理签证，需提供护照、身份证原件及复印件、签证申请、英文详细行程、英文在职证明、机票预订单、酒店预订单、两张50×50mm白底相片等材料。或者直接在网上办理电子签（https://indianvisaonline.gov.in/evisa/tvoa.html），详情参考印度驻华大使馆网站。

北京、上海、广州均可直飞新德里，昆明能直飞加尔各答。

新德里机场门口有换汇柜台，汇率较市内低；本地电话卡在市内购买较划算。乘地铁橙线至“New Delhi”站下，走二分之一门，安检，上天桥，经过16个站台，在1站台出站，对面就是背包客云集的帕哈甘吉区。

预付费出租车在机场门前马路对面右手边小亭子里办理，到帕哈甘吉旅馆区每辆375卢比。不用理会司机的任何借口，诸如旅馆客满、旅馆拆迁、有更便宜的等，直到旅馆门口。客栈区旅馆林立，价格不等，我住斯麦林（Smyle Inn），双人间800卢比，热水充足。

生殖崇拜，印度教的“林伽”

斯麦林（Smyle Inn）经营两间同名客栈，起床后，招呼众人去另一间店里用餐。

天气有些阴冷，街头凌乱的碎纸片和塑料袋被风吹得跳舞。早起的德里人将脑袋包得严严实实，只露出忽闪忽闪的眼睛，再披条颜色模糊的毯子，活脱脱就像装在套子里的人。但是，也有穿着“裙子”的男人，趿拉着拖鞋，露出干瘪的小腿，在巷子里慢慢走过。这种景象，让人担忧他会不会伤风感冒？相对而言，身着纱丽（Sari）的女人，三三五五，袅袅婷婷，华丽得让人驻足回首。可不是，灰蒙蒙的天气，乱糟糟的巷子，要是没有亮丽的色彩点染，该是多么阴晦啊！

通过一段逼仄的街道，小心翼翼地和迎面而来的神牛擦身而过，来到露天餐厅。早餐有牛奶、咖啡和面包；佐餐有种甜酱，类似于国内常见的草莓酱；还有一种像薯片样的食物，干脆易碎，味道寡淡，仿佛做来就是为了忘却，没留下什么印象。

对面餐桌上坐着一个身着印度服饰的白人女子，道一声“Morning”，谁知她竟用汉语作答。她来自上海，虽然汉语说得不太流利，但足够相互问答了。未几，又进来一对东亚面孔的青年男女，仅有的桌椅被我们占据，他俩便有些手足无措。我招呼众人挤一挤，给他们让出位置。他俩来自台湾，也是自助游印度的背包客。巴豆听见，赶紧向他们介绍德里的旅游信息。

用过早餐，按照巴豆的指点，到街头换汇，买手机卡和链条锁之类的必备物件。店铺尚未开张，前行几步，碰到热气腾腾的早茶摊子，旁边围着一堆人正在饮用。有几个睡在街边的人掀开被褥，打着呵欠，来不及整理脚边的铺盖卷儿，忙不迭地翻看报纸。谁说穷人不关心时事？

印度也有茶（Chai），读音如汉语，显然是中国的舶来语。西汉时期的“蜀身毒道”和其后西南地区兴起的“茶马古道”，最后都到达印度和阿拉伯地区，是中印最早

被热情的印度人包围了

一个身着纱丽的妇女从帽贩子身边走过

的商品贸易和文化交流通道。因此，中印之间，很早就互通有无了。印度茶里面除了牛奶，还有丁香、豆蔻、肉桂、胡椒、生姜等香料。茶老板架起煤气炉，搭上铁锅，将各种配料放里面，煮啊煮，沸腾之后过滤，再分到铝制的小杯子里给客人。色如咖啡，味若奶茶，一杯10卢比，我就喜欢这种近乎发腻的甜。

几个热情得有些夸张的当地人过来搭讪，嘻嘻哈哈，絮絮叨叨，我只好微笑或者点头。吴茱萸长得玲珑，又好说话，很快与他们打成一片，未几，便友好得挤成一团拍亲密照了。白皙的吴茱萸和黝黑的印度人形成鲜明的对比，她从显示屏里看了，自嘲不已。

印度人的面孔总觉得不干净，似乎很久没洗脸。初次接触，居然是这种印象?

虽然是旧德里的帕哈甘吉区，街道杂乱破旧，停车睡人，牛来狗往，但客栈区并没有贫民棚户。街边的老楼房，有雕琢精致的窗台，虽然破败，但难掩昔日的光彩。当地人说，这叫哈维利（Haveli），是当年富足的商人们所建。旧德里如果这般风貌，倒也不足为奇，国内落后城市也这般模样。

深入到里面的小巷，则更乱更脏。吱吱扭扭，咿咿呀呀，杂货店、饮食摊次第开门营业。须发凌乱、睡眼惺忪的德里人慢悠悠地忙碌起来，新的一天开始了。

街边有座小寺庙，走进去参观，当地人提醒需要脱鞋，便又退出来。寺庙狭小，供奉男性生殖器雕像，即印度教的“林伽”（Linga）崇拜。这玩意做成圆柱形，呈勃起状态，代表湿婆（Shiva）；底座为女性生殖器样，名为“约尼”（Yoni），代表湿婆的妻子帕尔瓦蒂（Parvati）。

湿婆有生殖与毁灭、创造与破坏的双重性格，呈现各种奇异怪诞的不同相貌，主要有林伽相、恐怖相、温柔相、超人相、三面相、舞王相、璃伽之主相、半女之主相等。常见形象长发飘扬，头顶恒河和弯月，青黑的脖颈挂串骷髅项链，光膀子，围虎皮，缠毒蛇，四手分执三股钢叉、手鼓、水罐和念珠，跨白色公牛。虽然恐怖，但面目清秀如女人，额中有第三只眼，如中国二郎神。这只眼能喷火，可摧毁万物，相传爱神就被他烧成灰烬，是以印度教的爱神又有“无形”之称。寺庙里常见湿婆在火圈中跳舞的雕像，脚踩侏儒，近乎疯癫，预示毁灭。但毁灭意味着新生，这与中国所谓“否极泰来”、“物极必反”如出一辙。

供奉湿婆人身像的寺庙不多，最常见的还是林伽形象。其实就是约半米长的黑色秃顶石柱，有些四面雕湿婆头像，放在状如磨盘的石雕约尼上，象征阴阳交合而产生的生殖力量。印度教的湿婆派和性力派信徒常用鲜花、清水、青草、水果、树叶和干米等敬奉林伽。史诗《罗摩衍那》记载湿婆与妻子新婚之夜做爱达百年之久，从不间断，精液喷洒至恒河，孕育了印度文明。

要是不深究，这种图案组合倒不觉得有多色情。不过，印度教这种开放的性崇拜至少要追溯到3000多年前的吠陀时代，三大主神之湿婆与毗湿奴都有超强的性爱和生殖能力。但是，传统的印度家庭行为保守，公众场合会尽量避免谈论与性有关的话题，这与他们整日焚香膜拜生殖器的习惯大相径庭。

圣雄甘地曾说，印度文化只有三种要素：一为耕田之铧犁，二为纺织之机械，三

席地而坐，以手抓饭

醒来的第一件事就是看报纸，
谁说穷人不关心时事

为印度之哲学。其实，就是吃饭、穿衣和思想。首先解决温饱，然后再考虑精神层面。用中国人的话讲，无非是物质文明和精神文明。印度人约有八成信奉印度教。印度的哲学，归根结底就是印度的宗教信仰。在印度教“性力派”看来，印度哲学就是性崇拜，这与中国人所谓“饱暖思淫欲”不谋而合。

附近没有高新建筑，连“西联”（Western Union）这样的庞然大物都挤在狭小老旧的空间里办公，何况其他机构？几个韩国人在柜台前和工作人员理论，见我们进来，便自觉让出位置。今天的汇率是1美元兑64卢比，较巴豆所言有所下跌，讲价再三未果。出于谨慎，我只换了200美元，然而，此后再也没遇到更高的汇率。出门有卖铁链子的店铺，一阵讨价还价，200卢比购得三条链子和两把锁。买这链子干吗？有经验的人告诫，坐火车时要将行李锁在床底，以防被盗。置齐了安全保障的家伙，赶紧退房挤地铁前往旧德里火车站。

德里的地铁线路用不同的颜色标示，有红、黄、蓝、橙、绿、紫六条线路，以康

印度教的“林伽”

湿婆神像

诺特广场为原点，贯通连接包括城外国际机场在内的新旧城区，较之于地面交通，当真有天壤之别。地铁管理严格，整齐有序，男女进站通道分开，X光、搜身、查包，程序复杂，旁边还有荷枪实弹的警察虎视眈眈地盯着，如临大敌，生怕谁会点燃炸药包扑过去。其实，不是“生怕”，是确实存在。相对于中国，印度的恐怖事件多着呢。地铁站人流密集，当然要严防死守。

地铁列车设有专门的女士车厢，这让姑娘们兴奋不已。她们责令我们站在车厢接合处，不得逾越。

也有大大咧咧的马虎人，一个魁梧的中年男子进入女士车厢，居然没有发现周围全是异性，在花花绿绿的女人堆里摇头晃脑，看上去十分突兀，形成一幅幽默的画。女士们惊讶地看着，终于，有人忍不住提醒，他才很不好意思地走过去，混入男人中间。这种鲜有的对女性的特别关照，实在值得中国仿效。

从新德里火车站到旧德里火车站也就两站，很快到达，绕了个大圈子才找到行李寄存处（Cloak Room）。谭姑娘拖着笨重的大箱子，行动艰难，她还没有买到去布什格尔（Pushkar）的火车票。经过一番折腾，早上时间已经所剩无几，我有些焦急，便决定让巴豆陪她买车票，余人徒步前往红堡。

“如果世界确有天堂，那么就是这里”

旧德里火车站的建筑颇有新意，红色外墙嵌套白边儿的开放式拱形门，融合传统与现代建筑风格，看上去稳重大气。广场前有个圆筒状的岗亭，里面站着荷枪实弹的警察，像是中国抗战片中的碉堡。这种情景，让人猜不透印度的治安状况，到底是为了震慑犯罪分子，还是防止突如其来的恐怖袭击。

昌德尼朝克（Chandni Chowk）是著名的商业街，意译过来就是月光集市，甚为宽阔，车水马龙，拥挤喧嚣。小贩儿、旅行者、手推车、人力车、吵架声、喇叭声混杂其间，热闹非凡。有趣的是，即使头顶重物的当地人，看到拍照，也会非常配合地摆正身姿。

街道的繁华与乱象让人惊讶，好像世上所有的行业都集中于此。莫卧儿王朝鼎盛时期，这里曾是安静的豪宅区，情况和现在完全不同。如今的老巷子里还残存一些精雕细刻的哈维利，只是杂乱无章的景象，让人心生恐慌，没有了探索的欲望。其实，看似繁乱的昌德尼朝克大街其实蛮有秩序，市场严格细分，按区域经营不同的商品。

空气中充满了尿臊味，走在人行道上，只得掩鼻而过。街头有种形状奇特的简易厕所，墙腰伸出半面房檐，下面挂着几个站位便池，前设屏风样的矮墙聊以避嫌。虽有遮拦，但使用起来，与当街小便无异。

街边蹲着的十几个人，蓬头垢面、衣衫破烂。食物放在什么植物叶子上，他们半蹲着用手抓起来吃，偶尔抬起头来，胆怯的目光游移不定。我怀疑，他们是否属于这个社会？中国也有许多穷人。我探访过黔南瑶寨，说他们家徒四壁并不为过。但相对印度，自是天壤之别。

他们是印度教所谓的“贱民”？这个阶层的来历，还得追溯到印度的种姓制度。

种姓制度已有3200多年历史，梵语种姓“瓦尔那”（Varna）原意为“颜色”或“品质”。当年雅利安人征服次大陆的土著居民，为了保持他们所谓的高贵血统，便以肤色深浅区分雅利安人和非雅利安人。随着职业的分化和发展，瓦尔那逐渐形成四种姓。

新德里红堡火车站

公众大厅

传说，梵天的儿子摩奴(Manu)创作了《摩奴法典》(Manu-smvti)，被奉为婆罗门教经典。法典详细规定了种姓制度，梵天的嘴巴化成白色的婆罗门(Brahmins)，为祭司，地位最高；双臂化为红色的刹帝利(Kshatriyas)，为武士、贵族和王侯；双腿化为黄色的吠舍 (Vaishyas)，为农耕者、工匠和商人；双脚化为黑色的首陀罗 (Sudras)，为无地农民、奴隶。

除了四种姓，还有一类被排除在种姓之外的"贱民"(Dalit)，为不可接触者，从事杂役和苦力，占全国人口总数15%。其中北方邦 (Uttar) 有4000万"贱民"。其他人严禁触碰"贱民"身体，他们走过的足迹都要清理抚平，甚至连影子都不可以交叠，以免玷污他人。

神秘的天启书《吠陀经》(Veda) 里有"原人歌"(Purasa sukta)，专门吟唱四种姓的顺序和起源。现今所说的"种姓制度"(Caste) 实为葡萄牙语"种族、血缘"转化而来。英国人统治时期，国家不仅没有改革，反而利用种姓制度推动殖民事业。

秦末造反的陈胜说，"王侯将相，宁有种乎？"这话如果让印度人听到，肯定会嗤之以鼻。在印度，人还没生下来，其社会地位和职业就已经被决定了。龙生龙，凤生凤，老鼠的儿子会打洞，这句话就是印度种姓制度的真实写照。在我们看来，臭名昭著的种姓制度，在印度人眼中，只是一种生活理念。即使低种姓或贱民阶层，都会自觉遵守。印度独立后，国会通过了废除种姓制度的议案，但植入骨髓里的传统观念却根深蒂固，短期内很难消除。

穿过商业街就是红堡，进门是阔大的广场，高城严雉，雄壮威严。对称形式的城楼上密布许多岗亭，正中飘扬着红白绿三色的印度国旗，两边的碉楼也有亭子。这种洋葱状的拱顶，就是莫卧儿建筑的鲜明特色。红堡的墙头，有数不清的洋葱拱顶亭子，上面落满了鸽子和乌鸦，不知道预示着吉祥还是晦气。

统治者总是想尽一切法子让他的臣民俯首帖耳。譬如这红堡的建造，远远看去，就让人气短，不自觉地从胸臆间蹦出一个“小”来，进而在心理上彻底屈服。由此达到统治阶层“长治久安”的目的。然而，这座城堡却是莫卧儿帝国最后的荣耀。

红堡北临亚穆纳（Yamuna）河，从1638年始建，耗费十年时间才完成，是莫卧儿帝国第五代君主沙·贾汗（(Shah Jahan）建造的皇宫。城堡正名拉尔·奇拉（Lal Qila），意为红色城堡，整体设计呈八角形，使用红砂岩，周围有护城河。城墙总长度超过2500米，临亚穆纳河一侧稍低，德里旧城区一侧偏高，从16米至33米不等。城堡的设计同时兼顾到美学和战略因素，是莫卧儿帝国鼎盛时期的象征，也是莫卧儿留下的建筑遗产。其东北角为建于1546年的萨林加尔（Salimgarh）古堡，与红堡浑然一体，相得益彰。

所谓莫卧儿建筑风格，主要指融合了印度教和伊斯兰特色的建筑，既简洁明快又装饰富丽。莫卧儿时期的城堡、宫殿、寺庙和陵墓都体现这种风格，剑尖形拱门、尖顶圆塔、洋葱状的穹窿拱顶和小圆顶凉亭是其典型特征。在印度如果看到类似建筑，人们就可以毫不犹豫地认定其为莫卧儿风格。

沙•贾汗建造了红堡，却无福消受。在他晚年，三儿子奥朗则布（Aurangzeb）弑兄篡位，将多情的老皇帝囚禁在阿格拉堡的小宫殿里。红堡竣工后，奥朗则布将帝国首都由阿格拉迁到德里，是为建在德里的第七个都城。前人种树，后人乘凉，如果沙·贾汗听过这句中国老话，心理也许就会平衡了罢。

其实，好战的奥朗则布在德里的日子并不如意。他一改阿克巴以德服人的怀柔风格，以武力开疆拓土。他的行为引起德干高原及南部邦国的不满，连年叛乱。旷日持久的战争，将莫卧儿推到垂死的边缘。他死后，帝国分崩离析，英国看准机会，彻底终结了莫卧儿王朝。

红堡正门叫拉合尔门（Lahore Gate），因为朝向曾为莫卧儿的旧都城拉合尔（今巴基斯坦境内）而得名。遥远的拉合尔位于新德里西北，由此可见伊斯兰人对故国的眷恋。中国古人有“鸟飞反故乡兮，狐死必首丘”的说法，统治印度的穆斯林也不例外。1947年8月15日，印度第一面三色旗在这里升起，首任总理尼赫鲁（Javaharlal Nehru）宣布国家独立。今天，全国性的重大节日都在拉合尔门前举行。

广场与拉合尔门间有护城河，河上架小桥。桥头站着几个荷枪实弹的警察，旁边是岗亭，前面置沙袋，架重机枪，后面爬着戴贝雷帽的军人，手指按在扳机上，黑洞洞的枪口似乎随时会喷出火来。这分明是战备状态。国内罕见这等场面，让人觉得心里发慌。

拉合尔高大的拱形门下设男女两个通道，脱鞋、搜身、翻包，繁复的查验手续并不比机场安检逊色。所谓红墙内外，侯门如海，今天依然能够亲身感受，只是和昔日的宫人心境迥异罢了。拉合尔门后面是一个集市（Chatta Chowk），拱形走廊两边尽是摆满纪念品的小摊子。据说当初这里是皇室的专门商店，出售金银珠宝。如今的小贩们早就丢掉了祖宗的荣耀，

气势雄伟的红堡正门

公众大厅

不厌其烦地推销他们手中的便宜货。

穿过戒备森严的几道拱形门，眼前豁然开朗，仿佛与外面的世界格格不入。规划整齐的莫卧儿花园里绿草如茵，雄伟的红砂岩建筑霸气外露，毫不掩饰皇家气派。

中轴线上的鼓楼（Naubat Khana）是座白色两层小楼，当年御用的乐师们就在这里为皇帝演奏。鼓楼顶层现被辟为兵器博物馆，展出印度从古到今历朝各代的武器装备，应有尽有。据说原来这里有画廊，英军将此地当成指挥部时，画廊及其他功能性设施都被破坏。

鼓楼后面是大片草坪，通过中央甬道即到威严的公众大厅。公众大厅（Diwan–i–Am）由许多漂亮的柱子和拱形门组成，为帝王聆听朝臣谏言的所在。正中有个高高在上的白色大理石宝座，四周有雕琢精美的檐柱。许多游客在前面拍照留念。1857年印度民族大起义期间，许多精美的装饰品都被破坏或者偷走。线条硬朗的砂岩建筑似乎有些冷漠，与中国砖木结构的故宫相比，总感觉少了人情味儿。

公众大厅后面是个正方形大水池子，里面无水，中间的喷泉装置已经停用，有水道直通前方的彩色宫（Rang Mahal）。彩色宫以色彩繁复华丽见称，殿内柱子上有用不同颜色的大理石嵌套而成的花卉图案，精美绝伦。中央地板雕刻着一朵硕大的白莲花图案，连接着四面的水道，似乎翻腾的波浪向四面溢出。据说，这里是宰相老婆的住所，当年极尽豪奢之能事，现在值钱的装饰物早已不知去向，但还是能够想到昔日的风华。

彩色宫向左依次是私人宫（Khas Mahal）、私人大厅（Diwan–i–Khas）、珍珠清真寺（Moti Masjid）、皇家浴池（Royl Bath）和喷泉花园；向右靠近南门是玛塔斯宫（Mumtaz Mahal），现辟为考古博物馆。

私人宫是皇帝真正的私人领地，有祭拜堂、卧室、起居间三个区域，室内以雕琢精美的大理石装修。这个宫殿后面就是私人大厅，相当于寻常人家的客厅，皇帝陛下用以接待他的私人朋友。据说大厅中央曾有一个镶满宝石的孔雀御座，1739年赠送给了伊朗。和彩色宫的遭遇一样，昔日镶银的天花板在1760被攻进德里的西印度马拉地人（Marathas）抢走，墙面的波斯文字依旧：“如果世界确有天堂，那么就是这里。”

殿前有个背着老式步枪的警察，来回踱着方步，忠实地维护着这里最后的尊严。当年雄霸天下的帝子早已灰飞烟灭，留下这座人间天堂供世人评头论足。

珍珠清真寺为精巧袖珍的大理石建筑，是奥朗则布于1659年兴建的私人清真寺，正在维修期间，周边的脚手架模糊了它的容颜，可以看到扭曲的内墙使之朝向麦加（Mecca）。皇家浴池和花园也并无所观，便转回南边的玛塔斯宫。这里现在是考古博物馆，展出莫卧儿帝国时期的绘画、书籍、家具、服饰、武器装备和坛坛罐罐，还有一些来自中国的青花瓷，不知道是皇室贡品还是来自民间贸易。

红堡虽然建于莫卧儿王朝鼎盛时期，但在奥朗则布之后，帝国日薄西山。珍珠清真寺北

彩色宫

面的三层建筑，是当年殖民者的屯兵之所。19世纪中叶的印度民族大起义，英国军队将这里当成屠杀起义者的大本营。

空气中的阴霾渐渐散去，阳光从云层里透出，照在红色宫墙上，拖了一地零落孤独的影子。几个游客走过，栏杆上交头接耳的乌鸦扑扑惊飞，发出嘶哑沉闷的叫声，盘旋低回，仿佛传递着什么信息。颇为感慨，得诗以记：

日色裁宫影，河声绕殿梁。
乱鸦啼不住，飞上旧城墙。

小贴士：

旧德里火车站距红堡不远，沿Chandeni Chowk大街步行20分钟即到。红堡正门左侧有售票处，印度人10卢比，外国人“尊享”250卢比的特价。请注意，印度所有售票景点对外国人“特价”，外国学生证有优惠。

“一切清真寺都是真主的”

伊斯兰（Al-Islam）系阿拉伯语音译，伊斯兰教公元7世纪由麦加人穆罕默德（Mohammed）在阿拉伯半岛创立。伊斯兰意为“顺从、和平”，指顺从和信仰创造宇宙的安拉真主及其意志，以求得两世的和平与安宁。信奉伊斯兰教的人统称为“穆斯林”（Muslim），意为“顺从者”。

穆罕默德说：“如果你有两块面包，你要用其中的一块去换一朵水仙花。”此话使伊斯兰信徒备受鼓舞，从7世纪开始，阿拉伯穆斯林或经商或旅行或传道，向世界各地扩散。以后十个世纪，伊斯兰信徒分别建立了倭马亚（Ummawiyy）、阿拔斯（Abbasids）、法蒂玛（al-Sulalah al-Fatimiyyah）、印度德里苏丹（Delhi Sultanates）、土耳其奥斯曼（Ottoman Empire）等封建王朝。时至今日，帝国宫阙都做了土，王朝成了历史，笃信真主的穆斯林却越来越多。

起初，伊斯兰是民族宗教，接着是封建帝国的精神源泉，然后成为宗教、文化和政治力量，现在是世界第二大宗教。

在后来的演变中，伊斯兰教主要分为逊尼和什叶两大派系。逊尼派信徒众多，被认为是主流派别，分布在大多数伊斯兰国家。逊尼派认为哈里发（即安拉使者的继承人）只是信徒的领袖，穆圣的继承者，无论是谁，只要信仰虔诚，都可以担任哈里发。什叶派的信徒主要分布在伊朗、伊拉克等国。什叶派认为，只有穆圣的女婿兼堂弟阿里及其直系后裔才是合法的继承人。

清真寺（Masjid）是穆斯林举行宗教活动的中心场所，亦称礼拜寺，系阿拉伯语“叩拜之处”的意译。第一个穆斯林礼拜的地方是穆罕默德的故居，《古兰经》说“一切清真寺，都是真主的，故你们应当祈祷真主，不要祈祷任何物”。要求穆斯林每日要做五次礼拜，分别在日出、正午、下午、日落和夜晚进行。

一只乌鸦站在电线上

如果在印度街头，突然看到面向麦加跪拜祈祷的人，千万不要惊诧，那只是虔诚的穆斯林日常生活中的小插曲。

从红堡出来，寻路往西南方向的贾玛（Jama）清真寺。沿途依然是无穷无尽的乱象，各种电线捆绑在老旧的建筑上，纠结得让人心里发悸，仿佛拖拽着我们的步伐，不能迅速向前。十字路口破败的红绿灯纯粹是个摆设，似乎从来没有亮过。往来的车辆倘若暂停，不是车祸，就是堵成解不开的疙瘩。从拥挤的巷子里望过去，尽是茅草木板纸片搭成的棚户，门口蹲着裹着毯子和围巾的表情呆滞的人，脚边还蜷伏着忠实的猫狗。

旧德里仿佛步入耄耋之年的老者，难以加快他蹒跚的步履，也无法熨平他沟壑纵横的额头。

附近就是旧德里繁华的义卖集市（Chawri Bazaar），街上多戴着白帽子和围着面纱的穆斯林。穿过拥挤的人群，看到建立在几十层台阶之上的贾玛清真寺南大门。伊斯兰教众统治印度十几个世纪，留下的清真寺数目众多，但鲜有能与贾玛清真寺匹敌者。这座清真寺于1644年开始建造，直至1658年还没有完工。整体建筑全部以红砂岩和白色大理石精雕细刻而成，是沙·贾汗最后的作品，也是其建筑风格的代表。

门口堆满了鞋，有人看管，收费5卢比，不知道是否合法。巴豆不愿意进去，坐在门口照看我等的鞋子，吴茱萸和徐长卿收起相机，我则买了拍摄票。

“贾玛”意为“大”，来源于穆斯林在礼拜五下午举行的主麻日（Jumah）聚礼。清真寺有三个大门，庭院四周环绕红砂岩拱廊，四角各有方形宣礼塔楼。正厅面向麦加，中央是60米

头顶食物的小贩

高的圆顶，壁龛周围刻古兰经文。左右还有40米高的尖顶拜塔，女士如有男人陪伴，花20卢比即可登上南面尖塔。门前有方形水池，是穆斯林朝拜前洗手洗脚的地方。

伊斯兰属于一神教，除真主阿拉，禁止崇拜其他神灵。因此所有清真寺里，没有任何崇拜偶像，甚至装饰纹理都采用几何图案或者植物花卉。不像其他宗教寺庙，殿堂供满神灵。

广场上有成群的鸽子前来觅食，看到戴着白帽子的穆斯林和游客走过，倏尔惊飞，盘旋低回，见无危险，便又落到四周的建筑上。院里可容纳2.5万名教徒朝拜——人太多就成了是非之地，以前发生过爆炸事件，造成伤亡。今天还不到礼拜时间，几排红色的垫子安静地躺着，仿佛在等待谁人就座。

寺内的管理不甚严格，有些人懒得支付5卢比，背着鞋子进来。吴茱萸和徐长卿拿出相机不停拍摄，倒让我这个买了票的人看得眼红。清真寺里面没有什么特别的，空荡荡的，有风直贯南北，裤管里透过一丝凉意。走廊里有个游客模样的年轻人长跪不起，双手捂面做入定状，不知道是在忏悔还是在祈祷。我尽量放轻脚步，以免打扰到他。

探出北门张望，可见旧德里街区，繁乱如滚开的粥，不知要倒向谁的碗里。

出了贾玛清真寺，欲往甘地墓。不知怎的，巴豆并不希望我们去甘地墓，说突突车乱要价，司机不懂路。我拦下两辆车，将景点名写在纸上，司机仍然不明白，折腾半个小时，只好放弃。其实我很想去看这位印度的国父，当年他四处奔走，促成印度独立，最终却被激进分子枪杀。据说，甘地墓旁边的博物馆里，摆着他生前用过的纺纱车和穿过的拖鞋。

清真寺正面

他双手掩面，在祈祷什么？

因为错过了正餐时间，看到路边有色彩鲜艳的饭菜，不免食指大动，将“不在路边吃饭”的信条抛到九霄云外。面包片、洋葱圈、辣椒丝蘸上各种香料调成的酸辣酱，不晓得如何形容，反正很难说是美味。当地人均以手抓，老板给我们配了塑料小勺，算是对外国人的关照。其实，这是我第一次吃到真正的印度风味食品。

路边堵着一群人，习惯性上前围观，原来是几个身着传统印度服饰的西洋人敲锣打鼓唱歌跳舞，就像中国街头常见的流浪艺人，拖着音箱，戴小耳麦，额头点红，歌曲则是古老的印度风。

前往杰伊瑟尔梅尔（Jaisalmer）的列车下午5点出发，还有人需要面包，剩下不多的时间只好在车站旁边的麦当劳里打发。彼此清理完账目，最后推举徐长卿作为此行的“财务大臣”，她谦虚几句，就地任职，向众人收取公款以备支付。

德里的麦当劳价格较国内便宜，味道也入乡随俗，很印度化。但是，可乐的口感却和国内一模一样。

小贴士：

红堡到贾玛清真寺不远，步行十几分钟即到。清真寺免费参观，须脱鞋。印度所有寺庙都要脱鞋，旅行前请做好准备。门口有看鞋子的，需5卢比，也可自带。摄影票150卢比，小相机揣口袋里就行。时间允许，可参观附近的甘地墓。乘火车务必注意安全，下铺底可放行李，有加锁装置，宜使用自行车链条锁或者小巧的户外锁。

02

JAISALMER

杰伊瑟尔梅尔

开往杰伊瑟尔梅尔的快速列车

在印度，问路最为头痛。热情好客的印度人，不论他是否知道，都会顺手一指，给出肯定的答案。但是，这个答案很可能牛头不对马嘴。稳妥的方法是，多问几人，莫嫌烦腻，要一而再、再而三地确认。同时，咨询相关工作人员和持枪巡逻的军人比较保险，因为周围有许多像狐狸一样的眼睛在搜寻猎物。掮客们无事也会献殷勤，如果被他们守株待兔成功，岂能放过到嘴的肥肉？估计做梦也会笑醒。

旅游书里提示，千万不要给出设问句，如果边指着路边问："这是去红堡的路吗？"绝大多数答案为"是"。不妨直接问"哪条路到红堡？"倘有人指了方向，一定要在路上再次确认。还有更抓狂的事情，普遍使用的点头和摇头，和我们熟知的意思不同。反正，就算谁人弄错，也绝不会承认，也别指望能讨回公道。

我问过好几个人，确定开往杰伊瑟尔梅尔的列车停靠在第9站台。车站没有检票处，任何时候都可以穿过天桥到达月台。有些火车车厢没有编号，但月台上有对应的电子屏提示候车位置，喇叭里不时用印地语和英语广播列车信息，模糊的语音我等那里能听得清，只能笃信"眼见为实"。据说正常的时候，列车能准确停靠到固定位置，但这次列车的显示似乎出了问题，我们只好在大概的区域候车。

曾在网上看到过有关印度火车的相片，车身车顶插满了人，像列车版的千手观音，夸张得让人以为是娱乐节目，忘记了危险，只觉得不可思议。如今真的来到婆罗多坐火车，不免几许忐忑，几许期待。

第9站台月台之上有铁皮搭成的顶棚，两头神牛悠闲地甩着尾巴，对面前拥挤的人群视而不见，还有几只猴子在头顶的承重架上蹦来跳去。这群猢狲真坏，肆无忌惮地对着人群撒尿，一阵急雨，包着头巾的大胡子躲避不及，被淋得满身都是。他瞪了一眼龇牙咧嘴的泼猴，只好换个地方候车。

杰伊瑟尔梅尔火车站

月台中央有砖头砌成的水池，伸出来许多水龙头，有些人洗手洗脸，有些人则以瓶子盛装饮用。我自然不敢饮用自来水，但好奇地发现，印度人喝水，将头扬起来，再扬起来，然后倾斜瓶口，将水凌空倒进嘴里，他们是这样讲究卫生的吗？小时候顽劣，曾用此法饮水，于今年华暗换，早就轻啜慢咽以显“斯文”了。我见印度人有趣，一时兴起，仰起脖子试着往嘴里灌水，结果呛得眼泪滂沱。

列车正点进站，我和吴茱萸订了空调三等卧铺票，铺位相对，巴豆在隔壁车厢，徐长卿则买了空调二等卧铺。火车慢悠悠驶过，车门敞开，没有工作人员。我携吴茱萸赶紧上车，当列车停下来时，她已经完成了车厢内的拍摄工作。

印度人常说，英国人给他们留下了三样东西：英语、议会和铁路。英语和议会也还罢了，火车却已经在铁路上跑了近160多年，确实劳苦功高。1853年，第一列火车从孟买（Mumbai）车站出发，驶往34公里外的小站坦纳（Tannah）。印度的铁路运输时代开始，比中国的吴淞铁路早23年。现在的印度铁路运营总里程有6.6万余公里，亚洲第二，世界第三。而且，铁路预算单独成文，作为每年预算会议的第一项议程，先于财政总预算审议。

美国《国家地理》杂志曾出版“伟大的印度铁路”专刊。首功当推建于1881年的“西孟加拉邦大吉岭－喜马拉雅”铁路。因设计和施工独具匠心，这条铁路在提高建设效率的同时，完整保留了当地的自然风貌，成为高山铁路的典范。当年，这条铁路运送茶叶、木材和稻米。因其0.6米的狭窄铁轨、喷着白色蒸汽的车头和小巧的车厢，人称“玩具火车”。再加沿途大吉岭（Darjeeling）翠绿葱郁的茶园和喜马拉雅山（Himalayan）壮丽的风光，1999年，联合国教科文组织将这段铁路列为世界文化遗产。

吴茱萸收起相机，将行李塞到下铺底，让我锁起来。印度的火车是“开放式”的，车门不锁，谁都可以随时开门上下，所以不甚安全。因为侧边也装了床铺，没有专门的行李架，只好将旅行包塞在下铺床底，设计者很人性化地加装了锁行李的扣结。

新德里开往杰伊瑟尔梅尔的列车每天一班，属于快速列车（Express），我们所订空调三等卧铺（AC 3 Tier）车厢与国内空调硬卧类似，但细节有所不同。印度列车车厢较宽，上（Upper）中（Middle）下（Lower）六张铺位相对，中间铺位放下来以方便下铺坐人，入夜（21时到次日8时）挂起来即可睡觉。靠窗有小饭桌，床头有英式标准电源插座，可插入两相圆柱形插头。顺走廊侧边还有上（Side Upper）下（Side Lower）两层铺位，较为宽畅，如果预订，是最好的选择。

从观感上说，印度的列车比较老旧，空调三等卧铺不如国内硬卧车干净整洁，但票价便宜。因为印度铁路属于国有，政府给予补贴，要让各阶层的人都能坐得起火车。德里到杰伊瑟尔梅尔相距921公里，列车运行17个半小时，空调三等卧铺票含手续费仅为1257卢比，折合人民币约130元，而普通卧铺（Sleeper）票只需468卢比，即使穷人，也不会负担太重。但最豪华的空调一等卧铺，需要3033卢比，比非空调卧铺票贵出6倍还多。

印度火车有很多类型，有特快（Super Fast）、直快（Fast）、快速（Express）、普通旅客列车（Passenger）。不同列车新旧不同，座席有天壤之别。据说最豪华的列车车厢中有阅读灯、航空椅、卷轴式窗帘、按钮式马桶，服务细致周到。除了不系安全带外，几乎如乘飞机，完全是“超五星”配置。有“度假行宫”之称的“轮上之宫”专列，内部如王宫般奢华，房间和走廊都铺着考究的地毯，配有现代化壁橱、灯饰和卫生间，24小时供应冷热水淋浴。

而普通旅客列车（Passenger）则为客车中的“贱民”。印度铁道部部长曾亲自体验该火车，事后他对记者说：“天呐！那简直是地狱。厕所太脏了，现在那股臭味好像还挥之不去。我没有吃我的那份饭，它令人作呕。”我所见散布在网上的印度火车图片，如果不是恶意宣传，估计就是Passenger的景象。

当然，上述最豪华和最极品的列车我都没有坐过。行前，曾计划尝试印度火车的各种铺位，但没有订到空调一等卧铺票，全程以最为实惠的空调三等卧铺为主，短程有非空调卧铺（Sleeper）和头等座位（First Class）票。

说到订票系统，确实是印度火车最值得骄傲的事情。遥远如我，出发前三个月就可以在网上订好车票，每张票支付20卢比手续费，省时省力省心。先进的订票系统操作起来简单快捷，车票使用实名制，注册填写护照号码，订票时填写姓名、性别、年龄，然后选择席别提交。退票也不麻烦，只需登录网站，点击取消即可，款项自会打回到信用卡。其实，这样一套系统的内部管理非常复杂，让车票的“预留”、“等待”和窗口售票自然衔接，尽可能优化资源配置，不可思议的印度铁路售票系统做到了。而中国2011年底才出炉网络售票系统，七八年后才勉强达到印度订票系统的水平。

铁路运输使印度的经济和政治也快速运转，不仅为奔走于各地的印度民族主义者带来方便，也为英国的殖民统治做出了贡献。譬如英军镇压1857年的印度大起义，如果没有快速的铁路运输，事情的发展将难以预料。

空调三等卧铺车厢里不提供热水——即使提供热水，我等也不敢饮用。厕所有蹲位和座位马桶，还算干净，与国内硬卧车相若。奇怪的是，不论蹲位还是座位马桶，脚下总用铁链子拴个塑料小桶，旁边还有水龙头。观察良久，不明所以，如厕过后，拧开水龙头，将手纸浸湿，再擦屁股。因居家时，我习惯用花洒冲洗，出行没了便利，则尽量变通而行。后来才知道，这是印度人如厕后用来洗手的……

和吴茱萸讨论印度火车的时候，一个夹着大本子的工作人员过来，要求出示车票。我拿出打印的电子车票，他翻出本子上的乘客姓名，随手画个道儿就算是检票。此后，再也没见他出现。这种管理方式，倘是国内，卧铺车厢早已人满为患了。也许因为实名制，也许印度人自觉，很少见到其他席别的乘客进来蹭座位。

松散的管理带来许多弊端，火车经常晚点，事故频发。印度是世界上铁路事故最严重的国家，媒体夸张地说，如果哪一个月，印度没有发生火车事故，绝对是印度报纸的头条；如果哪一年，印度没有发生火车事故，则绝对不可能。

印度政府高级安全审查委员会在2012年的一份报告中称，每年有1.5万人死于铁路事故，相当于每天有41人死在铁轨上，而2015则有近3万人死于铁路事故。尽管有私人航空公司竞争，但火车仍是长途旅行的主要工具。除穿越铁轨造成事故，还有火车相撞、从火车上坠落以及碰到铁路电线杆等。在2017年8月，十天内发生四起脱轨事故，导致多人伤亡。

另外，印度铁路还是宗教派别实施恐怖袭击的重点对象。2006年7月11日，孟买城郊铁路发生连环爆炸，183人死亡，714人受伤，举世震惊。2008年26日晚到27日凌晨，孟买发生连环恐怖袭击事件，造成100多人死亡。最近一次火车遭炸弹袭击发生于2017年3月，致10人受伤。另外，活跃在印度东部的一些武装派别也常袭击铁路和车站。

有好事者透过一系列恐怖事件发现，袭击通常发生在13日和26日，好像这两个日子都带着死亡的气息。

乘火车旅行，相对于铁路事故和恐怖袭击，我最怕的还是晚点。毕竟前者属不可控非正常因素，遇到了就顺其自然，旅行也许就此终结，倒不用担心。因时间所限，我的行程密集紧凑，如果晚点时间太多，将会影响后面的计划。所以，在这个漫长的旅程中，我只能祈

窗外的风景

求湿婆神与我同行，保佑列车不要晚点。

不知道有意还是无意，几个人异口同声叫我队长，只好默认，担负起应有的责任。坐稳之后，我便去寻找巴豆和徐长卿。巴豆遇到几个来自成都的姑娘，正在摆“龙门阵”；徐长卿的二等铺为封闭式，我忘记其号数，又不能逐一掀开来看，只得作罢。

车厢内甚少印度人，隔壁邻居多为游客。我和吴茱萸是上铺，下铺和中铺是举家出行的韩国人。仔细看，原来早就见过面，今晨在“西联”换汇时看到他们，正所谓“天涯何处不相逢”。谈笑间，时间已经不早，就爬到上铺准备就寝。

床铺包着一层深红人造革，看起来不太舒服，上面放着一条颜色模糊的毛毯，还有几个牛皮纸袋。打开一看，每袋装两条床单，便分发到各铺，然后在列车的咣当声中互道晚安，只待金色的杰伊瑟尔梅尔城到来。

小贴士：

火车空调卧铺里有电源插座，用英式两相圆柱插头，国内标准插头记得带转换器。列车内有小贩卖早餐，要努力砍价。

拉贾斯坦邦的历史比其他地方加起来更长

自然醒来的时候，阳光已经铺满了原野。窗外起起伏伏的戈壁，像苍凉厚重的抒情诗。单调的草木零零散散，稀稀疏疏，总不成规模。荒野如同正在脱毛的骆驼，一半儿新一半儿旧，让人顿起萧疏之意。偶尔掠过窗前的牛羊，才使人记起，我们已经远离新德里，正驶往金色的杰伊瑟尔梅尔城。

然而，列车停靠的时候，月台上充满异国风情的一幕让人惊叹不已。

长条凳上整齐地坐着裹了毯子的人，从头上包起，在肩膀绕过几圈，然后一直垂下来，垂下来。不晓得这块毯子有多长，但保证能做套衣服。可是，为什么他们如此喜欢披着毯子呢？这些人就那样坐着，一动不动，如雕塑般。远处的墙角里，横七竖八地躺着同样裹了毯子的人。而月台最热闹的场面，其实是那些正在刷牙的人。

印度人刷牙，真正的别出心裁，独具特色。使用什么树枝，插在嘴里不停地捅呀捅。我总担心他们会撬落牙齿，或者捅到满嘴流血。还有一种颇为温和的刷牙方式，就是将食指伸到嘴里戳啊戳。我曾在广州白云机场的洗手间里，看到印度人将牙膏挤到手指上刷牙。不过，这种大规模的集体漱口场景还是首次领略，实在是别样的异国风情，让我等目瞪口呆。我想下车看个具体，又怕列车启动。

我问吴茱萸，为什么印度人喜欢披条毯子而不愿穿套棉衣？她想了想说，印度经年炎热，旱季极为短暂，为数不多的寒冷天气披条毯子即可应付。没有更好的解释，且姑妄信之，或者与他们的历史传统和着装习惯有关？那刷牙用什么树枝呢？吴茱萸支吾半天，答不出来。

是的，已经进入古老的拉贾斯坦（Rajasthan）境内，无论自然景观还是历史文化，与嘈杂的德里不同。

拉贾斯坦意谓“国王的土地”，面积与我国的海南岛差不多，紧邻巴基斯坦。印

路边待客的三轮车

度谚语说：拉贾斯坦邦的历史比这个国家其他地方的历史加起来还要长。

上古时候，拉贾斯坦的灌木丛里就已经有人类的足迹，3700年前却突然消失。经过漫长的空白期，比尔人（Bhils）和米纳人（Minas）来到这里，建立起各自的部落土邦。公元前1500年，雅利安人（Aryans）闯入拉贾斯坦东部亚穆纳河和恒河之间的富饶地带，落地生根，创造了异于当地土著的文明，带来种姓制度，将婆罗门教（Brahmanism）变成了传统宗教和生活方式。接下来还算安宁，亚历山大（Alexander）、孔雀王朝（Mauryan Empire）和周围强敌都没有对拉贾斯坦造成伤害。

公元5世纪，被汉武大帝赶到中亚的匈奴人，经过长期休养生息，踏进北印度，肢解了继孔雀王朝之后的笈多王朝（Gupta Dynasty）。周围游荡的拉吉普特人（Rajput）于乱世中崛起，乘机抢占了比尔人和米纳人的家园，自觉担当起防御外敌入侵的重任。拉吉普特人抢到地盘后拉虎皮做大旗，鼓吹自己是太阳、月亮或者火神的后裔，以提高种姓利于统治。

“拉吉普特”梵语意为“王族后裔”，系由贵霜（Kushan）、匈奴、古吉拉特（Gujarat）以及安息、希腊人与当地居民长期融合而成的部族。他们自称梵天双臂化成的刹帝利，通过战争，建立了许多小土邦，马瓦尔（Marwar）、梅瓦尔（Mewar）、安梅尔（Amber）和杰伊加尔（Jaigarh）、杰伊瑟尔梅尔等小王朝如雨后春笋般冒了出来。夸张的时候，这块地方居然有36个部族，其中12个建立了王朝。他们大兴土木，修建城堡和宫殿，过起了神仙一般的日子。所以，来到拉贾斯坦，就像进

刚下火车，看到站台上的拉吉普特人在跳舞

胳膊套多少镯子？后面男子不同寻常的拥抱

入城堡和宫殿的主题公园。

但是，好景不长。12世纪时，穆罕默德的子孙们挥舞利剑长驱直入，将北印度的几百座庙宇踏为平地，佛教圣地鹿野苑和菩提伽耶都未能幸免。此后，突厥圣战士像赶赴一年一度的庙会，17年里将北印度洗劫了17次。拉吉普特人和古吉拉特人招架不住伊斯兰长剑，只好接受他们的统治。13世纪初，由奴隶晋升为将军的突厥人古特伯－乌德－丁·艾巴克（Qutb-Ud-din Aibak）攫取政权，建立德里苏丹王朝，开始在德里的统治岁月。面对德里苏丹的武力镇压，拉吉普特各部族结成联盟，一直维持着独立局面。

16世纪，成吉思汗的后裔巴布尔（Babur）占领了德里，击败拉吉普特人。阿克巴（Akbar）时期，采取怀柔政策，恩威并施，逐渐征服拉贾斯坦各土邦。18世纪，莫卧儿帝国衰落，随着马拉地人（Marathis）和波斯人的侵袭，拉贾斯坦也遭到空前浩劫，直到英国人到来。

英国人乘印度混乱之机，拉拢疲于奔命的拉吉普特王公，四处伸手，慢慢将印度变成了殖民地。臭名昭著的英国东印度公司，可谓历史上最强悍的跨国集团，在名义上统治印度达250年，放眼世界也找不出第二家。中国的鸦片战争和这个贸易公司直接关联。

印度舞蹈的每一个动作都与神有关

20世纪中叶，印度独立。当新国家的边境确定后，拉吉普特王公们见大势已去，便加入印度联邦。昔日雄伟的城堡和豪奢的宫殿，不仅记录着拉吉普特人曾经的荣耀，而且承载着拉贾斯坦过去的耻辱。

印度的空调卧铺车厢不冷，用不着打开列车上准备的毯子。我只盖了外套，就一觉睡到天亮，根本未觉得寒冷。我甚至认为之前的游客对印度火车的脏乱差有所夸大，这个观点持续了十来天，直到从北方邦的戈勒克布尔（Gorakhpur）回来。

列车居然比预定时间早到15分钟，随着人流走上出站的天桥，杰伊瑟尔梅尔站的风光尽收眼底。天气晴好，田野广阔，长长的列车一直延伸到西拉贾斯坦远方。站台上挤满了人，几个穿着像戏服一样服装的拉吉普特男女，突然间跳起舞来，人群迅速聚成一堆。

一个服饰艳丽的女人夸张地扭动腰肢跳将起来，细长的手臂上戴满了手镯子，似乎有十几个，动作起来叮当作响。但是，她画成青色的嘴唇和妖冶的眉妆，让人想起《功夫熊猫》里邪恶的孔雀。包裹复杂头巾、身着传统花衣花裤的印度男子则暧昧地与其相依相偎。有几个东亚面孔的游客加入跳舞的行列，人群结成了疙瘩，招来警察驱赶，我们旋即散开。

古老的拉贾斯坦给了我们这样一份见面礼。接下来，不知有多少神奇的事情？

一群突突车司机蜂拥而上，拉拉扯扯，拖拖拽拽。初次享受这样的“外宾礼遇”，不免有些慌乱，叫大家赶紧步出车站。走到路口，犹有几个人锲而不舍，认定我

这是在其他地方遇到的印度舞蹈场面

应该是个流浪乐队，后面有鼓手和琴师

们要叫车。我拿出地图，问到城堡门口多少钱，这家伙张嘴就要200卢比。攻略上说，到城堡前只需50卢比，我便还价50，一来二去，最后以80卢比成交。吴茱萸怕被忽悠，拿出纸条，写上四个人合计80卢比，司机表示同意，我们才上车落座。

小贴士：

快到站时会碰到宣传住宿和沙漠之旅的掮客，建议到站后慢慢挑选。火车站有许多突突车，三四人到古堡门口50卢比左右，人少则更便宜。印度习惯以每（Each）人计数，一定要说清楚，是合计（Total）。司机有时扰乱视听，到目的地会按每人要钱，或者写在纸上，让其不能抵赖。

牵骆驼的拉吉普特人夸我“唱得比说得好听”

杰伊瑟尔梅尔（Jaisalmer）古堡雄浑的城墙上落满了鸽子，倏尔飞去，旋即又来。壮阔得让人生畏的大门前就是集市，骆驼、神牛、绵羊、野狗，大摇大摆，走来走去。身着艳丽服饰的摊贩们笑眯眯地兜售他们手中的小玩意儿，穿着白色“裙装”的男士负手款款而来，让人错以为来到了中世纪。

这种服装叫“托蒂”（Totti），用三四米长的白色布料，折叠成结，缠在腰间，长至膝部甚至脚面，看起来就像骑在布上。英国人称圣雄甘地为“骑尿布的捣乱分子”，所谓“尿布”指的就是这种似裙非裙的缠腰布。穿“托蒂”时，还要着件肥肥大大的衬衣，名为“古尔达”（Gulda）。天冷时，再来条披肩。重要场合，会看到上穿“古尔达”、下围“托蒂”、足踏拖鞋的绅士。

我想进堡，徐长卿说先找代理咨询沙漠之旅的行程。按别人的推荐，我们在城堡大门外找到撒哈拉（Sahara）旅行社。门檐低小，铺面老旧，柜台后面的墙壁张贴着其创始人的相片，都是包着头巾的大胡子，笑眯眯的，让人顿生好感。一天的行程，夜宿沙漠，包含两餐，每人1200卢比。翻看中国游客的留言本，不乏赞誉之词，我和吴茱萸同意，徐长卿不置可否。老板奉上几杯茶，叫我们坐下来喝饮用。

但是，巴豆不声不响地跑出门外。未几，他打来电话，声言别家更好。我让吴茱萸和徐长卿去看，结果他们认为那家更让人放心。我只好对撒哈拉说：“各人想法不同，真对不起啊！”我有些歉然，想付茶钱，主人表示免费。我心里想着，倘有下次，我一定选择撒哈拉。

这家旅行社叫“探险家”或者“奇遇”（Adventuer），门脸儿比较光鲜，柜台后面坐着一个白人女子。老板还算热情，对于1200卢比的价格叫苦不迭，正在夸张地诉说他的不幸。吴茱萸和徐长卿大抵被整洁的办公室打动，所以改变了想法。可是，我对巴豆这种做法颇有微词，一方面，我不想花大量的时间去讨价还价；另外，这种悄无声息的行动，会造成矛盾。

离出发还有一个多小时，便到城堡对面的挂着莫尼卡（Monica）牌子的饭馆里用餐。塔利（Thali）就是印度套餐，所有食物放在圆铁盘子里，内置七八个小碗，分别盛放用洋葱、土豆、辣椒、胡萝卜、西红、白菜丝等时蔬加咖喱做成的菜品和调味酱，蔬菜里添加大量的混合香料（Masala），主食为薄饼和米饭。薄饼有两种，恰巴提（Chapati）像北方不发酵的葱油饼，富有韧性；罗提（Roti）薄而脆，煎炸而成，张口即破。还有种馕（Naan），皮薄而中空。但是，印度米粒细长，蒸熟后无黏性，其味若“君子之交”。

印度人多以手抓饭，取佐料于米饭内，伸出右手食、中、拇三指搅啊搅的，搅成团之后用指尖送到嘴里。据说，印度人永远使用右手吃饭，因为左手不洁，和厕所里的事情有关。我在国内的印度餐馆见过这种吃法，老挝、缅甸、柬埔寨人也有类似的食相，所以并不惊讶。对于外国人，餐馆会奉上刀叉，他们并不指望老外们能够入乡随俗。

中国人多不习惯印度餐，在广州白云机场，碰到前往印度探亲的华为员工家属，大包小包装满了干粮。还有那位拖着巨型箱子的谭姑娘，像逃难般，里面全为食物。

餐馆提供免费的饮用水，像凉白开，看上去甚为洁净，我便收起警戒之心，大胆饮用。这是首度享用印度正餐，我还算习惯，只是恰巴提的味道远不及北方葱油饼。

太阳是最慷慨的光明使者，断不会嫌贫爱富。阳光暖暖地照在身上，让人真想躺下来睡上一觉。我张开双臂欲伸懒腰，发现登山鞋底脱胶。老板闻声，打发伙计买来两管速干胶挤到裂开的缝隙里，鞋子才闭上嘴巴。

一个衣着艳丽的妇女过来乞讨，我给她10卢比，但她不接，伸手要我手中的100卢比。贪婪之心让人讨厌，干脆收起来不予施舍。她则后悔不迭，又纠缠索要10卢比，直到旅行社的伙计出来轰她。

旅行社提供一辆敞篷吉普车。司机是典型的拉吉普特人，留着上唇两边翘起老高的八字胡，戴顶毡绒帽，趿拉着尖尖的绣花鞋，活像扑克牌里的“大王”。汽车在挤满神牛的街道上穿过，我问司机，那些牛有没有主人？他说，多数没有。

刚出城外，拉贾斯坦的沙漠风情便扑面而来。路况尚好，一望无际的荒原雄浑壮阔，不时有骆驼牛羊出没在耐旱的植物丛里。有种山羊，耳朵很长，耷拉下来盖到脸上，与中国品种不同。

杰伊瑟尔梅尔离巴基斯坦不过100多公里，以前是印度到中亚骆驼道和铁路线上的重镇，也算曾经阔过。但随着航海贸易和孟买港口的兴起，城市逐渐衰落，而水资源缺乏才是其最致命的威胁。印度独立后，在北方开凿了英迪拉·甘地运河，沙漠才略现生机。而两次印巴战争，一度使杰伊瑟尔梅尔成为军事基地，即使现在，头顶犹不时响起战斗机的轰鸣。

如今的金色之城，资源贫乏，经济落后，主要依赖旅游产业。尽管沿途也会看到大范围的风力发电设备，但是，正如旋转的风扇，总摆脱不了命运的轮回。一旦边境局势紧张，脆弱的经济又会面临新的折磨。如此境况，只怪当年在猴子军团帮助下战胜魔王的罗摩（Rama）。

传说，英雄罗摩对海神不满，向海中射了一支毁灭之箭。关键时刻，海神平息了另一个神的怒气。但开弓没有回头箭，罗摩只好将箭头指向西北，这样就形成了拉贾斯坦西部干旱炎热的沙漠地区。

车子斜刺里冲进荒漠，在十几头骆驼前停下来。一群拉吉普特人围上来大声问好，有的甚至会说中文，亲热得让人忘乎所以。接下来我们将深入荒漠，随着牧人怪异的呼喝，骆驼慢慢跪倒在地，让我们骑到背上。

杰伊瑟尔梅尔的骆驼是单峰，身上斑驳陆离，缰绳系在穿过鼻甲的两头尖的木钉儿上，驾驭起来非常容易。五只骆驼，四人各乘一骑，另一只驮了食住行装尾随其后，由两个当地人牵引着往塔尔(Thar)沙漠深处进发。

骆驼是沙漠之舟，经验丰富，老成持重。走路的时候，头部高高扬起，细长的脖子随着步调有节奏地向前探去，颌下的铃铛儿便叮铃叮铃地响起来。中国西部虽然也有骆驼，但我从没骑过。南方人问及我的故乡，戏答曰：于沙漠深处，乘骆驼三日可达。不明就里的人听了，半天合不拢嘴。

我们也算小驼队，虽不及夕阳下沙海里一长串骆驼剪影的画面诗意，但也足以让人胸胆开张引吭高歌了。两个牵骆驼的拉吉普特人齐声夸我：唱得比说得好听！

塔尔沙漠距巴基斯坦仅几十公里，是真正的边陲荒漠，但没有完全沙化，和中国境内一望无际的沙丘显然不同。要我说，称其为戈壁滩更为确切，沙漠里有草木，除了细密的灌木丛，还有成片的阔叶林。问牵骆驼的拉吉普特人，告知细叶子的树名为“阿克”，大抵是当地语言，但没有记住阔叶树拗口的名字。

随我们进入荒漠的拉吉普特人是当地养骆驼的农民，从装束和气质来看，应该是穷人。似乎有黑人血统，面如锅底，分别着灰白和土黄的传统印度装，肩披长围巾。实际上，他们从代理商手中拿到的提成并不多，代理反复提醒我们要给小费。我在猜想他们是比尔人还是米纳人？正不知该如何询问，他们却先问我，来自哪里，什么名字。然后介绍自己，穿白衣的叫拉兹，穿黄衣的不善言辞，我没记住他的名字。

戈壁的景致单调而低沉，四围的风光没有差别。骆驼慢悠悠地穿过稀疏的树林，偶尔看到不知名的小动物，像逃难似的掠过原野，女孩子便兴奋地叫起来。清脆的驼铃声在荒野里格外悦耳，不知怎的，拉兹突然喊停骆驼，折下半截树枝塞到铃铛里，那驼铃声便消失了。

今晚与骆驼为伴

进入沙漠，附近的居民来看稀奇

突然出现一群小孩子，蹦蹦跳跳地追过来。前行不远，见几座院落，我们进村了。徐长卿带了巧克力，分发给孩子们，他们犹不肯散去。大概来到这里的旅行者都会带来礼物吧，因为他们从来没停止过索要东西。这是典型的沙漠村落，当地人叫克胡利（Khuri），只有几户人家，主人大方地邀请我们参观。院子四周围着低矮的土墙，中间是蘑菇状的土房屋，顶上盖以茅草。里面陈设简陋，有床铺和锅灶，是我见过的最简单的家。

皮肤黝黑的女主人衣着色彩艳丽，双臂套着十几个镯子，颈脖挂三四个项链，鼻翼还穿着金环，不会是表演吧？但这里根本没什么游人，还有几个穿着纱丽的妇女，头上顶着东西走来走去，好像丝毫不怕累赘。也许男人都去了大城市谋生，村里多为妇女儿童。小女孩拉开房门，让我看她的房间，一张小床，上面放着书包和课本，墙壁贴着奖状。

他们是黑人后裔吗？但五官的轮廓与非洲纯种黑人截然不同，男子棱角分明，女人珠圆玉润。印度有“人种博物馆”之称，学者们认为，最早的尼格利陀人（Negrito）、原始澳大利亚人、达罗毗荼人（Dravidian）、雅利安人和蒙古人种相互融合，才形成了今天各种肤色的印度人。

辞别村民，继续向前。徐长卿不舒服，不再骑乘骆驼，徒步进发。太阳渐渐西沉，周围景致明暗变化，富有层次。当看到一群孔雀在灌木丛中溜走时，我们的宿营地到了。其实，只是个大点儿的沙丘，中间低凹，爬上沙坡，四周仍然是望不到头的戈壁。沙子细腻，纹理清晰，赤脚走在上面，软绵绵的，踩出两行深深浅浅的脚钱。拉兹将骆驼拴到树林里，倒出草料喂养，结果招来几头野骆驼跑来抢食，将它们赶出老远，才动手做饭。

沙漠之旅的经营者们都有各自的区域，沿途没有看到其他游人，周围静悄悄的。我看过敦煌壮阔的鸣沙山，对这个小沙丘自然看不到眼里，而吴茱萸则去过更为壮观的巴丹吉林。所以，对我们而言，风景尚在其次，重要的是异国情调。

夕阳欲下，落晖笼罩荒漠，天地间金黄一片。我突然发现，野骆驼跑到山梁上，正在观望树林里的食物，橙色的太阳如火球般在它弯曲的脖子上滚来滚去。我赶紧按下快门，调整角度，让太阳挂在骆驼嘴角。然而，没拍到几张，拉兹跑过来赶跑骆驼，没收了这绝美的风景。

拉兹的服务很周到，搬来所带的锅碗瓢盆，从野外捡来树枝，先煮了一锅奶茶，远远地端给我们。晚餐是塔利，拉兹做的薄饼确实不错，味道胜过午餐。我们邀请他们一起用餐，但他们坚决不肯，我甚至没留意到他们是否吃饭。

天色很快变暗，晚餐过后，已经伸手不见五指。温度直线下降，拉兹捡来树枝，添进火堆里，我们便在明暗的变化中东拉西扯。拉兹挑了背风的地方准备好被褥，夜深的时候，大家钻到被子中，巴豆和我在外，吴茱萸和徐长卿居中。多亏这套用骆驼皮做成的露营装备，虽然风呼呼直叫，但丝毫不觉得冷。拉兹两人则在沙坡上挖了个坑，将口袋诸物放在四周，

拉吉普特人伺弄骆驼

从沙漠里走来的拉吉普特人

躺在里面睡觉。

夜空深邃，像青色的幔布盖在四野；繁星密布，又如谁家暗淡的吊灯。仰面朝天，毫无睡意，感觉没来由的兴奋和惶恐。所谓人生无常，即使做梦，也不曾想过会在拉贾斯坦的荒漠里过夜。我牵挂着的那些人儿，不知道正在红灯笼的光晕里安然入睡，还是在南中国袭人的花气里徘徊？

迷迷糊糊间，感觉头顶有温热的气息，打个激灵，翻身坐起。原来有条野狗吐着哈喇子跑过，到尚有余温的火堆里搜寻食物。如此环境，无论如何我都睡不踏实，黑黢黢的夜里，总觉得有什么东西在暗处盯着。

这个夜晚，非干景色，无关风月，那种抽象写意的心路历程任何语言都难以描摹。

不知道从哪儿飞来的鸟雀，落在灌木丛里，叽叽喳喳叫个不停，清晨就这样被它们唤醒。天亮了，但谁都不说话，赖在被窝里装睡。有浮云飘过，看不到太阳，我便睁着眼睛发呆，直到拉兹煮好了茶。早餐还算丰盛，有煮鸡蛋、燕麦糊、酸辣酱和烤面包。两人仍然俭口待客，或是旅行社配给的食物有限？早餐剩下大半，全部端给他俩，拉兹再三询问味道如何，大家当然竖起大拇指，连声说好。吴茱萸小声嘀咕，不太能接受这种奴隶式的服务。

或许是因为中国和印度文化方面的巨大差异，中国虽然也有严格的等级观念，但在某些方面并不刻意而为。我看过一个曾在中国工作的印度人的博客，他对中国赞不绝口，感叹单位的司机居然能和领导同桌用餐，这种事情在印度简直不可思议。

今晨返回，骆驼所走的路线与昨日不同，沿途看到许多养孔雀的人家，想起古印度伟大的孔雀王朝。孔雀王朝定都华氏城，在印度东北。又经过沙漠村落，拉兹问我们要不要再去参观。大家没了兴致，便继续前进。

绕了个圈子又回到停车点，穿着尖绣花鞋的司机先生已经在等待了。巴豆从骆驼上摔下，半天爬不起来，我伸手将他拉起来。这家伙年纪不小，已然不能再发少年狂。司机让我尝试旱烟卷，我抽过几口，有点呛人。小时不懂事，偷卷旱烟叶子喷云吐雾，直至头昏脑涨，呕吐半天才得以恢复。自此，对吸烟深恶痛绝，偶尔尝试，也断然不敢深吸。

突然记起杰伊瑟尔梅尔的沙漠节，问司机，他说不在这里举行。

小贴士：

城堡门外对面的“Monica”饭馆不错，塔利每份200卢比左右。经营沙漠之旅的商家很多，如果露营，宜观察他们所提供装备的新旧薄厚。另需问清旅行线路和团队人数。我们选择“奇遇”（Adventuer），门口的撒哈拉（Sahara）口碑也不错。

“月神后裔”的金色城堡

“来到这个被称作金色之城的地方，让人感觉好像踏入了一个骑士的故事，或者是一个想象力过于丰富的细密画展览。再没有别的地方能像它一样让你联想到古代的沙漠光辉和奇异的贸易之路了。”旅游书里如是说。

这段煽情的文字，也不知诱惑到多少人。称其为金色之城，也算名副其实。用暖黄色砂石垒成的多顶城堡矗立在80多米高的三峰山（Trikuta）上，在太阳下发出金子般的光泽。

杰伊瑟尔梅尔城堡建于1156年，当时的印度伊斯兰教兴盛，彪悍的巴蒂（Bhatti）人于乱世中崛起，抓住时机建立了杰伊瑟尔梅尔。城堡得名于其建造者杰伊瑟尔·辛格（Jaisal Singh）王公，意谓“杰伊瑟尔的山堡”。据说当时王公听信一位隐士的建议，在三峰山顶建造城堡，以避免来自其他方面的攻击。同期，中国的南宋王朝正在做最后挣扎。

巴蒂人属于拉吉普特部族的一支，自称“月神后裔”，吟游诗人则将其血缘追溯到克利须那（Krishna）神。这帮人就像占山为王的梁山好汉，只不过印度当时没有统一的朝廷来收拾。公元13到14世纪，乱象丛生，王公们想要什么，就去拦路抢劫，或者投机倒把坑蒙拐骗。反正统治者都差不多，拉吉普特人只是不加掩饰罢了。

如果不走运，碰到更厉害的强盗，就会招来血腥的报复，所以杰伊瑟尔梅尔几乎没有平静过，沙堡充斥着血腥与暴力。不过，拉吉普特人天生就是英雄，从来没有屈服，其剽悍勇猛和骑士精神令世人敬仰。

莫卧儿时期，沙·贾汗（Shah Jahan）因杰伊瑟尔梅尔王公沙巴拉（Sabala Simha）在白沙瓦（Peshawar）战争中表现神勇，不仅为其封官进爵，而且将今属比卡内尔（Bikaner）和焦特布尔的部分土地划给了他。

公元16到18世纪，因其地处印度通往中亚的咽喉位置，贸易往来给杰伊瑟尔梅尔带来了巨大的财富。这段时期，王公们对宗教也比较宽容，同时发展文化艺术，使其逐渐繁荣起

气势雄伟的城堡大门

来。居民和商人建起漂亮的房舍和宅邸，其中就包括精雕细琢的哈维利。后来航海贸易发展迅速，地理优势不再，金色边城的经济只能靠旅游业支撑。

如今，这座建立在沙堆上的城堡却成了濒危遗迹，毫无节制的用水和违章建筑使杰伊瑟尔梅尔堡处境尴尬。许多保护组织呼吁游客尽量减少用水，或者选择在城堡外面住宿，以降低对沙堡的伤害。

杰伊瑟尔梅尔堡外墙多为厚重的半圆柱形，顶部四周共计有99座碉堡。正门有三重，皆名“Suraj Pol”。第一重门铺了坚硬的石块，布满铁钉的巨型门扇斑驳陆离，仿佛凝结着商队的票号、诗人的吟唱、利箭的呼啸、骑士的热血。

通过巨门，仰视可见巍峨的城垛和雄浑的碉堡。这里和第二重门间有段斜坡，两边摆满鲜艳的纺织品和纪念品，还有耍蛇者、艺术家、怀抱乐器的游吟诗人、走钢丝绳的小孩儿、托着铜钵的修行者，仿佛穿越时空，来到中世纪。

第二重门是重要的防守体系，城墙曲折蜿蜒，与第三重门间形成夹层，当年守城的拉吉普特勇士在这里向敌人抛下滚木雷石和热油开水。杰伊瑟尔梅尔不乏悲壮的故事，14世纪，巴蒂人在沙漠里抢劫了伊斯兰商队，德里苏丹阿拉–乌德–丁·卡尔吉（Ala–ud–din Khalji）发动大规模进攻，包围古堡长达九年。战败在即，史诗般壮烈的事情发生了，女人集体投火自焚，男人则披上藏红花色的长袍，冲出古堡赴死。巴蒂人的英雄杜达（Duda）于此役阵亡。

古堡被围攻九年，对缺水的沙漠边城来说，供水是个严峻的考验，不知道他们如何支撑？

如果突破第三重门，就到了古堡的大院内。现在的杰伊瑟尔梅尔城堡里住有5000余居民。巷子里的许多店铺，皆有雕琢精致的屋顶和门窗。但四处交错纵横的电线，剪不断，理还乱，实在有碍观瞻。

巷弄狭窄，行走其间宛若迷宫，只见一线天空，好像四围都有回音。旅馆、庙宇、店铺、理发店、工艺坊，色彩艳丽，琳琅满目，好像动态的博物馆。如果碰到神牛当道，则不得不将其推到边上再行通过。

事实上，如果没有碰到神牛才是怪事。牛是印度的圣物，印度教禁止杀牛吃牛和使用牛制品。街头最常见的是“瘤牛”，即肩上长着“驼峰”的公牛。人如果长成这样，就是“背锅”，而牛则意味着具有超强的生殖能力。印度河文明遗址出土的2000多枚印章中，许多图案为雄性生殖代表的神牛。湿婆神的坐骑南迪（Nandi）就是公牛，证明以公牛为代表的生殖崇拜在印度河文明中根深蒂固。

然而，很多印度学者认为，早在3000多年前，印度教徒是吃牛肉的，后来发现牛最具有奉献精神，于是不再食用牛肉，而且对牛敬若神明。吠陀时期的印度教典籍明确规定，禁止杀牛和禁食牛肉，对牛要顶礼膜拜。之所以厚待牛，主要是因为吠陀时期游牧部落的生活严重依赖牛，牛不仅能为人类提供牛奶，还能充当耕田和运输的劳动力，即使是牛的粪便，也能当作生活燃料，久而久之，形成了印度独有的“圣牛”文化。

住宅或者店面的墙壁上多伽内什（Ganesha）的画像，相对于湿婆、毗湿奴甚至哈奴曼，象头人身的伽内什更为可爱。其常见形象有四臂，分执小斧、莲花、果盘，还有一只手掌直立，掌心绘“OM”字符，长鼻子上黏只水果，全不在意脚下偷果子的老鼠。手头那把小斧头，似乎专为小朋友设计的玩具，根本不像兵器。

突然记起《伊索寓言》，庇护神赫尔墨斯想知道自己在人间受到多大尊重，便化作凡人试探，在雕刻店看到自己的雕像，问多少钱。雕像者答：“假如你买了宙斯和赫拉的雕像，这个算添头，白送。”我想，在印度，伽内什的雕像一定最贵。

伽内什是湿婆和帕尔瓦蒂的孩子，掌管财富、智慧，是家庭守护神，善于清除障碍，能协助信众接近其他神祇。印度教在结婚、朝圣、出门、拜师、升学、开店等各种仪式之前都会祭拜伽内什，小朋友常在考卷上写伽内什真言，以求庇佑，文学青年也会向他祈求灵感。反正，世人总相信伽内什会带来幸运和繁荣。

据说，伽内什出生时——有说是他帕尔瓦蒂用身上的污垢捏出来的——湿婆正好远行。回来时门口的小屁孩不让他进去，湿婆一怒之下砍掉了孩子脑袋。帕尔瓦蒂撒泼打闹，

神牛

非常难过。湿婆知道原委后，赶紧寻找伽内什的头颅，遍寻不见，就顺手砍掉离得最近的大象头装到伽内什脖子上。伽内什复活，就成了现在象头人身的怪模样。另一说法，伽内什是帕尔瓦蒂捡来的孩子，不明就里的湿婆见他尊帕尔瓦蒂为母，以为老婆不贞，怒砍伽内什的头。故事的结局都一样，伽内什终是逃不过象头人身的命运。

古堡里面有七座相互连接如迷宫的耆那教（Jainism）神庙，由当地富商建于公元12至16世纪。远看像天然的钟乳石，近前才知是工艺复杂的雕刻精品，暖色调的作品让人叹为观止。顶上挂着白纸幡的尖塔鳞次栉比、遥相呼应，仿佛诸神在那里坐而论道。据说，庙里供奉着耆那教的祖师和象头神伽内什。与印度教神庙不同，耆那教供奉的雕像多为裸体，大概代表了美丽和肉欲在人类生存中的重要性。

耆那教是印度的古老宗教，有其独立的信仰和哲学。“耆那”（Jain）意谓“胜利者、修行完成的人”，该教尊第二十四祖筏驮摩那（Vardhamana）为创始人。相传， 驮摩那比佛祖释迦牟尼大30来岁，教徒尊他为“大雄”（Mahavira），并将他的生日定为“大雄节”（Jayanti）。耆那教中心教义由大雄建立，认为理性高于宗教，正确的信仰、知识、操行才是解脱之路。该教禁欲，主张五戒：戒杀生、戒妄言、戒偷盗、戒奸淫、戒私财。教徒不信神，崇拜二十四祖，不做屠夫，不种庄稼，以经商和制造为主要职业。

位于古堡中心的印度教神庙，比耆那教神庙简单，里面供奉太阳神（Surya），信徒们不时献上谷物、水果、鲜花等供品。

顺着逼仄的巷子，走到城墙边上，可以看到完好的岗楼。爬上去俯瞰城外，人家参差，

将货物挂在墙上就可以做生意了

纪念品店，各种印度教神像

印度人也热衷于厂家直销

几个闲人正在好奇地打量我我们

房舍金黄，可见大漠边城独有的厚重苍凉景象。所谓金色之城，名不虚传。

古堡内的压轴之作是杰伊瑟尔梅尔皇宫，是用黄砂岩建造的七层小楼，由五座小皇宫组成，现辟为皇宫博物馆，部分对游客开放。宫殿外部呈蜂窝状帘幕形式，可见雕琢精美的窗户和阳台，宫门两侧有几只橙色的手印，如正在滴血般恐怖。

拉吉普特女人地位低下，只被看作生孩子的工具，出嫁时还要赔上大笔嫁妆，新娘在婆家才有地位。其实，何止拉贾斯坦，印度的乌鸦一般黑。更为变态的是，在古印度，女人出嫁后绝无可能离婚，不仅要忍受夫家折磨，还要祈求男人长命。如果丈夫早亡，妻子必须要跳进葬礼的火堆里自焚，即所谓的“萨蒂”（Sati）仪式。如果她们正处于经期，结束后四天才可沐浴殉夫。这种传统在1846年被禁止，但是直到1987年，拉贾斯坦还曾曝出过残酷的自我祭献事件。寻常人家如此，王室贵族更是变本加厉，遗孀们跳入火堆前还要在宫墙上留下橙色的手印。

据说，杰伊瑟尔梅尔是出美女的地方。每年的世界小姐选美，印度崭露头角的女孩大多都来自杰伊瑟尔梅尔。但是街头很少见到明眸皓齿的美女，巷子里闲坐的多是上了年纪的肥胖妇女。印度女人以肥为美，肥胖不仅漂亮，而且是财富的象征。

当年的美人征服了杰伊瑟尔梅尔的王公们，却逃不过世俗和命运的捉弄。我数了数两侧的血手印，左边七个，右边十个。耳边仿佛回荡着十七个花枝招展的女人在火堆里撕心裂

除了城堡，当地人的房子也呈金色

热闹的皇宫博物馆门前

石头雕成的皇宫博物馆

肺的惨叫，走进宫门，忍不住回头，生怕这些血色的手印拍到我的后背。

麻雀虽小，五脏俱全。古堡中公众大厅、私人大厅、私人房、彩色宫、艺术馆等一应俱全，里面陈列着王公使用过的用具和武器。除了精雕细琢的门窗和刻绘涂饰的空间，还有功能性的设计，如墙壁镶嵌镜面以监视外面的世界，屋顶全方位观察全城景象，对内对外都做到了攻守兼备。

有意思的是，连接各个房间的门檐低矮，与拉吉普特人的身高不相匹配。据说是有意建成这样，可使来人低头弯腰，保持惯有的恭顺，因为王公也许就坐在这间房里。

小贴士：

皇宫博物馆位于古堡大院内，进门右边即是，票价250卢比，含英语语音导游和摄影，共有20余处可以参观的宫室，以数字编码，到位置按语音导游相应数字键即可。古堡内耆那教神庙开放的时间不定，尽量避开正午。

中世纪的印度豪宅——哈维利

“哈维利”（Haveli）一词来自波斯，意谓“风屋”。因为屋舍有许多细格子石雕窗户，不仅遮阳，还可以让凉风徐徐吹进。另有个恶作剧般的作用，家里的女人站在窗子后面发呆的时候，不被人当成风景——外面根本看不到窗户内的情况。

从城堡出来，寻路到古堡北面参观巴特旺（Patwas）宅邸。这座宅子建于1805年，是当年的锦缎商人和银行家为五个儿子所建的豪宅。正面有60个格子状楼台，上面精美的雕刻让人目瞪口呆，比老德里所见漂亮许多。看门的老爹拉着吴茱萸细细解说，指着一扇镂空的石窗说，那扇窗户一个工匠要花20年时间才能完成。我将信将疑，五层高的五间宅邸，少说也有几十扇窗户，如此细致耗时的石雕工程，等到建好，主人恐怕早已化成一缕轻烟了。

拉贾斯坦的哈维利以杰伊瑟尔梅尔为最，融合了传统的拉吉普特和莫卧儿风格。细腻得有些夸张的雕刻，我甚至以为是木头制品，摸来摸去，才确信为冰凉的硬质黄砂岩。

进入内堂，老爹叮嘱不许拍照，然后自顾去了。我们一直往里走，书房、厨房、卧室、客厅、艺术、娱乐、游戏、体育等设施一应俱全，简直就像皇宫。暖黄色的石雕如凝脂样泛着光泽，刻满繁复图案的窗台上落满了鸽子，看到陌生人来，扑扑飞向天空。

巴特旺宅邸旁有个考古博物馆，是由一所老宅子辟成，里面的装饰不如巴特旺考究。看门人提示，厅堂正中镂空的屏风有扇小窗，将头探出来拍照，如同镶了相框。一群学生集体参观，看样子，至少也是高中生了，女生的额头点了红色的印记，而男生则多是大胡子。

爬到楼顶，能看到金色之城的全貌。长期生活在这种色彩环境中，是不是居民的心理也会被潜移默化呢？除了砂石固有的金黄，人们也更喜欢使用黄色颜料，据说这种颜料来自牛尿，是不是神秘而奇特？先让牛吃六个月芒果树叶，尿自变黄，收集起来放在太阳下晾晒，就会得到这种鲜亮金黄的颜料。

将近60万人口的城市，在空旷的沙漠里显得有些单调，而南边的杰伊瑟尔梅尔古堡却

站在“哈维利”
顶上向远处看

黄昏的金色城堡

愈发突兀峻拔。这时看得真切，部分城墙已经破损，有说被人挖了墙角当成建筑材料，怪不得那些保护组织正在大声呼吁。

杰伊瑟尔梅尔是个有故事的城市，里面总会碰到奇人。博物馆楼下的院落里有个身穿大红长袍的老人，我看到他漂亮的包头和怪异的胡子，便跑过去拍照。他优雅地躺在椅子上，配合我的拍摄。他指着挂在墙壁上的宣传照说，他的胡子非同寻常，在杰伊瑟尔梅尔颇有名气，经常出去表演。散开来的胡子，从两边延伸出去，长达丈许。仔细再看，原来他将宝贝胡子用布包了起来，我说怎么觉得怪异。

路过沙林·辛格 (Salim Singh) 和纳特玛 (Nathmal) 宅邸，分别为当年的首相所建。二者亦由金黄色砂岩筑成，雕琢精细，风格和巴特旺类似。

此公以表演胡子为生，胡须展开比他身高还长

杰伊瑟尔梅尔盛产美女

女孩看我拍照，有点害羞

原路返回，在城堡前看到巴豆，徐长卿也在附近，稍事商议，我们找到一间客栈洗漱。客栈的屋顶有平台，几个西方游客正在用餐，便不再挑剔，就在这里休整。

年关将至，看到邻桌正在饮酒，顿起乡愁。问价，店家在纸上写了300，因数字间距太开，我以为一支30卢比，酒到桌上才知300卢比，折合人民币近30元。印度教徒并不忌酒，但餐馆甚少有人畅饮，是以啤酒成了稀罕之物，价格奇高。

晚饭是塔利和比萨，味道寡淡，滋味寻常。餐馆的环境虽然一般，但地理位置优越，能看到古堡前的一举一动。入夜的时候，古堡被灯光照得透亮，那景象，仿佛《哈利·波特》里面缥缈的镜头，令人神往。

今夜乘坐11点半的火车到焦特布尔（Jodhpur），收拾完毕，时间尚早。但怕太晚找不到突突车，我们便挥别夜空里的杰伊瑟尔梅尔古堡，提前出发。

来时匆忙，未仔细打量杰伊瑟尔梅尔的火车站。半夜时分，发现车站虽小，但比较整齐。采用当地传统的哈维利建筑风格，屋顶有精雕细琢的围栏和尖顶凉亭，在黄色的灯光里显得温暖柔和。当然，不能计较卧在售票处门口忆苦思甜的神牛。

小贴士：

巴特旺宅邸门票120卢比，考古博物馆门票50卢比。杰伊瑟尔梅尔不大，城堡内有些哈维利可住宿，当然价格也比较贵，城堡外相对便宜。建议住古堡外，以减少用水给沙堡带来的伤害。

03

JODHPUR

焦特布尔

黎明前的焦特布尔流淌着牛奶的味道

印度火车晚点不是新闻，但如果提前到达，也没什么稀奇。这不，我们所乘列车，居然提前半小时进站。

其实，提前进站并非好事。幽微的灯火使城市的夜空愈加暗淡，焦特布尔还在熟睡之中，根本无暇理会我们这些远道而来的背包客。车站广场横七竖八地躺满了熟睡的人们，用毯子被单从头包到脚，直挺挺地，有些甚至只铺一张报纸，身边还蜷伏着小猫小狗。如果不是轻微的鼾声，我甚至怀疑他们早就进了天国。

这种景象，到底让人心生怜悯。我高抬轻放、蹑手蹑脚地走到车站正面，拍了几张图片。然而，对横卧街头的穷人和他们的宠物，无论如何都按不下快门。

据说，因为富人施舍和慈善救助，印度甚少有人饿死。印度冬天短促，天气较南中国暖和，即使睡在街头，也能熬过去。温饱解决了，还有免费的医疗制度。这样，穷人的日子倒不算难过。也许基于传统和宗教，今世的煎熬，他们多能坦然面对。然而，因为种姓制度的束缚，即使来世，他们也只能是“老鼠的儿子会打洞”。

广州的街头也有不少裹着被子睡觉的流浪汉，即使在冬日细雨之中，天桥上下常四仰八叉地躺着无家可归者。有人曾经问我，如何看待广州的乞丐现象？我没有刻意观察过这个群体。从广州的情况来看，纯粹因衣食无着而流落街头者并不多，于今所见多为残疾人。也有衣着光鲜的年轻人，打扮成学生模样，求路费求学费，或者为母求医药费。知事的人说，多为骗子。

乞丐大概是各国普遍存在的人群，产生的原因不外乎社会和个人两重原因。一方面社会保障不够，底层弱势群体得不到应有的关怀，导致他们流落街头；另一方面，沿街乞讨可以不劳而获，是最快的致富捷径。

焦特布尔火车站前陈列着一辆窄轨火车头，后面楼顶的霓虹灯写着“North

Western Railway”，大概是印度西北铁路的中枢。但是，焦特布尔没有发往乌代布尔（Udaipur）的火车，倒让人有些费解，我们也只好先去长途汽车站买票。

才5点钟，夜深人静，连勤劳的突突车司机也疏于揽客，靠在车座儿上打盹。火车站到长途汽车站不远，只需60卢比。

汽车站败落得像垃圾处理场，污水遍地，脏兮兮臭烘烘。捂住鼻子穿过去，看到一排乱七八糟的窗口。工作人员依次推托，从头问到尾，终于搞清楚，这里没有卧铺车，只有“Open Bus”。看到旁边停放的车辆，真正的老牛拉破车，不由绝望。工作人员指点，向东不远还有汽车站，但7点才上班。

逃也似的离开杂乱不堪的汽车站，几个人突然沉默了，好像和谁赌气，只听得凌乱而沉重的脚步。我暗暗好笑，有人说，旅行就是花钱买罪受，这话不无道理。在幽暗的夜里，游荡在异国街头，前不着村后不着店，饥寒交迫，总不是滋味。我佯装兴高采烈，又蹦又跳地跑到前面，以激励众人消沉的意志。

山重水复，柳暗花明。正当百无聊赖的时候，却见前面灯火通明，有一堆人围在旁边。紧走几步过去，原来是一家食品店，门外架着口径足有两米阔的大锅。白色的牛奶沸腾翻滚，蓝色的火苗似乎正在发出滋滋的声音，空气里流淌的奶香气盖过了街头的牛粪味儿。

推开堵在路口的几头牛，将包放在长条凳子上，靠近大锅，身上顿时暖和起来。旁边披着毯子的印度人好奇地盯着我们，让人觉得不自在。我观察炖牛奶的伙计，他也披着一条毯子，深陷的眼睛里流露出一丝玩世不恭，不时从旁边的桶中舀出新鲜牛奶添到锅里。吴茱萸和徐长卿到店内买了牛奶票，交给伙计，他特意捞出浮在上面的凝固奶花递给我们，不晓得是否更为美味？大概加了太多的糖，牛奶甜得发腻。

旁边有家诊所，可惜还不到营业时间，大门紧锁，不能进去参观。听说印度有完善的医疗保障措施，实行全民免费医疗。医院当然是最能体现其服务质量的窗口，所以，我很想看一眼这个国家的医疗卫生产业。我虽然服务于国内医疗行业，但对医疗保障体系实在不敢恭维，改革这么多年，医患关系严重对立，穷人依然看不起病。匪夷所思的医疗事故层出不穷，而且还催生了社会主义特色的职业“医闹”、“医托”，叫民众情何以堪!

曾经的白衣天使成了白眼狼，有位院士谈到地方医改时借用民谚：广东三件宝，医生、警察、猪肉佬。事实上，让白衣天使承担全部责任显然不合情理。从某种意义上说，医患都属于这个社会的弱者，到底是什么原因造成今日弱者相残的局面？

印度的医生也叫苦连天，前段时间，印度还爆发了有上万名医生参与的大罢工，主要原因是公立医院的医生觉得工资少，收入低，生活不尽如人意。虽然有免费的医疗保障制度，但公立医院缺医少药，通常有免费无医疗，偏远地区更甚。

谁家都有难念的经，还是走自己的路。前行不远，找到路边的车站，窗口简陋，严格来说，只是临时停靠点。里面的胖子说，卧铺票早已售罄，建议我们到火车站对面的代理点去购票。无奈，只好又突突突地返回火车站。

折腾半天，时间还早，来到火车站候车大厅，将包放下来去找洗手间。脏乱的厕所里只有三四个便位，门前分别排着四五个人，我便站到最后，包着头巾的印度青年友好地让我往前排。回到候车大厅，见他们已经搬到了空调座席候车室里休息，里面卫生情况良好，洗手间也干净许多。

印度大点儿的火车站，除公共候车室外，还设空调座席乘客休息室（AC Class Rest Room），而且有专门的女士休息室（Lady Rest Room），条件较普通候车室好，有厕所和洗澡间，甚至还有床位。就算小火车站也有两个候车室，“Upper Class”和“Lady Rest Room”。各地名称不尽相同，但意思差不多。

女孩子们磨磨蹭蹭洗洗涮涮，而我则无聊地跑到候车大厅里张望。相对于新德里，焦特布尔是小站，还算整齐。白色的大理石地板擦得干干净净，即使有许多人和牛、狗躺在一起睡觉，也不觉得太乱，看起来极富生活气息。

候车室进来一位东亚面孔的女士，后面跟着提行李的印度人。付完钱后，印度人不想离开，似乎说少付了工钱，女士则连声“No”，双方纠缠了很长时间，印度人最终悻悻离去。我猜测，这位女士遇到了耍赖的印度人，一度显得很无助，因她说英语，猜不出是哪国人。

天光大亮。走到火车站对面，沿正对广场的一条路直行几分钟，就看到那家名为“Jain Travels”的旅行代理公司。在印度，“Jain”指耆那教，难道这家公司是耆那教教徒所经营？

到乌代布尔的卧铺巴士居然涨价了。有位女士传授还价秘诀，一句“我知道价格，但不是你这个价”（I know the price，but not your price）就砍得印度人招架不住，但我没敢使用，怕过了这个村，找不到别家店。当初曾经计划包车，中途可去千柱寺（Chaumukha Mandir），但无论怎么调整，时间都不够，吴茱萸和徐长卿也有所顾虑，只得作罢。至于巴豆，说如何如何可去千柱寺，我鼓励他自己前往，他则闭嘴以示抗议。

太阳是最讲诚信的伟丈夫，8点才过，霞光便铺满了整个城市，照得路边的神庙一片金黄。爬上十几级台阶，在雕刻着神像的廊柱间徘徊，仿佛湿婆就在身边巡视。一个小孩出现在镜头里，我赶紧抓拍，门口的大人看到，又带来几个孩子，摆好姿势让我拍摄。

印度人真是喜欢拍照的民族，我几乎没有被拒绝过。他们面对镜头，总会极力配合，甚至主动要求拍照。事实上，撇开那些讨厌的突突车司机和掮客，寻常的印度人，像塔尔沙漠一样热情豪爽，幽默乐观，纯朴直率，有种天然的顽劣心性。和他们嬉戏，要愁

沿途沐浴在晨光里的寺庙

哪得功夫！

穿过狭窄的巷弄，睡在街上的修行者已经收拾好了铺盖卷儿，商铺也次第开门。锅子店门上挂了各式各样的锅，在晨风里晃悠，偶尔碰撞，发出叮当叮当的声音。小食铺掌柜就像个弥勒佛，笑眯眯地坐在锅台上。看到我拍照，赶紧双手交叉，眼睛微眯，似乎老僧入定。印度街头的景象，总会激发人的探索欲望。

走进一间颇为整洁的蓝色房子，屋顶餐厅周围摆满了花草，让人浮躁的心情慢慢舒展开来。抬头看时，雄伟的梅兰加尔（Meherangarh）堡赫然在望，矗立在高岗之上，有一种压迫式的威严。

小贴士：

凌晨抵焦特布尔，先在火车站洗漱，长途汽车站7点才上班。焦特布尔没有发往乌代布尔的火车，如租车可考虑去千柱寺。火车站对面的一条马路上有个叫“Jain Travels”的卧铺巴士代理商，票价250卢比，也有租车服务。

被修道士诅咒过的太阳城堡

远远望去，铁锈色的梅兰加尔堡就像倒扣在125米高的鸟山（Bhaur Cheeria）顶上的脸盆，半圆柱形的高墙厚壁使城堡看上去坚不可摧。据说，筑城的材料来自山脚凿刻出来的硬质岩石，所以城堡与山岗浑然一体，就像广东韶关的丹霞山。

“Mehrangarh”来自梵语，“Mehran”音同“Mihir”，即太阳，“Garh”是城堡，所以当地人又将梅兰加尔堡叫做“太阳城堡”。

与暖黄色调的杰伊瑟尔梅尔城相比，梅兰加尔堡透着一股肃杀之气，暗褐斑驳的铜墙铁壁承载着血色的历史。拉吉普特人是打出来的部族，何曾怕过战争。焦特布尔从建城开始，就从来没有消停过，流血死人不过是家常便饭。

印度独立之后，英勇善战的拉吉普特武士仍然是军营中的翘楚。1962年中印边境之战，做了俘虏的陆军第7旅旅长约翰·达尔维（John Dalvi）麾下就有拉吉普特营，而战死沙场的第62旅旅长霍希尔·辛格（Hosier Singh），则是地道的焦特布尔人。可惜他碰到了中国军队，没能为祖先争得荣耀。

焦特布尔的历史在公元前3世纪时还有些模糊，无非是雅利安人征服当地土著的故事。孔雀王朝之后的几个世纪里，经过频繁的改朝换代，直到拉索雷（Rathore）的拉吉普特人在北方建立了马瓦尔（Marwar）王国。相当时期内，马瓦尔是拉贾斯坦最大的王国。

伊斯兰教征服北印度，拉索雷人被迫为穆罕默德的子孙们服务，而后逃到现在焦特布尔东南的巴利（Pali），1381年迁到了曼朵尔（Mandore）。1459年，一个叫劳·焦特（Rao Jodha）的王公又将都城从曼朵尔迁到其南边9公里处，在石头山顶筑起雄伟的梅兰加尔堡，并围绕城堡在山脚建立了焦特布尔（Jodhpur）城。

印度许多地名后缀“Pur”，意谓“被城墙包围的城市”，属印度教；如果地名后缀为“bad”，多属伊斯兰教。

在城堡里俯瞰蓝色之城

焦特布尔地处塔尔沙漠东南边缘，环境严酷，此前拉索雷人建立的王国“马瓦尔”，在印地语里就是“死亡之地”之意。迁来迁去，还是离不开被罗摩之箭射中的荒漠。建城伊始，此处因地处德里到古吉拉特商业通道的要冲，很快就靠鸦片、檀香、铜器、丝绸及咖啡等商品贸易而富裕起来。随着莫卧儿王朝的兴起，焦特布尔和其他拉吉普特土邦很自然地接受了莫卧儿王朝的统治。异教徒的到来，在征服的同时，也带来了商业和文化的繁荣，新的建筑和艺术得到空前发展。

莫卧儿衰落之后，马拉地人和波斯人连续入侵，拉贾斯坦从此被搅得鸡犬不宁，焦特布尔经历了100余年的战乱。19世纪初，远道而来的英国人乘机拉拢土邦的王公们，疲于应付的焦特布尔人早已失去了昔日的血性，只好卑微地接受英国殖民者的保护。英国人在这里渗透、征服、整合、建设、管理、掠夺、盘剥、分裂，最后离开，他们所带来的伤痛，时至今日都难以厘清。

早餐过后，阳光已经铺满了整个城市。爬到长条石垒起来的断墙上，焦特布尔市区一览无余。这座城市有无数蓝色的房舍，屋顶着了一层轻雾，看起来如梦如幻。旧城有10公里长的围墙，此际远望并不真切，只觉得蓝荧荧一片。然而，并非所有房子都有资格被涂成蓝色，按照传统，蓝色代表婆罗门的居所。还有说蓝色可以驱蚊，不知真伪。

想想吧，八九点钟的光景，爬到高处，看到一座蓝色的城池，该是多么地让人着迷！至少能让人暂时忘掉那些狭窄的巷子、拥挤的人群以及牛粪和地沟油的味道。

古堡门口有安全检查亭，几个戴着红色贝雷帽的保安人员仔细查验一番才放行。古堡共有七座大门，由不同王公建于不同时期。正门像一幅展开的卷轴画，两头是浑厚的半圆柱形碉楼，上面布满射击孔，外墙绘有鲜艳的壁画，反映王公们的征战故事和日常生活。第一座名为“Ja Pol”的大门是曼·辛格（Man Singh）王公击败斋普尔和比卡内尔人的进攻后所建，大拱门套小拱门，门洞两边有暗房，巨大的门扇遍布倒刺。正门左侧是古堡最厚重的壁垒，顶端有瞭望塔，高处达36米。

走进这道门看到售票处，印度人票价30卢比，而外国人则尊享“贵宾价”600卢比，手机拍照免费，相机则要另外购票。意想不到的是，售票处提供语音导游服务，有中文解说。共讲解33处景点，城堡内分别用数字标注。押了护照，看服务人员操作一遍，就赶紧套到头上，耳朵里传来极富印度风情的音乐，带我们走进这座中世纪的城堡。

售票处左边有纪念碑，是1806年抵抗斋普尔人进攻时一名焦特布尔士兵倒下的地方。沿着有些倾斜的路面向前，有台阶通向两边的房子，这些房间用于战争和警戒。左侧的厚墙上有用红色圆圈标出来的弹痕，冷兵器时代的枪弹，对这种城墙构不成威胁。斜坡顶端是急转弯，拐弯处的大门名为“Imritia Pol”。语音导游说，这种设计是为了防止敌人的大象进攻。再坚固的城门，如果有几头大象驮起巨木发力冲撞，结果可想而知。当然，还没有一头大象能够撞破梅兰加尔堡城门，500余年来，城堡也从未被攻破过。

在《马瓦尔的房屋》中有段描述：“这座城堡是如此不可征服，如此强大，无论是朋友还是敌人，都对它充满了敬畏、赞美、羡慕或者恐惧，它是拉索雷人的精神象征。”事实上，梅兰加尔城堡的防御工事，在冷兵器时代已经达到巅峰，可谓固若金汤。与中国建在平原上的方形城池相比，它更加易守难攻。

走过这道门，看到一个缠着复杂包头的音乐人，怀抱多弦的西塔琴（Sitar），旁边还有孩子和身穿红色纱丽的女人。女人头巾拉到很低，遮住了大半边脸。他们是流浪街头的艺术家、吟游诗人，抑或城堡内请来的演员。梅兰加尔堡由焦特布尔现任王公管理，里面没有居民，是纯粹的旅游景点，不像杰伊瑟尔梅尔堡有人居住。

第三重门旁边有瞭望台，边缘有一人多高的箭形城垛，中间置铁铸大炮。在这里，可以看到古堡脚下的蓝色屋舍，向戈壁深处绵延伸展，包围着旧城的城墙也清晰可见。第四、第五道门彼此相连，分别位于“之”字形斜坡路的下面和上面。穿过去，路左侧有块牌子，上书古堡的建造者和年份。牌子右边有两个圆孔，用以安放栅栏和木头，最初的城门就建在这里。

右侧高墙厚壁，上半部可见雕刻精细的门窗天台，城堡的主要建筑就在里面。墙脚有个纪念碑，旁边的石板刻有暗红的圆形记号。据说，记号下面曾活埋过一个自愿献祭的人。故事与城堡的建造有关，而且听起来极为残忍。

城堡内有些表演或者卖艺的人

梅兰加尔堡是被诅咒过的地方。城堡建造之前，独居于此的修道士切里亚·拉特吉(Cheeria Nathji)是鸟山唯一的居民。王公的到来，打破了这位“鸟人”的平静生活。面对暴力拆迁，修道士只得搬到别处，他大骂王公，并下了一道恶毒的咒语：“我诅咒强拆，这该死的城堡将永远缺水!”为了取得切里亚·拉特吉的谅解，王公在城堡内为他修建了房屋，还在他平时冥想打坐的山洞附近盖了寺庙。然而，这种努力并不管用。

一位祭司告诉王公，如果能够在城堡的地基里以活人祭祀，就可以破解修道士的咒语。王公采纳了祭司的建议，正好有个叫拉吉亚(Rajiya)的年轻人，自愿被活埋以免除城堡的灾难。王公答应善待他家人，随后将其活埋于城堡地基下面。但是，咒语并没有解除，缺水是城堡永远的麻烦，整个焦特布尔都经常遭遇干旱。不过，王公兑现了他的诺言，“自愿献祭者”的后人至今还生活在赠送给他们的“拉吉亚花园”(Rajiya's Garden)里。

古堡墙脚有一些壁龛样的格子，里面坐着三人组合的乐队。看到游人过来，两人唢呐齐鸣，另一人则敲起塔布拉鼓(Tabla)。

再往前是一道铁门(Loha Pol)，在斜坡顶端的弯曲位置，上面的密密麻麻的铁刺让人望而生畏，这也是为了防止大象的进攻而设。铁门旁边有15只橙色手印，为王公曼·辛格的遗孀们举行“萨蒂”仪式前留下的标记。1843年，她们留下手印后，跳到王公葬礼的火堆里殉夫，她们是焦特布尔最后自我献祭的王公遗孀。

王公火葬当天，遗孀们沐浴薰香，穿戴整齐，手沾红色染料，拍到已经有很多同样手印的门墙上。她们将个人财产捐献给神庙，然后坐在鲜花装饰的轿子里游行，整座城池为之沸腾，都在歌颂欢呼她们即将到来的死亡。在人们眼中，这是盛大的皇家典礼和神圣的宗教仪式，是他们平淡、无聊，甚至苦难生活中的一道甜点。

仪式开始，她们大口吸食鸦片以减轻即将面临的极度痛苦，然后依偎在丈夫尸体旁边，头枕他的膝部，祭司们用恒河水洒遍她们全身，以洗去她们身上的罪恶。在祭司和民众的唱诵声中，泼了油的柴草被点燃，她们很快发出令人毛骨悚然的惨叫。其实也不过数声，整个身体迅速燃烧起来。

沿着“之”字形线路通过层层城门

萨蒂（Sati）原是湿婆的妻子，帕尔瓦蒂的前世，司婚姻幸福。传说，萨蒂因父亲羞辱丈夫湿婆，愤而投火自焚，死后化为雪山女神再嫁湿婆，所以成为忠贞不渝的象征。《罗摩衍那》里，罗摩的妻子悉多（Sita）为证清白而投火自焚，虽然没死成，但证明了她的忠贞。因此，古印度寡妇们的“萨蒂”行为源远流长，就像中国人“披麻戴孝”，再也寻常不过。有人考证，在1815~1825年间，拉贾斯坦记录在案的寡妇“萨蒂”事件就有6000多起。

名义上，“萨蒂”是自我献祭，也就是说心甘情愿地为爱去死。实际上，蝼蚁尚且贪生，何况人乎？不论基于传统还是婆家族人的压力，寡妇们的抗议只有烈火中撕心裂肺的惨叫。然而，逃跑和变故总是有的，残忍的卫道士们总能想出办法来防止当事人因恐惧和痛苦而带来的意外，譬如在焚化台上用铁链锁住女人双腿，或者在焚化前用匕首将女人刺死。但是，又有更恶毒的论调，说这样会降低女人的贞洁和受尊敬程度，宣称只有自愿跳入火堆里的女人才最受尊崇。

这是我第二次看到血手印，后背仍然发凉，冷飕飕地，像有人往脖子里吹气。手印上面覆盖着信徒们所贴的银箔片，或者挂了金灿灿的花圈。时至今日，这种古老的风俗依旧被虔诚的印度教徒膜拜，也许他们骨子里仍然留存着那些残忍得令人发指的陋习。

虽然“萨蒂”仪式在1846年就被禁止，但在偏远地区屡禁不止。拉贾斯坦在1987年还曾曝出过残酷的自我献祭事件。媒体报道的最近自焚殉夫事件发生于2008年，查蒂斯加尔邦（Chattisgarh）的一名妇女在丈夫葬礼上跳入火堆身亡。而在2006年5月，北方邦（Uttar）35岁的维德娅瓦蒂·辛格在丈夫离世后，被亲戚族人殴打，强迫跳入焚烧丈夫遗体的火葬堆。

西南角是胜利门（Fateh Pol），由阿吉特·辛格王公（Ajit Singh）为纪念他战胜莫卧儿军队而建。穿过重重城门进入古堡，就可以看到石头筑成的庭院和宫殿。“Suraj Pol”门墙上也有橙色的手印。照例被门口戴着红色贝雷帽的保安摸过一遍才能通过，里面是位于城堡中央的宫廷建筑，现被辟为王公博物馆（Mehrangarh Museum）。

宫廷建筑全部采用红色砂岩，是梅兰加尔城堡最为精华的部分。进门就是名为“Singhar Chowk”的庭院，为历代皇子举行加冕礼的地方。焦特布尔末代国王四岁登基，其加冕礼上所用的白色大理石王座于今犹在。拉贾拉坦并入印联邦后，他成了平民，设立信托基金，致力于保护梅兰加尔堡。有趣的是，基金的第一笔收入来自城堡内的鸽子粪便。

博物馆里收藏了焦特布尔皇室的生活用品。首先看到各种各样的王座，镶金嵌银，或雄狮或猛虎，可以想象坐在上面君临天下、霸气十足的感觉。戏文里常说，伴君如伴虎，看来蛮有道理。为了那把椅子，也不知有多少英雄豪杰，机关算尽，反误了卿卿性命。其实，要说舒服，估计还不如一把“摇摇椅”来得贴心。

轿子展馆里有顶壁橱样的小轿，据说当年王公访问英国时，随驾的皇后就躲在里面。

沿着“之”字形的线路通过层层城门

疯狂的英国媒体想一睹庐山真面，费尽心思总算拍到了她的纤纤玉足。王公一怒之下，居然买下当天所有刊登她照片的报纸。还有一顶金银打成的奢华轿子，为莫卧儿皇帝沙·贾汗赐给贾斯旺特·辛格一世（Jaswant Singh Ⅰ）的坐乘。

庭院的角落里，一个穿着传统拉贾斯坦服装、须发皆白的老者盘腿而坐，身旁摆放着吸食水烟的复杂工具。看到游人走过，他就现场演示焦特布尔人吸食水烟的状况。长管子里水声咕噜，烟味通过几道繁复的过滤程序才会被吸入。焦特布尔有吸食鸦片的传统，鸦片不算毒品，而是王公大臣的精神食粮。他们不仅自己吸食，而且用于各种仪式和场合，如结拜、待客、伤病、生产，甚至上阵杀敌之前都要吸上两口。听说附近的"Bishnoi"村，至今保留着喝鸦片茶的习惯。

印度盛产鸦片，英国人来了以后，一发不可收拾。18世纪末，英国东印度公司拼命往中国输入鸦片，将中国人推向灾难深渊，直至爆发鸦片战争。

庭院中央，两个身着传统服装的头巾大使，向游客展示如何缠绕长达9米的拉贾斯坦传统头巾。

在穿着咖啡色马甲的工作人员指引下，我们来到欢乐宫（Sukh Mahal），这里陈列着历代君王使用过的长剑弯刀、盔甲服饰和坛坛罐罐。上一层台阶就是用来表演舞蹈的花卉宫（Phool Mahal），过去还用做接见厅，豪奢富丽，金碧辉煌。有个导游说，天花板上的金饰超过80公斤——也不怕掉下来砸到脑袋。宫墙的壁画出自一位杰出的艺术家，他用金叶、胶水和奶牛尿的混合物，花费十年时间进行创作，临死还未完成，所以左侧至今仍有一块地方空着。

再上一层楼，看到阳台上破损的水车和几尊大炮，远处白色的贾斯旺特纪念堂颇为醒目。据说，纪念堂旁边的小湖具有战略意义。如果城堡被围，高墙内的饮水就指望那架破水车。不过小湖那么远，敌人倘若截断水道，被诅咒过的梅兰加尔堡该怎么办？我又开始杞人忧天了。

在城堡的最南端，可以远眺蓝色旧城区。焦特布尔约有85万人，从高处望去，蓝色隐约，屋舍参差。天台城垛摆着很多大炮，朝向山脚的老城区，似乎随时都要发射。其中一尊为当年焦特布尔军队追随英国殖民者入侵中国时，从义和团手中缴获而来，但没有标出具体为哪尊。真是难为拉吉普特人，居然从遥远的中国拖来如此笨重的战利品。当时的中国江河日下，拉吉普特人也沦落为殖民者的奴才，只是还没有忘记翻过山梁去欺负中国的泥腿子。历史就是这样，铁证如山，悠长的岁月洗不掉曾经的耻辱。

风起的时候，站在这里能听到城市上空的气流声。有个作家写道："人们听到的声音就像诸神在奥林匹斯山上听到的一样，数不清的人们在下面的世界中向每一位神单独说话……"

城堡内卖艺的者

底层是兵器库（Sileh Khana），陈列着拉索雷人历代的武器、盾牌、盔甲等装备，墙壁上有反映拉索雷人征战的细密画。在这里可以看到冷兵器时代的顶级装备，有一种匕首，刺入人体后按下手柄上的机关，刀尖会分成三支利刃，以切割搅碎内脏，看得人后背发凉，眼前似乎出现破碎的躯体。我甚至幻想关公战秦琼的好戏，假设大清帝国初期的八旗豪杰和鼎盛时期的拉吉普特骑士对阵，结果将会如何？

接下来到了塔克哈特·辛格（Thakhat Singh）王公的别墅。此君是个花花公子，妻妾成群，光妻子就有30多位。房间色彩明艳、富丽华贵，但天花板上挂着很卡通的圣诞饰物。据说与英国人有关，“洋为印用”，但看起来不太搭调。

大理石铺成的胡里中庭（Holi Chowk）则是宫廷内举办“胡里节”（Holi Festival）的地方，四周细密格子窗的设计让嫔妃们可以从后面观看中庭举办的各式活动。隔壁是女人居所（Zenana），里面有皇太子们使用过的摇篮。这里有非常复杂的网格窗户，据说有250种不同的设计，女人们借此可以窥视宫廷里的情况，而庭中则看不到女人。胡里节也叫洒红节，在每年三四月间，届时民众放下身段，各阶层共聚一堂，相互泼洒、涂抹彩色粉末庆祝狂欢，相当于印度的新年。

右手边是17世纪初期建造的珍珠宫（Moti Mahal），为皇室女性成员开会的场所。墙面涂抹了碾碎的贝壳石灰浆，西墙有许多壁橱，可以放置油灯。彩色玻璃装饰的落地门窗，大概采用了巴洛克风格，如天主教堂的窗户。拉满金丝的天花板镶嵌着玻璃瓦，整体装饰华贵中融合素雅，这种极端的搭配只有帝王家才比较合适。

城堡中西南角的“Chamunda Devi”神庙，供奉杜尔伽（Durga）女神，她是愤怒的帕尔瓦蒂的化身。2008年9月30日，因为一句“有恐怖分子安置炸弹”的戏言，这里发生216人死亡、400多人受伤的踩踏事件。其实，真有炸弹袭击，也未必会造成如此惨重的伤亡吧？

皇宫，现被辟为皇宫博物馆

从寺庙出来，转进城堡的商店，里面摆满了细密画、记事本、工艺武器等各种纪念品。有种名为“Jodhapur”的骑马裤，上宽下窄，曾风靡一时，据说最初是为了狩猎和打马球而设计。但焦特布尔很少见穿这种裤子的人，在中国流行过的“萝卜裤”，也许受到焦特布尔裤的启发吧？旅程刚开始，还不是购物的时候，怕店主纠缠，稍事浏览，便出来找到语音导游中的最后一个数字，换回护照。

步出城堡，拉贾斯坦的音乐家们激情不减，西塔琴和塔布拉鼓再度响起，他们又咿咿呀呀地唱将起来。

小贴士：

火车站到梅兰加尔堡不远，可徒步前往。门票印度人20卢比，外国人250卢比，摄影单独收费100卢比。城堡提供很棒的中文语音导游，抵押护照即可免费使用。

蓝城人在墙上挖个洞就开始做生意

从梅兰加尔堡出来，门前的突突车司机狮子大开口，要价奇高。不过，白色的贾斯旺特纪念堂（Jaswant Thada）看起来很近，所以干脆走路过去。

奶白色的大理石纪念堂是贾斯旺特·辛格二世的“衣冠冢”，后面为皇家火葬场，内有焦特布尔皇室的家谱和肖像。建筑前面有一汪湛蓝的湖水，美其名曰“玫瑰湖”（Gulab Saga），是古堡非常时期的水源所在。湖畔有座花园平台，爬上去就能看到纪念堂全貌。相对于市区，这里远离喧嚣，风景独好，正好安享清静。据说，王公火葬当日，有只孔雀自己飞到葬礼的火堆中，一时成为奇谈，传为祥瑞之兆，是以专门建碑来渲染此事。

印度教不建坟墓，也不盖陵寝之类的建筑，所以这里只是一座纪念陵寝，类似我们的“衣冠冢”。城北的曼朵尔故都也有类似的纪念陵寝。估计是臣服莫卧儿之后，受到伊斯兰教的影响，焦特布尔人放宽了自己的宗教观，才留下类似于伊斯兰“陵墓”的建筑？

众人对纪念堂提不起兴致，便搭突突车去乌迈德·布哈旺皇宫（Umaid Bhawan Palace）。皇宫位于城市北边的一座山上，为印度最新的皇宫，是全球仅次于英国伦敦白金汉宫的最大私人住宅。皇宫从1929年动工，征用3000名工匠，耗时15年建成。有本书里说，工程期间，被诅咒过的焦特布尔正好遭遇严重干旱，这个劳民伤财的项目解决了许多人的就业问题。腐败工程变成了慈善事业，听起来就像天方夜谭，非常值得怀疑。

皇宫建成四年之后，印度独立，乌迈德·辛格也一命归西，豪华皇宫也变成了历史。不过，皇室成员仍然享有特权，宫殿的一部分归他们居家使用，另一部分则被辟成酒店和博物馆。1997年改为文化遗产观光饭店。

曼朵尔花园的纪念堂

虽然是山路，但比较宽阔，突突车绕来绕去，20分钟就到了。门口有几个荷枪实弹的军人守护，除购买门票，还要求出示护照。居然碰到会说普通话的印度人，此君在上海工作过，带着全家老少出来旅游。

其实，皇宫只有博物馆对游人开放，即使对外营业的酒店，普通游客亦不允许参观，除非花大价钱住宿或者用餐。

这座皇宫由英国皇家建筑学院的主席亲自设计，全部使用大理石和缅甸柚木。虽然已有心理准备，但还是为其典雅的布置和独特的设计折服。馆内有设计模型，融汇印度和欧洲建筑风格，采用文艺复兴时期的高大穹顶，而四周圆亭则是印度传统风格。里面摆满了镀金的家具和线条流畅的艺术作品、武器模型、豹子标本和各式钟表，还有一条维多利亚女王赠送的巨大横幅，墙壁是波兰艺术家斯特凡·诺布林（Stefan Norblin）的绘画作品。

出门时，我碰到一对香港的老夫妇。他们刚从南印度过来，说南印度因为很少被侵略，环境比较原始，但比北印度更脏更乱，同时也更有趣。老两口住在皇宫旅馆，豪华间每晚2000美元，通过旅行社提前预订，打折至1500美元。

我咨询酒店的情况，老爷子介绍说，这里现在由泰姬酒店集团经营，共有30间豪华房间和15间套房，基本完整地保留了皇室生活的所有细节和风范。每位入住酒店的客人，能原汁原味地享受到皇室礼遇。皇宫内除了博物馆，还有会客室、游泳池、图书馆、酒吧、餐馆、舞厅、球场、SPA等设施。问他有没有见到皇后，老爷子笑着摇头。估计就算看到也认不出来吧？毕竟时过境迁，摆不出来太大的排场了。

别过老爷子，在服务人员的指引下，我去参观皇宫对面的老爷车。老爷车是皇宫的收藏品，价值不菲，擦得油光铮亮。

焦特布尔神庙雕塑

曼朵尔花园里的印度人

售票处的对面有卫生间，是印度除机场外最漂亮的公共厕所。外面有个饮水设备，上面挂着金属杯子。我想皇家的饮水应该不会有问题吧？便拧开水龙头打来一杯，学印度人扬起脖子灌将下去，结果淋得满脸都是。事实证明，印度的饮水并没有那么可怕。但是，小餐馆里免费的饮用水我依然不敢尝试。

门口的工作人员突然过来打招呼，原来有位来自江苏的女孩弄丢了护照，他们没法联系，看到中国人模样的游客就来打听。这是个麻烦事，丢了护照，接下的旅程将会中止，还要与扯淡的印度警察和中国使馆纠缠。碰到从博物馆出来的中国人，问过几拨，都说不是，只好作罢。

听从吴茱萸的建议，又打车去曼朵尔（Mandore）。曼朵尔花园在焦特布尔城北部9公里处，建于公元6世纪。1381年它落入拉索雷人手中，成为马瓦尔王朝的都城。15世纪中叶，劳·焦特王公迁都焦特布尔，曼朵尔就成了历代帝王的纪念馆和花园，供市民休闲娱乐。古城虽然没有了当年的风采，仔细观察，还是能从残留的城墙、大量的碑铭和纪念塔以及高耸的石台上看到往昔的影子。

花园里有许多为焦特布尔王公修建的穹顶（梵语“伞”）纪念堂。纪念堂为塔形建筑，廊柱林立，雕刻精美。其中最高大的一座是阿吉特·辛格王公死后，他的64个王后和妃子举行“萨蒂”仪式的场所。穿行在前殿的柱子当中，浑身起鸡皮疙瘩，只好安慰自己尽量避免想象她们在火堆里的舞蹈动作。

花园里芳草惠木，绿树杂花；雀鸟啼鸣，松鼠跳跃。泼猴是这里的皇帝，肆无忌惮，目中无人，占领了很多长凳和护栏。有专人侍候，饲养员背来一袋土豆，倒在地上供它们享用。泼猴相貌丑陋，五官为纯黑色，实在不怎么入镜，怎么拍都是黑乎乎的轮廓。如果离得太近，它们还会龇牙咧嘴，作势欲抓。

公园里有座阿吉特门（Ajit Pol），是18世纪为纪念阿吉特·辛格王公击败莫卧儿军队而建立的英雄厅，里面有16尊真人大小的印度教神祇和拉吉普特英雄像。据说，神像雕刻在天然的石壁上。还有一座3.3亿神圣坛，绘满鬼神肖像。

不远处是政府博物馆，里面陈列曼朵尔的圣物，但尚未完工。角落里有口护栏围起来的水井，小牌子上写着“NAG GANGA”，不知与恒河有什么关系。问旁边的工作人员，他们也不知所以然。怪不得11世纪到过印度的穆斯林学者比鲁尼（Biruni）评论说：“印度人不十分注意事物的历史次序；他们在述说国王的年代系列时是漫不经心的，当要他们非说不可的时候，就困惑起来，不知说什么好，他们总是代之以讲故事。”

从曼朵尔花园出来时，碰到一家印度人，两个可爱的小女孩跟随到门外。我们等车时，她俩欲言又止，几番推让，终是没有过来。

这里突突车不多，有公交车，但速度慢且不能直达钟塔集市。终于等到突突车，司机年龄较大，已经载有一人。上车后，那两个小女孩跑过来告别，让人甚为感动。她们喜欢娇小玲珑的吴茱萸，大概想合影，可惜过于腼腆，又不善表达，没有实现。

钟塔集市的标志

穿过熙熙攘攘的街道，看到一座赭红色四方钟楼。基座为传统印度寺庙样建筑，上部三层，有洋葱状拱顶，是旧城的标志性建筑。钟楼周围就是乱得让人快要窒息的市场，狭窄的巷弄里有各种各样的店铺，旅游书里夸张地写道："当地人在墙上挖个洞就开始做生意啦。"即使如此，我还是认为，焦特布尔要比杰伊瑟尔梅尔繁华富裕。

不过，乱有乱的秩序，蔬菜、调料、糖果、银器、手镯、玩具和各种手工艺品，分门别类，严格细分。当然，钟塔市场的商店布局曾是19世纪城镇规划的模范。我总觉得，这里就是买卖"色彩"的市场，印度的色彩尽可以在此交易。

是不是觉得，乌迈德·布哈旺皇宫、曼朵尔花园和钟塔集市就是焦特布尔的近代、古代和现代。当然，拉吉普特人的历史和智慧，就蕴含在这些有灵魂的建筑里面。

逛来逛去，又到了梅兰加尔堡脚下，看见名为"Om Cafe"的屋顶餐厅，便上去吃饭。从楼顶望过去，对面是今晨光顾过的餐馆，有几个熟面孔正在大快朵颐。他们就是昨晚和我们同乘一列火车的成都人，只是少了洋大个儿。

晚餐依旧是塔利比萨炒饭，徐长卿嚷嚷几天吃素，体能不支。这家餐馆根本不可能大块吃肉，有道菜叫"Chilly Chicken"，可见零星鸡丁，徐长卿要了一份。到目前为止，印度的饭食，我尚能习惯，虽然谈不到美味。

吃完饭下楼，看到对面有纱丽（Sari）店，吴茱萸和徐长卿深陷其中，迈不动脚步。老板是个好脾气，教她们穿戴，我和巴豆无聊，只好站在旁边观看这些华丽得晃眼的衣饰。用印度丝绸制作的纱丽一般长5.5米，宽1.25米，两侧有滚边，上面有刺绣。通常围在长及足踝的衬裙上，从腰部围到脚跟成筒裙状，然后将末端下摆披搭在左肩或右肩。

有人说："如果泰戈尔的诗里有最高超的理想主义，那么纱丽里就有女人最美丽的情怀。"纱丽之于印度，不啻奥黛之于越南、和服之于日本。乡村或者都市、婚丧或者宴会、工作或者休闲，日常生活中随处可见飘逸华美的纱丽。甚至画家张大千也不禁感叹：南亚纱丽是世界上最美的衣服。

虽然纱丽是印度妇女最普通的衣饰，但熟悉印度的人说，根据纱丽可以推断主人的来历和社会地位，甚至种姓。所有美好的事物，只要刻上"阶级"烙印，总觉得就像苍蝇爬过的杯子。

华灯初上，我们徒步穿过巷子回火车站，半路上看到一家名为"Janta Sweet Home"的甜点铺子，吴茱萸和徐长卿忍不住买来两包。商店很有特色，店员皆为男性，像20世纪八九十年代中国的乡镇商店，生意蛮不错。只不过印度的甜点太腻，即使我喜欢甜食，也不太习惯。

取了行李，再回到代理处等夜班车，发现街上摆了许多床铺，有人包了头脸熟睡。与吴茱萸讨论，不知道是出来找工作的穷人，还是住不起房间的印度游客。总之，境况要比直接睡在大街或者火车站好。

印度的卧铺车分上下两层，每铺可睡两人。所幸我们搭配适当，如果有落单的陌生男女，岂不尴尬？瞧，我又替印度人操心了！

小贴士：

梅兰加尔堡顶上能看到贾斯旺特纪念堂，步行即可。一日游路线，城堡到乌迈德·布哈旺皇宫（门票50卢比）、皇宫到政府博物馆、博物馆到曼朵尔花园（免费）、曼朵尔到钟塔集市，各段突突车均为100卢比。冬季乘夜班车往乌代布尔，请穿厚衣，半夜非常寒冷。

04

UDAIPUR

乌代布尔

贾格迪什神庙里的“音乐会”

旅人总是抱怨，印度的白天不懂夜的冷。早晚温差大，他们经常要在夜行的列车里缩成一团，瑟瑟发抖。坐过两程火车，觉得所言过于夸张，想着也许因为时间和座席有别，才会有截然不同的感受。

然而，从焦特布尔到乌代布尔的夜班车，却让人重新审视印度的交通。出焦代布尔市区，虽然躺在车里，看不清路面，但巴士像只炒锅，前后左右翻来覆去地颠簸，躯体就像半截豆芽菜，不时腾空而起，旋即重重落下。这次第，怎一个折腾了得？甚至怀念起火车空调三等铺的床位。

我和巴豆并排躺在上铺，别扭和颠簸倒也罢了，要命的是，脚下的窗子不时滑开，半夜冷风袭来，只得缩肩抱胸，如刺猬般滚成圆球以抵御寒冷。半梦半醒之间，伸脚关上窗户，片时又滑开来，再伸脚蹬去。那一夜，我就这样不断地蹬来蹬去，到后来，穿上鞋子，依然在不停地蹬。至于车内污浊的空气、印度人的咖喱味儿，则可以忽略不计。

天色微明，乌代布尔到了。旅行包就像刚从土堆里挖出来的古董，让人懒得放到背上。搞清火车站的大概位置，徒步前往。

晨风习习，鸟儿啾啾，已经能够看清城市的轮廓，安静的街道上只有我们沙沙的脚步声。相对于杰伊瑟尔梅尔和焦特布尔，乌代布尔干净整洁许多，马路虽然不甚宽阔，但中间有铁丝网隔离带，两边设人行道。而前两个城市的马路就是一根筋，牛羊骆驼行人车辆，竞相争道。

乌代布尔火车站的空调席位候车室男女分开。女宾候车室门口有中年妇女值班，虽然管理不甚严格，但对于男士的到访，表情中带着明显的抗议。我只好交代吴茱萸和徐长卿几句，与巴豆回到男宾候车室洗漱。

中国车站附近的餐馆几乎都做一次性买卖，不指望有回头客，所以饭食质量奇差。

如果不是着急赶路，寻常时间断然不会到车站用餐。但乌代布尔火车站的餐馆，不仅环境好，价格也还算公道，早餐有三明治、煎蛋、咖啡、奶茶。下单不久，见晚来的老外们已经吃得啧啧有声，我们却仅上了奶茶和咖啡，催促一番，才知道被服务员漏掉。

出火车站，搭突突车到城市宫殿。时间尚早，城市宫殿还没到营业时间，只好顺着街道闲逛。不远处有座寺庙，见早来的本地人进出，便脱了鞋子入内。

这是一座印度教寺庙，爬上几十级台阶，可以看到雕刻精美的廊柱，以及各层屋檐上卷起鼻子的大象雕塑，重重叠叠，起起伏伏。这种设计和造型，使古老的寺庙看上去动感十足，仿佛要奔跑起来。里面有歌声传来，便穿过幽暗的甬道，眼前豁然开朗。红色地毯上坐着几个人，两位上了年纪的印度妇女正在唱歌，众人屏息静气，悄然聆听。未几，又来一位斜背手鼓的阔嘴男士，盘腿坐下，庙里的气氛顿时热烈起来。

“咚咚咚”，随着低沉的鼓声，男子唱将起来。张口的那一声长调，抑扬顿挫，悠长深远，仿佛是为了唤醒沉睡的诸神，又如远古洪荒传来的符咒。女士双手打出节拍应和，天地间的阴阳交错便尽在这歌声里。创造或者毁灭，新生或者死亡，只是歌谣中的休止符。我突然莫名激动，眼睛潮湿起来。千里万里，旅行的意义，生命的意义，到底是什么？

阳光从廊柱之间的缝隙里洒落下来，照在众人如醉如痴的脸上，窗外的鸽子飞来飞去，好像在传递某种信息。音乐是世界通用的语言，难道鸽子是诸神的信使吗？徐长卿按下手机录音键，放在手鼓旁边。我才发现，这个敲鼓歌唱的男士黄皮肤黑眼睛，长着东亚人的面孔，只是他的嘴巴能咧到耳根，似乎生来就是为了与神对话。

他的手鼓类似陕北的腰鼓，中间三道红箍，两头以铁扣锁住羊皮。从工艺来说，我以为不如陕北的腰鼓精细美观，至于音色，我实在难以分辨。一曲终了，女士笑眯眯地看着大家，眼神里流露着慈爱。记得大理的基督教堂墙壁上写着“上帝是爱”，敢情她经常与神对话，才修成那种至爱的眼神。

寺庙廊柱上挂着印度教诸神和乌代布尔英雄的画像，内里胎室供奉裹在金黄色布幔中的蓝黑色神祇，他是克利须那（Krishna）的化身、宇宙之神贾格纳特（Jagannath）。

克利须那又称黑天，是毗湿奴诸多化身中最得人缘的神。黑天小时候是放牛娃，屡显神奇，灭除恶魔。他将“牛增山”举起七天七夜，使难陀（Nanda）的牛群躲过因陀罗所降的大雨。成年后的克利须那与哥哥杀死国王，救出被囚禁的父母，率领族人前往西海岸，在古吉拉特的德瓦尔卡（Dwarka）修建宫殿，娶当地公主为妻。

《摩诃婆罗多》中，他是阿周那（Arjuna）的车夫，帮助般度族战胜了俱卢族，是觉悟的性灵导师。因战争结束后受到诅咒，36年后族人发生内讧，他哥哥和儿子在骚乱中丧生。他在林中痛哭，被猎人误以为是鹿而射中脚底心，至此他完成了转世人间的

贾格拉特神庙里的音乐会

全部任务。

《薄伽梵歌》是《摩诃婆罗多》里的一段插话，被后世视为史诗的核心思想。“薄伽梵”意为“尊者、世尊”，是对黑天的尊称，黑天代表“最高的宇宙精神”。印度教对黑天的崇拜主要强调“神的爱和人的爱”的共性，青年黑天与牧区女子的戏谑象征神与人的爱。他最常见的形象就是手持牧笛，和牧区女子调情。

克利须那的正身毗湿奴是保护神，形象比湿婆温和许多。通常呈蓝黑色，身披黄袍，四只手臂，其中两手握着法轮和海螺，坐骑为鹰头人身的金翅大鹏鸟伽鲁达（Garuda）。他有时也会靠在多头的蛇王身上。为了拯救人类，他下凡21次，化身很多，猪头、狮面、罗摩，甚至佛陀。印度教认为，佛教是印度教的分支，佛陀是毗湿奴的第九化身。

毗湿奴派在每年8月8日举行克利须那诞辰庆祝法会。教徒在节日前一天开始禁食，并守更到午夜，用水和牛奶沐浴克利须那神像，然后顶礼膜拜。电影《阿克巴大帝》里，安梅尔（Amber）公主嫁给阿克巴时带着她的黑天神，宽容的阿克巴丝毫不介意她在内室供奉黑天。正是因为对宗教的宽容，阿克巴才成为莫卧儿甚至印度历史上最伟大的君王。

从庙里出来，还沉浸在天籁般的歌声里。发现大象的雕塑下有朱砂，印度人进门的时候，总是摸一下象脚，然后手沾朱砂，涂在前额。吴茱萸学点朱砂，总不如印度人所点的圆润饱满，有位留着花白八字胡的老大爷热情指点，才勉强点出那种意思，而我沾到额头上的，纯粹就是一抹红色。

老爷子温和健谈，他说这是贾格迪什神庙（Jagdish Mandir）。怪不得啊，原来我们无意间闯入乌代布尔最大的印度教寺庙。

周围的修行者已经起来，慵懒地坐在台阶上晒太阳，另类的装扮让人忍不住举起相机。他们倒是非常配合，但当我按下快门时，他们却伸手要钱。卖鲜花和香烛的小贩倒不介意被拍，他们看到液晶屏里的照片，开心地笑了。

OPENING HOURS
5 AM TO 2 PM - 4 PM TO 10.30 PM
5.30 AM TO 2 PM - 4 PM TO 10 PM

贾格拉特神庙的音乐会

在巨蛇阿兰塔身上沉睡的毗湿奴

顺小路走出去不远，来到皮丘拉（Pichola）湖畔，放眼看去，不由得让人惊叹。早晨的光线是宇宙之神赐给我们最好的礼物，温柔如仕女的金发，飘过山梁，洒到湖里。即使远处赭色的阿瓦拉利山脉，也暂时低调起来，半隐微红的容颜，只作屏风样的点缀，与水天融为一色。空气里流淌着透亮的精灵，呼吸之间，直欲仰天长啸，荡平胸中块垒。

然而，如果没有周围白色的建筑，这样的景致亦是平淡无奇。乌代布尔是世人眼中的白色之城，行色匆匆的旅人，来到皮丘拉湖畔，都禁不住放慢脚步，徜徉于山色水光之间了。

皮丘拉湖是乌代布尔的灵魂。前些年，天气干旱，着实吓了当地人一跳，他们不敢想象没有了皮丘拉湖的乌代布尔会是什么样子。感谢宇宙之神，降雨重归，皮丘拉湖仍然如凝脂般温润。而水中贾格尼瓦斯岛（Jag Niwas）白色的湖宫（Taj Lake Palace）则让有钱人趋之若鹜，就算是如我一样的背包客，来到乌代布尔，也想绕着湖宫转上一圈呢。

湖宫是昔日的皇家夏宫，现改为世界顶级的豪华酒店。有人形容浮在皮丘拉湖中央的宫殿像结婚蛋糕，我倒以为俗了，虽然许多名流曾在湖宫酒店度过他们的浪漫之夜。不过，乳白色的建筑倒映在湖里，使人想起“大白兔”牌的奶糖。

吴茱萸提醒大家注意时间，于是原路返回，先参观城市宫殿。

小贴士：

从焦特布尔乘夜班车到乌代布尔，下车可走路到火车站存包。火车站到城市宫殿突突车四人50卢比。贾格迪什神庙、巴果尔宅邸、皮丘拉湖离城市宫殿不远，走路即可。

炮塔林立，充满奶色、蜜色和玫瑰色的城市

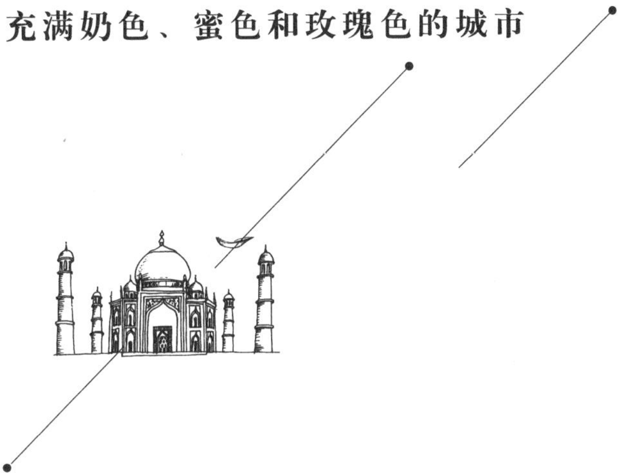

许多旅人都将乌代布尔定义为印度大陆最浪漫的地方。一本书里写道：“乌代布尔是一座炮塔林立，充满奶色、蜜色和玫瑰色的城市。”如果奶色是城市的表象，那么玫瑰与蜜色则为浪漫的代名词，是城市的隐性情调。至于炮塔，拉贾斯坦每座城市的地基都是用拉吉普特武士的尸骨垫起来的，用不着大惊小怪。

乌代布尔的建立与奇陶加尔（Chittaurgarh）脱不开干系，更远的历史则要追溯到古老的西索迪亚王朝（Sisodia）。公元8世纪早期，西索迪亚人建立的梅瓦尔（Mewar）王国，统治了拉贾斯坦南部，包括现在的奇陶加尔和乌代布尔。

奇陶加尔是梅瓦尔王国的故都，曾经被数倍于己的伊斯兰圣战士攻破过三次。每次结果相同，男子披上藏红花色的长袍冲出古堡赴死，而妇女孩子则选择“萨蒂”的加强版“Jauhar”，集体投入到火堆中自我献祭。所以，梅瓦尔王国的历史慷慨悲壮，充满了血腥和勇武，是波澜壮阔的史诗。

公元1303年，德里苏丹帕坦（Patan）风闻奇陶加尔拉坦·辛格（Rattan Singh）王公的妻子帕德米妮（Padmini）貌如天仙，费尽心机看到她的倒影，结果被迷得神魂颠倒，甚至发兵围城。拉吉普特人没有考虑投降，男人冲出古堡赴死，女人执行了规模巨大的集体自我祭献。所谓红颜祸水，女人、城池、死亡，让人唏嘘不已。不过，也有人说，美丽的帕德米妮只是吟游诗人歌谣里的女神。

公元1535年，南部的古吉拉特苏丹再次围城。这次战争，3.2万名拉吉普特骑士决然赴死，1.3万名女人集体自焚。故事惨烈得只能以数字表达，细节不堪描述。

33年后，莫卧儿王朝的阿克巴大帝攻城。西索迪亚人依然毫无胜算，8000名身着藏红花色长袍的拉吉普特武士出城赴难，女人又一次执行“Jauhar”。这次失败后，王公乌代·辛格二世（Udai Singh Ⅱ）逃到乌代布尔，建立了新的都城乌代布尔。后来

走进乌代布尔的城市宫殿

莫卧儿第四代君王贾汗吉尔将奇陶还给西索迪亚人，但他们没有再搬回去，而是用心经营乌代布尔。相传还有一支西索迪亚人向东逃到喜马拉雅山下，与当地土著融合而成尼泊尔的廓尔喀人，后来建立了廓尔喀王朝，廓尔喀王朝后来为英国雇佣军提供兵源，反过来屠杀印度人。

作为梅瓦尔王国曾经的都城和拉吉普特人骑士精神的象征，奇陶加尔古堡如今是个不大不小的旅游景点，喜欢中世纪历史的游客经常前往参观。发生在奇陶的惨烈往事让人深思。也许古印度只有刹帝利才配做武士，导致兵源不足，虽然在部族火拼中有不俗表现，但在对外族的战事上毫无建树。对伊斯兰，对殖民者，莫不如是。

据说，奇陶加尔最后一次失守前，乌代 · 辛格二世在皮丘拉湖附近的山上碰到一位圣人，指点他在湖畔建立新都城。因为这里风景秀美，山高林密，易守难攻。事实证明，圣人的建议非常中肯，乌代布尔比奇陶加尔更为可靠。即使如此，战争也从来没有停止，莫卧儿人、马拉地人接连不断发动攻击，但始终没能使拉吉普特人屈服。

当然，他们是西索迪亚拉吉普特部族，太阳的后裔，岂能轻易被外族征服？即使面对强大的莫卧儿，乌代布尔人也坚决捍卫他们的荣誉，他们是唯一没有与其联姻的拉吉普特土邦。西索迪亚王朝延续1200多年，荣登历史最古老王朝榜。随后的英国人，用一纸条约将乌代布尔纳入其保护范围，梅瓦尔王国结束了血腥和动荡，也失去了他们的荣誉、传统和独立。

英国女王在德里召见印度诸王公时，只有乌代布尔的法特 · 辛格（Fateh Singh）王公断然拒绝，以维护西索迪亚人最后的骄傲和尊严。但1947年，乌代布尔与其他土邦一样交出君权，成为印度联邦中的一员。

一间有黑白地板的宫殿

乌代·辛格二世建造的城市宫殿果然雄伟壮阔，号称拉贾斯坦最大的宫殿，现在将一部分辟为博物馆供游人参观。名为城市宫殿，但军事功能仍然是整个建筑的重点，有岗亭、炮楼、瞭望塔，似乎融合了城堡和宫殿的各项功能。第一座朱红的巨门（Bari Pol）建于1600年，上面布满铁钉和倒刺，有几个威武的戴着红色贝雷帽的保安人员站在门口，检查过往的行人。

与前几个城堡相比，这座宫殿更为现代，集中了它们的优点。杰伊瑟尔梅尔古堡逼仄的巷弄和纯朴的习俗使人怀古，仿佛穿越到中世纪；梅兰加尔堡是纯粹的军事要塞，坚固得没有人情味儿；而旧德里的红堡，充满了尔虞我诈的政治阴谋；乌代布尔的城市宫殿建筑群则富有生活气息，面山对水，兼容包并，很符合中国人的风水观。

走过巨门，有段有轮胎样花纹的斜坡，两边整齐的路灯，一直延伸到三座壮阔的拱门（Tripolia Gate）前。从这里望去，可见城头圆形的瞭望塔、炮楼和岗亭。大概因为维护较好，看不出曾经的血与火，倒像是精致的艺术品。中间拱门两边分别摆着大炮，门顶有嵌着玻璃的铜灯，朱红的门扇上依旧布满了铁钉和倒刺，当然也少不了“红头阿三”。

关于“红头阿三”，据说最早来源于上海。租界时期，上海人眼里印度巡捕地位低于西方巡捕和华人巡捕，排行第三。也有说印度人讲话有口头禅“I say”“I say”，是以被谐音为“阿三”。又因印度巡捕经常戴红色头巾，久而久之，“红头阿三”便成了印度人的代名词。中国的网络论坛里，纯粹昵称为“三哥”，听起来煞是亲近。在印度，看到包着大红头巾的当地人，总觉得就像漫画样，煞是幽默。城市宫殿的保安人员身材高大，穿红色毛质军服，戴红色贝雷帽，帽檐斜插一根鸡毛样的红色绒穗，其喜洋洋者矣。

走进乌代布尔的城市宫殿

三座拱门也叫大象门，如果不想抓住门上巨大的铜环照张相，就直接走进去。空旷的广场上正在进行维修作业，左侧有七座拱门，据说为了纪念王公们曾在此称过七次体重而建，因为他们发疯的时候并没有忘记做慈善——将和他们体重相当的金银分发给当地群众。这种作风就像善良的坏孩子，变着法儿做好事。如今，七拱门附近成了店铺，出售书籍、古董、细密画、纺织品和其他纪念物。

右侧为高大雄伟的城市宫殿主体建筑，可见厚实的墙壁和塔楼，前行就是被草坪分割成数片的皇家庭院（Raja Angan）。乌代·辛格二世就是在这里碰到圣人，指点他于此建城。据说，以前不是这种风格，1992年重修时采用莫卧儿花园式布局。如今乌代布尔的集会、游行和节日庆典，都在这里举行。

宫殿主体辟为城市宫殿博物馆，正面宫墙长约244米，高达30余米，里面的房间都以镜子、瓷砖和绘画装饰。进入博物馆，右边的拱形门口（Ganesh Deoti Gate）有象头神伽内什雕塑。以前这里是平民和贵族的分界线，寻常百姓不得进入这扇门。象头神周围有精美的玻璃镶嵌，色彩华丽，工艺繁复。

红宝石宫殿（Manak Mahal）有精美细致的镜面和玻璃作品，墙上挂着残酷血腥的战争场面绘画，还有盔甲和兵器实物。做工精细的军服，全部以细钢丝编成，要害部位辅以铁板。靠窗有传奇武士普拉塔普（Maharana Pratap）王公和他装有象鼻子的战马（Chetak）雕像，他是乌代·辛格二世的儿子，继承了拉吉普特骁勇善战的骑士精神，面对强大的莫卧儿帝国，从未屈服，正所谓“生命不息，战斗不止”。

克利须那宫（Krishna Vilas）有许多小雕塑，不允许拍照。珍珠宫（Moti

Mahal）里有漂亮的镜面装饰，相对于中国建筑的雕梁画栋，拉贾斯坦的玻璃镶嵌技艺独具特色，能营造出富丽堂皇雍容华贵的氛围。

巴丽宫（Bari Mahal）也叫花园宫，建于1699年，主要用于节日庆典和接待贵宾，以104个精雕细刻的大理石柱组成许多拱形门，工艺技巧让人叹为观止。这里也是城市宫殿的最高点，有喷泉、塔楼和花园，为观赏城市和皮丘拉湖的最佳位置。花园四周绿树成荫，中间的游泳池，主要用于胡里节庆典。

在宫殿高处可以俯瞰皇家庭院，据说以前的庭院里有大象、马匹，还有轿子，曾预演过大象厮杀游戏，以检验它们的战斗力。宫殿中有些壁画，详细描绘了当时大象血腥厮杀的场面。

当然，这个位置居高临下，可以从任何角度观察外面的世界。乌代布尔是小城，人口不足40万，从城头望去，人家参差，屋舍俨然。换个位置，奶白色的湖宫酒店就在脚下，好像谁人用积木搭建的玩具，又如童话世界里的秘境。

一组曲折走廊围成四合院式的复杂空间，就像迷宫，地板黑白相间，据说这种结构可以避免被敌人突然袭击。话是这么说，但如果被敌人攻到这个位置，恐怕离全军覆没不远了，拉吉普特人估计又要穿上藏红花色的长袍集体赴死。出乎意料的是，东边走廊通体铺满了中国特有的青花瓷砖，不知乌代布尔人从哪儿弄来的。

苏利亚太阳神庙（Surya Chopar）里有巨大的太阳装饰，就是一张光芒四射的男人圆脸，留着拉吉普特人独有的八字胡，看起来喜庆有余。其实，宫殿正面就装饰着许多类似的太阳图案，这是自称太阳后裔的西索迪亚王朝的标记。

女人宫（Zenana Mahal）门口有捕虎笼，大厅里展示18和19世纪的细密画，线条精致流畅、色彩丰富，主要描绘王室宫廷生活。拉吉普特细密画（Miniature）盛行于16～19世纪，与莫卧儿细密画富贵细腻的宫廷风格有所不同，其内容主要体现印度民间精神，赞颂自然、国王及英雄事迹，幽默和欢娱、正义和情爱是拉吉普特细密画常见的主题。

细密画最早属于波斯艺术，为精细的小型绘画，主要用于书籍的插图、封面和扉页，以及徽章、盒子、镜框、宝石、象牙首饰等物件的装饰图案。题材多为图案、风景、人物肖像和风俗故事。采用矿物质，甚至以珍珠、蓝宝石磨粉作颜料。

拉吉普特细密画是印度艺术中的奇葩，有人称其为“音乐的绘画”。宫殿墙壁上克利须那与牧女、盛大的节日庆典、国王率军队与敌人激战的场面亮丽细致，引人驻足。有面墙上画着成千人物，包括国王和王后、王子和公主、象奴牵着披金戴银的大象、马夫们驾驭战车等细节，为了表现人马众多，一匹马的身上画了十来个头。克利须那画像尤其精致，他和牧女的爱情故事广为流传，受到拉吉普特人的崇拜。

从皇后宫狭窄的通道至最壮观华丽的孔雀中庭（Mor Chowk）。院子里有玻璃和

这座宫殿用了中国青花瓷

马赛克镶嵌的孔雀图案

马赛克瓷砖镶嵌的孔雀图案，据说为1874年～1884年间陆续完成。三只孔雀设计为夏季、冬季和雨季。绿孔雀是印度的“国鸟”，当然也是拉吉普特人的最爱，我曾见杰伊瑟尔梅尔人豢养。除了孔雀，还有浮雕和彩色玻璃镶嵌而成的壁龛、阳台、窗花、墙壁、地板。庭院曾被损坏过，当地工匠花费14个月才得以修复。

宫殿的底层是一个军械库，里面尽是古老的武器。再到入口处，有些古老的石头雕塑，大多为印度教神祇。

城市宫殿随处可见乌代 · 辛格二世的画像，这位王公福大命大造化大，他身上发生过《狸猫换太子》和《赵氏孤儿》中的惊险情节。小王子还在襁褓中时，皇室的远房表亲班比尔（Banbir）为摄政，刺杀了老王公，又欲斩草除根。乳母潘纳 · 黛（Panna Dhai）获悉后，用她自己的孩子换掉小王子，藏在篮子里逃到贡伯尔加尔（Kumbhalgarh）。她将事件公之于众，王子立即登基，才使梅瓦尔王室的血统保持完整和纯正。

如今，末代国王博帕尔 · 辛格（Maharana Sir Bhupal Singh）仍然保留着王公的称号，并拥有城市宫殿的所有权。他创立了“梅瓦尔王公基金会”，以旅游、宫殿、展览、酒店等项目的收入，来推动慈善医院、教育机构和环境保护等项目的发展。“梅瓦尔王公基金会”每年都有一项特殊奖励，以表彰“在职责之外做出贡献，并通过牺牲成为社会永恒典范”的人，就是发扬潘纳 · 黛精神，和我们学习雷锋差不多。

博物馆只占城市宫殿的小部分，其余部分是豪华旅馆和王室后裔的居所。综合来看，城市宫殿的彩色玻璃镶嵌的图案、精致的细密画和美丽的镜面装饰独具特色，也是最大看点。

小贴士：

城市宫殿里，博物馆门票100卢比，摄影200卢比。里面有水晶博物馆和皇宫旅馆，门票另收。市区还有仕女花园、细密画坊和博物馆等景点可参观。

皮丘拉湖是白色之城的灵魂

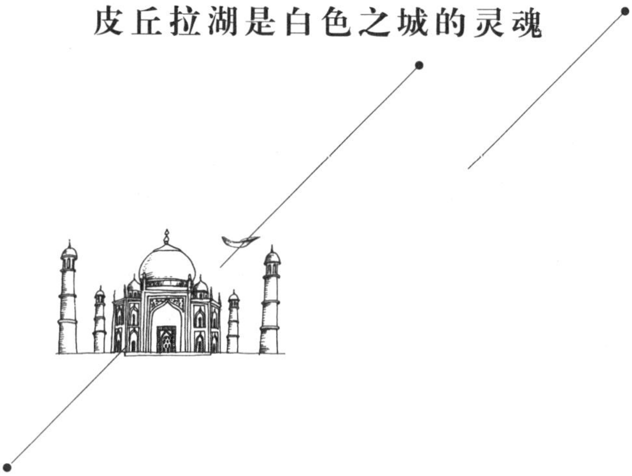

从城市宫殿出来，已经到了午餐时间。徐长卿看中湖畔小店里的纱笼裤，和吴茱萸去购买，顺便预订下午的游船票，我和巴豆则在附近寻找合适的饭馆。

不知怎的，大家选择了挂着“Korea”招牌的餐馆。餐厅设在屋顶，视野开阔，可以看到湖宫旅馆和大半个城市，以及城市边缘的山头。据说山上还有一座宫殿，目力所极，看不清其真容。餐馆与朝鲜没有关系，既没烤肉也无泡菜。

印度是世界上最大的素食国家，每年11月25日的“国际素食日”，起源于1986年的印度。反正餐馆里除了塔利还是塔利，即使不同的餐馆，味道也相差无几。这家餐馆的烟灰缸很有特点，是神灵面孔形状的瓦罐儿，茶余饭后，尽可拿来把玩。

下午的闲暇时光，众人分散开来，寻找各自的所爱，约定5点钟到码头集合。其实，乌代布尔还有花园、博物馆和细密画作坊之类的景点可以参观，只不过大同小异，倒不如在小巷子里转悠。

主城区位于皮丘拉湖东岸，在弯弯曲曲的巷弄里溜达，经常可以看到半开放的细密画作坊。满地盛着颜料的小碟子，画师用松鼠尾巴做成的毛笔在布上描摹，专注的神态让人不忍打扰。据说画师多出身于细密画世家，技艺世代相传。

虽然依山傍水，占尽天时地利，号称印度最浪漫的地方，但乌代布尔同时也秉承了拉贾斯坦城市的脏、乱、差。街道垃圾遍地，闲汉、工匠、艺人和无家可归者躺在湖畔的空地上，懒洋洋地晒太阳。湖面长满绿色水藻，显然“营养过剩”。

跨过一座铁桥，到了湖西岸，小卖部门口坐着几个衣着艳丽的印度女人。见她们和善地打招呼，我忍不住拍照，结果招来神牛从后面顶我，逗得她们嘻嘻哈哈。牛是纯粹的色盲，对颜色并不敏感，难道我晃来晃去激怒了它？幸好我见机得快，赶紧跑掉。

附近有座小寺庙，供奉林伽，有尊白色大理石雕成的公牛卧像，嘴搭在粗大的林伽

近距离参观原来的皇宫，现在的湖宫旅馆

上。寻常寺庙供奉的林伽如抽象画，只是表意，而这尊雕像惟妙惟肖，连冠状沟也刻画出来，倒真是少见。庙外的几个孩子则令人生厌，要卢比要照相，我不搭理，他们便挡住我的视线，装出要敲诈我的样子。

巷子深处也无所观，便返回湖畔，在露天酒吧里小坐。我要来一杯咖啡，看看对岸的闲人和神牛。身后突然传来略带沙哑的女子说话声，好像在打电话，寻声望去，居然看到了熟悉的身影。她边打电话边快步离去，经过我桌边时，我“嗨”了一声，她驻足回头。果然是她，我惊讶得有些语无伦次。三年前参加某俱乐部的活动，一起徒步漓江，只是不记得她的名字。

她也认出了我，说电脑里还有我的相片，找不到人，几次想着删除，但仍然保留下来。我问她来印度多久。她说：“从南印度开始，已有20多天。前两天搭错火车，开车后才知方向不对。车上的印度人指点我们跳车，便先扔行李后跳车，至今还在后怕。”我大为佩服，敢情她在印度上演铁道游击队呢。她要去湖对岸接人，便互道珍重，就此别过。

世上的事情就是这么奇怪，同城生活，无缘得见，却在遥远的印度神奇相遇。但是，寥寥数语，匆匆而别。青山不改，绿水长流，下次会在什么地方相逢呢？这样想着，不免惆怅。

鞋子脱胶得厉害，如果再不处理，恐怕很难穿回去。正好徐长卿远远走来，估计她也没找到更好的去处，便喊她坐下喝茶。

城市宫殿门口有补鞋摊子，和徐长卿过去。鞋匠要价100卢比，我没有还价，反复强调两只鞋子100卢比。徐长卿笑道，天下的补鞋匠都一样，连工具也差不多。鞋匠用一柄带倒刺的锥子将鞋帮缝了大半圈，看起来紧密结实，估计至少能穿到家了吧。

按印度教的种姓制度，补鞋匠应该是最低种姓或者贱民阶层。不晓得天生残疾还是过于激动，他的手抖得厉害，我生怕他的锥子会扎到自己。事实证明，他手艺不错，速度也快。他反复介绍自己，问我叫什么名字。完工时，他仍然想说“一只鞋子100卢比”。我懒得搭理，扔下100卢比，赶紧去码头乘船。实际上，旁边店铺推销给徐长卿的鞋子，不过300卢比。

船里坐满了来自各地的游客，穿着红色的救生衣。一声沉闷的汽笛声响过之后，众人便都徜徉在旖旎的水色里。游船时间只有45分钟，绕贾格尼瓦斯岛一周，还能瞄一眼贾格曼迪尔 (Jag Mandir) 岛。船到湖心，水质始见清澈，金色的霞光从云层的缝隙里斜射下来，落日万点，波摇斜阳。乌代·辛格眼光独到，难得找到沙漠边缘这方福地。

皮丘拉湖是乌代布尔的灵魂。据说最早有位名叫皮丘·本加拉 (Pichhu Banjara) 的粮食贩子在此堰川造湖。后来的乌代·辛格大动手术，拓宽湖面，并在湖畔建起乌代布尔城。

举世闻名的湖宫酒店几乎占据了整个贾格尼瓦斯岛，就像一艘豪华的邮轮泊于水面。不能上岛，但可以看到融合了莫卧儿风格的拉贾斯坦宫廷建筑，拱形门、圆顶亭、椰子树和已经亮起来的装饰灯，里面的奢侈就只能想象了。城市宫殿的码头有渡船可以上岛，非入住游客参观还要收取门票。想起日本画家妹尾河童费尽心思入住后，画下来的宫殿剖面图，颇有意趣。当时的价格已然不菲，现在每晚恐怕要数千美元了吧？

湖宫旅馆系贾格·辛格 (Jag Singh) 所建的夏宫。相传他还是王子时，喜欢一个姑娘，想借父亲的宫殿来约会，结果被老辛格训斥，要他自己想办法取悦心仪的姑娘。他继承王位后，就在皮丘拉湖修建宫殿用以约会。世人津津乐道于王公的浪漫，却忽略了权势才是至关重要的因素。英女王伊丽莎白等名流曾下榻于此，所以后来的人，有钱没钱，都想一睹沾了富贵气的床。“007”系列电影的拍摄，更是将这座皇宫改建成的酒店推向世界。

贾格曼迪尔岛上也有座宫殿，莫卧儿帝国的沙·贾汗率兵反抗他老爹时曾住在这里。据说，泰姬陵的设计灵感就来源于此。1857年印度民族大起义时，王公萨鲁普·辛格 (Sarup Singh) 曾将这里辟成欧洲妇女儿童的庇护所。怎么说呢？印度人民反抗殖民者，最终失败的原因，无非是全国没有形成统一战线。这些土邦的王公们被英国人收买，经常干背后捅刀子的事。印度民族大起义与其说被英国人镇压，还不如说被自己人玩完。

当然，时势所趋嘛。丑陋的政治角力，任谁也得小心谨慎，毕竟藏红花色的长袍不是演员的戏服。相对于其他的土邦头子，乌代布尔人已经做到了最好。

还是回到现实，闪耀的宫廷中人过着极度奢华的神仙日子，而脏乱的街头则横卧无家可归的穷人。豪奢与贫穷，天堂和地狱，即使最浪漫的乌代布尔也不例外。所谓民主，像开屏的绿孔雀，漂亮的羽翎背面就是屁眼儿。

小贴士：

皮丘拉湖的游船45分钟200卢比，绕贾格尼瓦斯岛一周，不能上岛，推荐下午5点的船次，可看到落日。如果要上岛或参观湖宫旅馆，就到城市宫殿里面的码头乘船，价格要贵些。

巴果尔宅邸里的“王妃舞蹈”

拉贾斯坦的哈维利以北部的什卡瓦提（Shekhawati）地区最多，以亮丽的壁画著称，而杰伊瑟尔梅尔的哈维利则以精雕细琢的石刻作品闻名。乌代布尔有座建于18世纪的哈维利，即典雅的巴果尔宅邸（Bagore–Ki–Haveli），就在距城市宫殿北门不远处的皮丘拉湖畔，由当时的总理大臣设计修建。

白天逛街时路过，想着今夜要来，便没有进去。演出还没有开始，正好可以参观宅邸，一举两得。老屋现被辟为民间艺术博物馆，庭院周围共有138个房间，阳台和露台都很漂亮，里面陈列拉贾斯坦的文化用品、民间艺术、塑料雕刻和传统服饰。还有一条很长的围巾，据说为世界之最。从这些展品里，可以遥想当年乌代布尔人的生活方式和风俗习惯。

晚间的舞蹈演出，门口的宣传画里美其名曰“王妃舞蹈”，实际就是拉贾斯坦的民俗舞蹈表演。开锣前，碰到两个广东女孩，她们自东向西游览，和我们路线相反，便相互交流一些旅游信息，以备不时之需。

上层庭院摆出许多长条凳子，前排铺着地毯，已经坐满了人。晚7时演出开始，包着花头巾，穿着金黄色长袍的琴师和鼓手席地而坐。主持人高高胖胖，着藏红花色长袍，肩上搭长围巾，站出来咿咿呀呀讲过几句，锣鼓喧天，好戏出台。他的长袍，让人想起拉吉普特武士集体赴死时的壮烈场面。

我对印度的歌舞并不陌生，宝莱坞的电影大亨早将他们的拿手好戏推向世界。印度的舞蹈与宗教密切相关，是人与神的对话，动作优美，姿势迷人。举手投足，甚至连眼睛的转动都有特殊的含义。与之相应的印度音乐也极具宗教色彩，西塔琴（Sitar）和塔布拉鼓（Tabla）则是最具民族特色的乐器。

西塔琴的构造有些特别，用葫芦盖做成共鸣箱，两层弦柱，上层7条主弦，下层11条持续共鸣弦，看上去就像一把复杂的钥匙。演奏时以手指弹拨主弦，共鸣弦则无须弹拨，发音如中国的扬琴，调子比较清脆。

塔布拉鼓像切成两半的茶叶蛋，是可调节音高的单面对鼓，只在一面蒙皮。右面的小鼓称“塔布拉”，发音较高，用手指拍击；左面大鼓称“巴亚”，发音较低，左手掌拍击，以掌根压皮可以调节瞬间音高。鼓面中心都粘有胶膏，以遏制噪音。塔布拉是北印度古典音乐中主要的击奏乐器，声乐、器乐都能派上用场，还可以独奏。据说塔布拉鼓易学难精，需要高深的演奏技巧，节奏复杂多变，借手腕压鼓面可产生不同音色，表现力很丰富。

我在杰伊瑟尔梅尔和焦特布尔的古堡里就见过这两种乐器。但他们以卖艺为生，不拿钱出来，休想听到完整的演奏，今晚正好弥补这个缺憾。话是这么说，等到舞蹈演员们款款而来时，美妙的音乐就充耳不闻了。

首先上来一位留着白色八字胡的老者，身后紧随顶着盖头的女人，大概是新娘吧。八字胡演奏西塔琴，新娘伴唱，拱形门边还站着个小号手，不时吹出几个音符应和。然后是几个头顶火罐的女演员，高难度的动作让人不禁拍手喝彩。印度女人以胖为美，演员也不例外，纤足尽赤，脚腕和臂上套十余镯子，相互碰撞，叮当之声不绝于耳。

这场演出环肥燕瘦，搭配起来相得益彰。我喜欢其中清瘦的女子，额头的朱点，深邃的眼神，略褐的肤色，精细的妆容，华丽的服饰。随着轻盈曼妙的舞步，神秘的南拉贾斯坦风情，毫不掩饰地撩拨起旅人心底最原始的欲望。

印度是个彩色的国度。我总觉得，她们的演出服与居家衣着并没有太大区别。寻常穿戴，也将色彩运用到极致。

接着是拉贾斯坦传统的木偶戏，演员支配木偶拎着脑袋抛来丢去，十分滑稽。最后出镜的是长相富态的女演员，看起来上了年纪，头顶红色的陶罐。踩玻璃、叼花盘，陶罐越垒越高，直至重叠累加到九个，演出达到高潮，掌声如雷，主持人鞠躬谢幕。

怪不得今晚的演员体态丰满，吴茱萸自嘲说，那么大的罐子，她连一个也顶不起来。实事求是地讲，如果对照专业水平，演出有些土气，舞蹈恐怕连三流也算不上。但浓郁的地方风情和拉家常般的随意，好像坐在谁家的客厅里，无拘无束，尽显本真。如果能够再来，我仍然要到巴果尔宅邸观看演出。

穿过巷子，街头热闹依旧。碰到一家夫妻店，老板热情招呼，塔利每份80卢比，菜品和薄饼任食，数量不限。我和巴豆各要一份，实际就像饿鬼投胎，吃掉两份都不止。

小贴士：

晚7点巴果尔宅邸有王妃舞蹈，门票100卢比。虽然看起来有些土气，但不失为了解印度歌舞的好途径。提前进去可参观小型博物馆，白天进来还要30卢比呢。

05

JAIPUR

斋普尔

女人的居所——风宫

列车提前几分钟进站，喧闹的人声惊破了我粉红色的梦。

还是到空调席别休息室稍事梳洗，待天色微明，便步出车站。十余名突突车司机蜂拥而上，热情得让人迈不开脚步。吃力地挤出人群，走到马路上才算摆脱狗皮膏药般的司机，再挥手招来突突车到客栈区。这算什么事儿？将简单的事情复杂化，逃也似的避开突突车，又不得不重新叫来突突车！

穿过马路，向右拐弯，就是斋普尔的客栈区。如此之近，走路估计也就十来分钟。来得太早，街道尚在沉睡，敲开一家带着小院子的客栈，年轻的老板睡眼惺忪，只有四人间，开价1600卢比。司机赖着不走，想浑水摸鱼，捞取中介费。我说“No Driver，No Commission”，老板降到1500卢比。巴豆近两天一直不声不响，他蹓达回来，说别家有双人间，价格差不多。吴茱萸看过之后立即否定，于是，我们便住进这里的四人间。然而，客人还没有退房，只得先扔下行李，赶紧趁早上的好时光，去寻找满城的粉色。

徐长卿是个讲究的女子，要洗澡冲凉，巴豆跟不上我的脚步，姑且不管。只有吴茱萸性情相投，她更喜欢坐公共汽车到旧城区，以深入体验斋普尔的风土人情。汽车站位于火车站对面，10路车直达风宫（Hawa Mahal）。问过几个警察，总算找到公车。乘客不多，车况良好，到风宫只需10卢比，出乎意料。

时间总是经不得消磨，到达旧城区的时候，阳光已铺满了城市。临街的老房子被涂成粉红，在摇曳的晨光里，折射出别样的风情。建筑风格似曾相识，细看，竟然像广州上下九的骑楼。廊柱后面的店子尚未开门，早起的小贩儿扶着手推车正在叫卖各种饮食。吴茱萸买包长条状的面包，张口吞将下去，粉屑四散，酥脆异常。

路边有早餐铺子，便进去坐下。炉上的奶茶尚未煮熟，简陋的店铺里弥散着甜腻

风宫，其实就是座哈维利

的奶香味儿。吴茱萸说，虽然这里叫粉城，可能长期日晒雨淋，多数建筑变成了暗褐，斑驳而鲜艳的色调与纷乱繁杂的街道看起来不太搭调。

粉色之城的来由，在我冥顽的思想里，实在不怎么光彩。1876年，为了迎接英国爱德华七世（Edward Ⅶ）来访，当时的王公拉姆·辛格（Ram Singh）给斋普尔城区的建筑涂了一层模仿砂石的色调，以示热情好客。这事听起来有些荒唐，曾几何时，血性尚武的拉吉普特人为了奉迎殖民者，卑躬屈膝，居然改变了城市的颜色。他们曾经的辉煌和荣耀，以及令世人敬仰的中世纪骑士精神早已荡然无存。

当然，英国人可不傻，靠这种特有的土邦体系来维持其殖民统治。根据《1935年印度政府法》，英属印度（British India）时期，次大陆最多时曾有554个分裂割据的土邦国，占英属印度总面积的45.3%。斋普尔是较大的土邦，英国人自然另眼相看。

话是这么说，对斋普尔王公高明的外交手段还得鼓掌。斋普尔人结盟莫卧儿，讨好英国殖民者，非常成功地保全了自己。莫卧儿垮掉，英国人撤离，斋普尔依旧繁荣，实在是戏剧般的结果。

姑且不论历史功过，单就城市来说，斋普尔占据印度旅游“金三角”之利，的确是非来不可的地方。一个家伙夸张地说：如果你没有看见过斋普尔，出生的意义何在呢？话有些霸道，但最少能体现斋普尔在人们心目中的地位。

现在的斋普尔是拉贾斯坦邦首府，历史名都。如果和中国的城市相比，地位与古都西安相若。建立斋普尔的杰·辛格二世（Jai Singh II）王室曾有辉煌的历史，那就是骑士精神盛行的中世纪。

公元12世纪，拉吉普特卡奇瓦哈（Kachhwaha）部族统治了斋普尔东北11公里处的安梅尔（Amber），并在那里建起雄伟壮观的琥珀堡（Amber Fort）。卡奇瓦哈人能征善战，合纵连横，统治疆域广阔，与当时的梅瓦尔和马瓦尔王国山水相依。

随着莫卧儿帝国的崛起，卡奇瓦哈人不失时机地投怀送抱。尝到甜头后，更是打起十二分精神为其服务，以换取更多的财富和名望。胡马雍在位期间，比哈尔·马尔（Bihar Mal）王公是莫卧儿一支军队的统帅；到阿克巴时，王公将女儿嫁给他，做起了皇帝的老丈人，莫卧儿第四代君王贾汉吉尔（Jehangir）就有拉吉普特血统；而王公的继任者巴格万·达斯（Bhagwan Das）遵循前辈们的做法，将女儿嫁给贾汉吉尔。

与莫卧儿联姻，安梅尔王国占尽先机。名为臣服，但不属于命运共同体。莫卧儿分崩离析，安梅尔却安然无恙，直到20世纪仍然昌盛。

因为人口膨胀，水源缺乏，安梅尔不能满足王国的需要，杰·辛格便着手建立斋普尔。杰为“胜利”之意，辛格即“狮子”，他不仅是狮子，而且是天才，在艺术、科学、哲学和军事方面都受到最好的教育。他11岁继位，后来因为得罪莫卧儿第六任皇帝

风宫，其实就是座哈维利

风宫内部

奥朗则布，被赶出琥珀堡。然而，他凭借超卓的胆识，成功驱逐篡位者，重掌安梅尔。当时的莫卧儿帝国日薄西山，对杰·辛格建立起来的反抗阵线，只能干瞪眼。

作为北印度首座有规划的城市，斋普尔融合了王公天才的想象力和建筑师维德亚答·巴塔查尔亚（Vidyadhar Bhattacharya）超卓的专业知识。他俩仿照古印度地图，将斋普尔划分为象征宇宙九大分土的长方形区域，城内印度教、耆那教和莫卧儿建筑鳞此栉比，相辅相成。当然，军事功能仍然是新城的重点，安全稳定才能招财进宝嘛。

1744年杰·辛格离世，斋普尔内乱，邦国衰落。后来英国人乘虚而入，逐渐控制了斋普尔。1857年印度民族大起义时，拉姆·辛格追随殖民者，不遗余力地帮助英国人。

印度独立后，斋普尔成为拉贾斯坦邦的首府，时任王公曼·辛格（Man Singh）曾被授予“城邦之首”（Rajpramukh）的称号，以管理拉贾斯坦。如今，他的继任者仍然保留着王公的称号，住在城市宫殿。

茶煮好了，老板端来两杯，奉上还在流油的烤饼。印度多素食，油炸的食物太腻，吴茱萸钟情她的长条面包。店子里进来几个早起的白胡子老爹，坐在旁边读书看报指点闲谈，不时看着我俩窃笑。

街道逐渐热闹起来，人们从各个角落钻出来，披着毯子，顶着瓦罐，背着行囊。人力车、马拉车、自行车、摩托车、小汽车、公交车，全部拥到街头。斋普尔的早晨，既丰富多彩，又喧嚣混乱。寺庙还沉浸在静谧当中，粉色墙壁围起来的庭院空旷寂寥。我和吴茱萸登上台阶观看，门口裹着黄色毯子的流浪者睁开眼睛，歪了嘴巴打量着我们。

突然觉得，我的旅行开始渐入佳境，吴茱萸也兴奋起来。斋普尔就像皱巴巴的细密画，带着旧社会的印迹，散发着陈墨味儿，似乎刚从破箱子里拿出来。

刚才坐过站，回走几百米，看到斋普尔的标志性建筑风宫，醒目的红砂石建筑像规划整齐的蜂巢。大抵为了协调，两边的房屋铺面亦被涂作粉色，并勾勒出白边，就像谁家孩童的杰作，稚嫩中不无顽皮。

风宫建于1799年，虽不在城市宫殿内，但也算其组成部分。共有五层，从正面看如华丽的弧顶篱笆墙。各层凸出来许多三个立面的窗户，每面镂刻精致的细格子屏风，窗顶有拉贾斯坦风格的拱顶，如同挂在外面的鸟笼。晨风吹过，密集的格子窗犹如管乐器，任那些流动的精灵出入。我想，如果站在宫殿顶层，大概就能听到风的吟唱。

这是一座专为皇室女性成员修建的宫殿，她们在里面活动，或者透过细格子窗观察城市风貌，而外面的人则无法看到她们的容颜。

风宫内部

躲在窗子后面看到的外面世界

记起杰伊瑟尔梅尔的哈维利，那些精美的石雕窗户正是这种风格。不过，风宫将其无限放大，如果不计较复杂的社会因素，风宫就是件赏心悦目的喜剧作品。某人躲在窗户后面，调皮地说：“你看不到我，你看不到我。”这种创意，只有顽劣的小屁孩儿才想得出来。

徐长卿来电，说他们到了风宫售票处。风宫票价200卢比，我拿出500面额的纸币塞进窗口，里面打印出来类似小票的凭证，但只找回200卢比。当时没有留意，发现后再去追问，售票员哪里肯承认，居然赖掉100卢比。后来才知道，在印度，这种现象司空见惯，稍不留意，就会中招。

风宫里面是高墙围起来的空间，中央是方形水池，周围走廊布满传统的拱形门，门扇装饰细密画。主建筑为狭窄的走廊，里面的细格子窗户镶嵌了彩色玻璃，从后面望出去，就可以体验当年的皇室成员在此嬉戏游乐的心境。爬到顶层，惊起墙头的鸽子，能看到城市宫殿和简塔曼塔（Jantar Mantar）天文台，再远是高耸入云的冲天塔。

庭院里还有座小型的博物馆，藏品不丰，有些细密画和其他文物，还有副夸张的盔甲，据说皇室庆典时才会启用。

出门碰到两个中国女孩，她俩也是中途结伴，性格迥异，各怀心事。便和我们不约而同，一起寻访安梅尔的故都。

小贴士：

斋普尔客栈区离火车站不远，步行约10分钟，出车站走左边路，行50米进小铁门转左行约30米，再左转约50米，右转即路对面进去走百十余米，两边客栈很多。公共汽车站在火车站对面，有车直达风宫、城市宫殿及其他景点。

琥珀堡里曾经每天杀羊祭祀卡莉女神

风宫附近的29路公共汽车直达琥珀堡。车里乘客不多，旁边俊朗的印度小伙甚为健谈，我便向他打听附近的景点。

中途有湖泊，湖中建宫殿，可惜不得其便，没法参观。半小时后下车，金黄色的城堡建在半山腰，雄浑典雅，气势磅礴，比杰伊瑟尔梅尔堡更加壮阔。道路曲折蜿蜒，周围山梁可见长城般的防护墙，山脚是毛他（Maota）湖，湖畔连着广场，广场铺了草坪，草坪外一折青山。

穿过广场，成群的鸽子“噗噗”飞起，待行人渐远，旋即又来。印度到处都是鸽子，与人为盟。

据说可以骑大象去琥珀堡，但沿途没有看到大象。琥珀堡是安梅尔王国的发迹之地，典型的中世纪古堡，易守难攻。从地理位置看，山顶设战略要塞，山脚宜排兵布阵，进可攻，退可守，有广阔的回旋余地。卡奇瓦哈人的军事天才由此可见，怪不得他们在拉贾斯坦独大。

实际上，卡奇瓦哈人来到安梅尔之前，已经统治中央邦（Madhya Pradesh）西北部的瓜廖尔（Gwalior）超过800年。后来通过政治联姻取得达乌萨（Dausa）地区的统治权，再用一纸承诺从当地土著苏萨瓦特米纳人（Susawat Minas）手中弄到这座石头山。1592年，时任王公的曼·辛格开始修建琥珀堡，这个过程持续了125年。莫卧儿时期，卡奇瓦哈人将他们滚瓜烂熟的联姻把戏发挥到极致，在收获大量财富和荣耀的同时，不断扩建城堡，直到杰·辛格迁都斋普尔。

现今的琥珀堡与焦特布尔的梅兰加尔堡一样，是纯粹的旅游景点，没有了以往的生活气息。

正午的阳光异常火辣，爬上山坡，始见巨大的拱形城门。这座门孤苦伶仃，应该

宫殿正门

是后来的建筑，门边的矮墙上坐着披了黑纱的伊斯兰妇女，看到我们走过，和善地打招呼。继续沿着台阶前行，但见碉楼城垛，高墙厚壁。抬头仰望，有种泰山压顶般的气势。

琥珀堡名为城堡，实如宫殿。穿过太阳门（Suraj Pol），来到主要庭院（Jaleb Chowk），也是皇室阅兵场。当年卡奇瓦哈武士将抢来的战利品堆到这里，躲在伽内什门（Ganesh Pol）二楼的女人就可以透过风宫样的细格子窗欣赏了。

右边是精致的西拉·黛维（Sila Devi）庙，里面供奉卡莉（Kali）女神，楣梁上有整块珊瑚雕成的象头神。1980年以前，这里每天都会杀羊祭祀女神。据说，曼·辛格和孟加拉人打仗前，曾向胜利女神祈祷。女神托梦说，如果胜利，必须从海底找回女神像。1604年王公取得孟加拉战役胜利，随后真的找到了女神像，将其作为“Sila Devi”请到神庙，其实就是带着基座的整体雕像。

“卡莉”梵文意为“黝黑的”，是湿婆妻子帕尔瓦蒂的化身，也是印度神话中最为黑暗和暴虐的黑色地母。她皮肤黝黑，是印度版的“黑牡丹”，青面獠牙，三只眼睛，四臂分持武器，颈戴骷髅项链，舌头鲜血淋漓。帕尔瓦蒂化身黛维（Devi）杀死征服三界的魔鬼杜尔伽（Durga）后，将自己改名为杜尔伽，但当她面对强大的阿修罗（Asura）时陷入困境，面孔因愤怒而发黑，黑气中诞生了可怕的卡莉。

杜尔伽面对的阿修罗祸害人间，且无法消灭，因为他的每滴血就像孙悟空的毫毛，都会变成新的阿修罗。卡莉发现整个战场都是同样的敌人，只好穿肠破肚喝干他们的血，才使阿修罗无法再生而被消灭。嗜血的杀戮过后，卡莉在狂乱和兴奋中跳舞，大地震颤，湿婆不得不将自己垫在卡莉脚下，以缓解疯癫状态下的卡莉对大地的破坏。印度教画像或雕塑中，湿婆经常躺在卡莉脚下，就源自这个故事。

有意思的是，被击败的孟加拉人，也将卡莉女神奉为降魔者和威力强大的保护神，印度第三大城市“加尔各答”（Kolkata），名字的意思就是“卡莉的沐浴场”，城市南部有卡莉神庙。其实，信奉杜尔伽和卡莉女神的印度教徒经常杀活人祭献，连唐僧玄奘都差点成了杜尔伽的祭品。

拾级而上，第二庭院里是公众大厅（Diwan—i—Am），有大象雕饰的两排柱子和格子状走廊。王公在这里召见臣民，讨论国家大事。对面是雕饰精美的伽内什门，拱形门顶有快乐的象头神浮雕，周围镶嵌的花卉草木色彩艳丽，美轮美奂。如果王公自战场归来，皇后会拿着鲜花和净水在这里欢迎。

从伽内什门来到第三庭院，是莫卧儿风格的花园，中央有八角形水池，四周芳草杂树。胜利厅（Jai Mandir）里有精雕细琢的天花板和彩色玻璃，以及蜂窝状的大理石窗帘，站在这里能看到山脚的毛他湖和防御设施。今天天气好，水面荡漾着古堡的倒影。

胜利厅内有镜宫（Sheesh Mahal），堪称宫殿建筑的极致作品，四壁镶嵌宝石与彩色镜片。我还特意带了一盒火柴，想着在镜宫点燃，看看四周火芒飞舞的效果，但门口拦着绳子，不让入内。

宝石和镜片的色彩已不复当年之绚丽，四周的大理石浮雕墙面仍然精美绝伦，上面绘满漫画样的昆虫和蜿蜒的花朵。据说宝石与镜片的镶嵌手法，以及拱形屋顶、细格窗棂、石头廊柱和植物雕刻都受到莫卧儿建筑风格的影响。安梅尔与莫卧儿的联姻，连建筑也有了血缘关系。

胜利厅对面是娱乐厅，为举行宴会或者休闲娱乐活动的场所，内有水道，可以消暑。

第四庭院是女人居所，房间各自独立，但出口都面向公用的走廊。夜晚，王公可以悄悄走进任意房屋。想起电影《阿克巴大帝》里面的镜头，安梅尔的公主被阿克巴误会后负气回到娘家，阿克巴知晓真相后，回来接她。结果在琥珀堡舞枪弄剑，缠绵悱恻地打了一架，拍摄背景大概就在第四庭院。

城墙间的结合和过渡非常复杂，暗房、假门比比皆是。如果敌人贸然攻入，不熟悉地理，会吃尽苦头。清洁工和保安人员都说，可以带我到达墙头的瞭望塔，但要付小

安梅尔的故都琥珀堡

进入琥珀堡，这里原来是阅兵场

安梅尔的故都琥珀堡

费。我自己摸索一番，不得要领，反正上去也无所观，便懒得再折腾。

琥珀堡正上方绿油油的山头叫作鹰丘（Cheel Ka Teela），耸立于山顶的杰伊加尔（Jaigarh）堡，远远看去，霸气凌人。沿着山路向上，可见宽厚的防护墙，墙头设瞭望口和射击孔。因为年代久远，城墙都变成了黑褐色，显得苍老厚重。举目四望，周围的山梁蜿蜒盘旋，回环交错，尽是这种防护墙，将其称之为斋普尔的“万里长城”也不为过。

沿途遇到一个独行的丹麦学生，高高瘦瘦。他说，按照传统，丹麦学生毕业后要做个长途旅行，才算是真正步入社会。走到门口，售票处的收银机坏了。工作人员忙着修理，我懒于等待，便直接闯进门去。

杰伊加尔古堡为纯粹的军事要塞，最高处有几座瞭望塔，上面旗帜飘扬。据说，杰·辛格一世在位时就开始建造这座城堡，最后由二世完成。因为开放的时间比较晚，所以仍然保留着最初的风貌。古堡内没有宫殿，有些功能性设施，如碉楼、水库、剧院、房屋、仓库、工厂，还有世界上最大的轮式火炮。这尊庞然大物有6米长的炮管，重约50吨，射程30公里。多几门这种炮，就能将11公里外的斋普尔城夷为平地。

一直往前，站到古堡的城头远眺，视野开阔，琥珀镇尽收眼底，金黄色的琥珀堡尤其醒目。如果有敌来犯，自然逃不过杰伊加尔堡瞭望塔里机警的眼睛，而且古堡坚固的防御工事可以阻击从背面偷袭的敌人，其重要性不言而喻。

吴茱萸和徐长卿也走进来。院落周围有博物馆、军火库和武器制造厂，里面摆放着工具、地图和老照片。难能可贵的是，古堡内有一套雨水灌溉设备，管道遍布地下，最后将水引入巨大的水罐，供人畜饮用。传说，水罐里藏有皇家财宝，印度政府甚至专门派员调查，一无所获。拉贾斯坦的吟游诗人，也许会将这种传奇故事一直弹唱下去。

我跟随几个中国人欲攀登最高的瞭望塔，却无功而返。不觉来到古堡后门，想着同样能够下山，走出去老远，几个印度人才告诉我“No way”。返回正门，装作若无其事的样子下山。

小贴士：

风宫前有29路车直达琥珀堡。建议先游览城市宫殿，因为凭宫殿门票可免费进入琥珀堡上面杰伊加尔堡。

从风宫到拉贾曼迪尔电影院

从琥珀堡归来，又回到风宫附近。斋普尔旧城规划整齐，但如果毫无头绪地站在街头，很快就会被夸张的人流和车辆湮没。我的旅游攻略中有条徒步线路，如果想深入了解这个城市，“走走看”当然是最好的选择。

我将地图交给徐长卿，让她体验做“领头羊”的乐趣。我可以跟在后面，观察那些新奇的建筑和古怪的小吃，或者看警察揍小贩、老牛拉破车、跛子骑骆驼。反正，斋普尔的街头要比中国城市有趣得多，总有吸引眼球的事情。

穿过街区，朝西南方向的拉贾曼迪尔（Raj Mandir）电影院走去。这是吴茱萸和徐长卿的主意，去看场原汁原味的印度电影。

在印度，看电影是人们主要的娱乐活动。盘踞在宝莱坞的电影大鳄们每年能制作超过800部以上的影片，世界首位。我小时候看过《流浪者》，至今还能哼出《拉兹之歌》的曲调，甚至当印度人介绍自己时，我总以为他们都是拉兹。就像杰伊瑟尔梅尔的骆驼人，我就叫他拉兹先生。

旧城的街道有趣极了，建筑涂作粉红，勾勒白边。城门尤其阔气，仍保留着中世纪的军事功能，有瞭望台和剑形城垛，墙壁绘满莫卧儿风格的白色花瓶和植物图案，汽车在巨大的门洞里进进出出。周围有各式流动小摊，卖蔬菜水果的小贩居然还使用手提的杆秤，不知道会不会缺斤少两。

这里是斋普尔顶有名气的崔波莱集市（Tripolia Bazaar）。适才所见巨型拱门也叫“崔波莱”，是进入城市宫殿的主要入口，但只允许王室成员通行，普通游客要绕到前面的“Atishi Pol”门才能进去。

虽然尽量避免光顾小食摊，但还是被一种酸奶吸引。店铺的柜台上堆满红色的陶制杯子，似乎还残留着瓦窑的气息。我自告奋勇先尝，甜甜酸酸，带着烧糊的泥土味。喝完酸

从风宫到曼迪尔电影院途中

哥们被警察逮到了

奶，杯子就可以摔在旁边的垃圾桶里，真是有些浪费。吴茱萸高兴，嬉皮笑脸地嚷道：“太划算了，有得饮，有得摔。”

在矗立着钟楼的十字路口，看完警察拦车罚款，转过去就到了电影院。粉红色的电影院造型奇特，像波浪又像旗帜，外墙缀了八颗星，不知道是否与其级别有关。宣传栏里张贴着巨幅影片介绍，今晚放映《Don 2》，7点开始。到附近找地方吃饭，找来找去，都没有像样的餐馆，只好到旁边的写字楼吃比萨。

难得的新商厦，价格自然也不菲。比萨店叫“多米诺”（Domino's），店员皆男性，戴鸭舌帽。看到我拍照，昂首挺胸，摆正姿势。今晚有买大送小的优惠，但交流两次才弄明白政策，最终只是吃了个半饱。

电影票90卢比，男女在不同窗口购买。据说，印度电影院的座位按种姓来排，越靠后意味着种姓越高，而外国人如我们，则可以自由挑选。

拉贾曼迪尔是斋普尔最豪华的影院，大厅里铺着地毯，周围墙面上摆满了神龛，在五颜六色的灯光照射下，显得既富丽堂皇，又迷离梦幻。影厅四壁有浅黄色的波浪形装饰，不仅美观，而且隔音。今晚看电影的人不多，空了许多座位，前面一群人，后面一群人，我们坐在中间。这种方式是否说明按种姓排位？敏感问题，不好证实。

影片内容实在不怎么样，本来想看宝莱坞的传统故事片，结果却是好莱坞风格的动作片。一个名为“Don”的流氓式人物，武艺高强，总能在危机四伏的环境中成功逃脱。为了达到目的，甚至自愿入狱，救出能帮他办事的对手，准备大干一场。

片长三小时，中途有休息时间，可以到大厅里喝上一杯。我们前排坐着一家人，两个小学生大概想练习英语，扭过头来聊天。他们上五年级，谈到印度的教育情况，小学生说，他们上私立小学，费用比较贵，但公立学校费用很便宜。看来，印度的教育资源也不均衡。

接下来的故事了无意趣，英语中夹杂印地语，连猜带蒙，大致能懂。我将电影的故事情节概括为“一个流氓的成长史”，大家点头认可，都萌生了中途退场的念头。步出电影院，叫来突突车，100卢比拉到客栈。印度人喜欢嚼槟榔或者槟榔制品，这个司机正嚼得起劲，

曼迪尔电影院

嘴角甚至流出红色汁液。他有时张开“血盆大口”，面孔无端地狰狞，加上额头鲜艳的朱砂，如鬼魅般恐怖。

今晚运气不错，刚进门，就碰到隔壁邻居家的婚礼。在印度旅行，遇到婚礼绝不能错过。我们赶紧爬到楼顶，只见街道上锣鼓喧天，婚礼正在进行中。两个男子扯着一条色彩艳丽的绣金红色幔布，幔布下面罩着衣着华丽的新娘，在锣鼓声中走过街道，钻到了屋里。后面跟着几个穿纱丽的女人，端着盘子，大概是为四邻分发喜糖。再后面是几个挂着腰鼓的男子，边敲边跳，热闹异常。

可惜时间太短，新娘走进屋子，外面便冷清了。穿着鲜艳纱丽的女人发现有人爬到楼顶拍照，便微笑着抬头打招呼。

今宵男女混居，颇有些不自在。吴茱萸和徐长卿占据了卫生间，我就跑到外面的公用卫生间里去冲凉，顺便洗掉几天的脏衣服。算起来，已经有五个晚上没见到床，四人间虽然简陋，已经算是非常难得的享受了。

床铺上的被褥根本不足以应付半夜的低温，大家都和衣而卧。我打开睡袋盖在身上，期待做个粉色的梦。

小贴士：

推荐徒步线路，从新门（New Gate）进入旧城，沿着格子状的旧城区街道画矩形，最后在阿杰梅尔门（Ajmer Gate）结束旅程。建议看场宝莱坞电影，斋普尔拉贾曼迪尔（Raj Mandir）电影院很棒。从风宫徒步到电影院，反着走就是了。

城市宫殿里的“一又四分之一”面旗帜

清晨，坐公共汽车去城市宫殿。班车本来还算宽松，中途上来几个年轻人，好像有意制造拥挤，将我和姑娘们分开。据经验，这是扒手集体作案惯用的手法，我用中文大声提醒，让她们保持警惕。

没有碰到像样的早餐店，只好在街角的小食摊凑合。有人说，印度人在墙上挖个洞就能开店，小食摊差不多属于这种类型，店铺简单得只有两面墙壁。照例有千古不变的奶茶，我喜欢的生姜的辣味在甜得发腻的流波里上蹿下跳。还有一种煎炸的圆形饼，怎么说呢？如果有别的选择，我断然不会食用。

街上有多彩颜料涂出来的印记，突然记得今天是1月26日。印度于1950年的今天建立了共和政体，所以将该日定为“共和日”，新德里和斋普尔都会举行阅兵仪式，许多人慕名专程去看。我们所在的斋普尔街区静悄悄的，想来看不到了。

附近建筑皆为黄色，才知已经到了简塔·曼塔（Jantar Mantar）天文台，对面是城市宫殿。想着看完城市宫殿就可以走了，便先到天文台，门票100卢比。

天文台像城堡，墙上布满剑尖形城垛，上有射击孔。不过墙体单薄，大概只有装饰效果，因为纵使敌人来犯，也会直接夺取相邻的城市宫殿，占据天文台有什么用呢？进了巨大的拱形门，豁然开朗，里面尽是金黄色的稀奇古怪的模型和建筑。

“Jantar Mantar”一词系从梵文“计算工具”演变而来，相对于城市规划和攻防守备，杰·辛格可能更喜欢天文学。他共造了五座天文台，斋普尔这座居首。1728年动工之前，他曾派员到其他国家交流学习。另外几座分别在德里、瓦拉纳西和乌贾因（Ujjain），排行第五的马杜赖（Mathura）天文台则已经不存在了。

进门我就被巨大的日晷所吸引，这个设备是仪器之王（Brihat Samrat Yantra），好像躺在地上的半圆里放了一个27度角、27米高的直角三角形——这也是斋普尔的纬度。半

简塔曼塔天文台，到现在还使用

圆由矩形大理石拼成，每块石头充当计数刻度，三角形的斜边有台阶直达顶端，最高处有拉贾斯坦风格的凉亭。早上的阳光打在古怪的建筑上，使其看上去更显金黄，据说投射到地上的阴影每小时会移高4米。日晷上面落满鸽子，乌压压一片，时而惊起，散成无数黑点。

看起来有些不可思议的建筑，至今仍在使用。据说每年六七月的满月之夜的数据，可预测当地的降水情况，以判断当年是否丰收。实际上，周围还有好几个类似的仪器，看起来样子差不多，实际各有功用。

正对入口处有两个像有裂痕的大锅样的坑，是天文台最后建造的仪器，内壁由六块大理石板组成，有许多标记。据说这两个仪器不仅可以观测天体，而且能检验其他仪器计算出来的结果。结婚、商务、建筑等黄道吉日，就由这个仪器来推算。

还有许多诸如星座仪、望远镜、方位角之类稀奇古怪的玩意儿。复杂怪异的设备仪器就像谁家顽童打翻了玩具盒，我是天文盲，参观起来有些费劲。偶尔碰到中文讲解，站在旁边蹭导游不失为好办法。

斋普尔的城市宫殿规模不如乌代布尔的，但是其建筑风格多变，拉贾斯坦传统建筑中融合了莫卧儿元素。因为修建时间较晚，或者杰·辛格准确预知了战争的走向，城市宫殿的军事功能较弱，更注重居住的舒适惬意，不像安梅尔的琥珀堡那样高墙厚壁。事实上，城市宫殿大部分辟为博物馆，只有庭院后面七层高的昌德拉宫（Chandra Mahal）仍为现王公的私人住所，不对外开放。

简塔曼塔天文台

两条龙，与中国龙略有不同

克里须那神的白马

进门就是迎宾宫殿（Mubarak Mahal），融合了拉吉普特、伊斯兰和欧洲建筑风格。现为曼·辛格二世王公博物馆，里面展示皇室的衣物服饰，还有马球马裤马鞋的发展史。最引人注目的莫过于玛多·辛格一世（Madho Singh I）的衣服，我甚至以为那是床帘，长2米，褶边足有7米长。此人身高超过2米，体重250公斤，据说有108个妻子。

穿过镶嵌伊斯兰特色的植物图案的拱形门楼，来到主要庭院。政治联姻加快了文化交流，城市宫殿就是佐证。庭院正中为私人大厅（Diwan-i-Khas），原为臣民议事之所，通体粉色的墙壁上勾了白边，里面是典型的伊斯兰廊柱。还有两个巨大的银色罐子（Gangajalis），每个都有1.6米高，重345公斤，容积超过4000升，由银箔铸成，没有任何焊接点，被《吉尼斯世界纪录》收录为世界上最大的纯银物品。此物为玛多·辛格二世铸造。1902年他去英格兰参加爱德华七世的加冕礼时，里面装着足够的恒河圣水，供他洗浴。

出私人大厅逆时针方向就是公众大厅（Diwan-i-Am），现为艺术馆，里面的藏品非常珍贵，有《薄伽梵歌》（Bhagavad Gita）和其他印度教经典的微型手稿、《罗摩衍那》和《摩诃婆罗多》的波斯文译本、刻在棕榈叶上的手稿、著名画家的插图、剪纸作品、梵文书籍和精致的细密画。莫卧儿时期，奥朗则布曾试图毁灭印度教典籍，值得庆幸的是，它们在这里得以保存。

接下来是马车博物馆。顾名思义，里面摆放着各种马车和轿子，每辆马车都有故事。不

城市宫殿的一个入口

在华丽的门前合影

过与梅兰加尔堡里的轿子馆相比，还是要逊色一点。再过去是商店和咖啡屋，有一道门可通向外面。我探头张望一番，怕出去进不来，便继续前行。经过中国龙盘绕的镜子，为自己拍张照片，进入漂亮的孔雀门（Peacock Gate）。

吴茱萸非常喜欢这个庭院，里面有代表春夏秋冬的四个大门。孔雀门描绘秋天，中央有一只孔雀浮雕，周围交错许多舒展羽毛的孔雀，门洞镶嵌着镜子，可以照到自己的形象。自上而下的雕刻色彩艳丽，美不胜收。莲花门（Lotus Gate）上有莲花和花瓣图案，代表夏天。还有代表春天的绿门（Green Gate）和代表冬天的玫瑰门（Rose Gate），色彩稍为朴素，但依然让人着迷。

庭院后面就是王公的私人居所，门口有人看守，不得入内。据说杰·辛格的儿子在这里被蛇咬死，想象不出，此地居然有蛇出入。楼顶飘着两面旗，一面为红黄白绿蓝的五色旗，另一面则为小三角形——即“一又四分之一”面旗子，证明王公今天在家。金边的柬埔寨王宫也有类似的规矩，国王是否在家，以旗帜为号。

关于“一又四分之一”面旗有一段故事。据说杰·辛格15岁那年面见莫卧儿皇帝奥朗则布，奥朗则布抓住小王公的手，小王公乘机说：“按照传统，陛下这个动作就像新郎抓住新娘以示保护，所以，您必须对我的王国进行保护。”奥朗则布佩服小王公的少年老成，便授予他“一又四分之一”（Sawai）的称号，此后王公的后代们便骄傲地将这个称号继承下来。

印度教神庙

从城市宫殿出来，时间还早。走出去不远，看到一扇破旧的大门，里面是印度教寺庙，主持热情接待。印度教大神众多，这座寺庙供奉克利须那，但墙壁神龛里也有湿婆林伽，涂以橙色，周围有血色的手印，让人想起恐怖的“萨蒂”仪式。从寺庙的顶上望出去，可见纳哈加尔（Nahargarh）古堡，计划要去参观，因太远而放弃，不想在这里却看得清楚。

纳哈加尔也叫虎堡。据说初建时，死去的王子纳哈·辛格（Nahar Singh）阴魂不散，不停破坏工事，城堡白天建晚上塌。人们觉得蹊跷，许诺古堡以“Nahar”为名，王子才悄然离开。不过，古堡最终被拉姆·辛格用来藏娇，里面住进去他的九个妻子。

主持打开他最后的宝贝库，里面站着白色大理石的神驹雕像，惟妙惟肖，栩栩如生，它就是克利须那的坐骑。

城区还有许多纪念堂。拉吉普特人本来就没有坟墓的概念，大概是眼红莫卧儿豪华的阴宅，才模仿建造的吧。午餐时分，仍然找不到像样的餐馆。我提议先回客栈，众人附和，便乘往火车站方向的公车回去。公车的售票员居然欠账，我分明见他手中有零钱，但就是不找零。下车后，他还是装作没看见，直到我提醒，才极不情愿地找钱，但还是少给我5卢比。

小贴士：

城市宫殿和天文台毗邻，可一起参观。景区内经常碰到推销便宜珠宝的家伙，基本都是骗子，请注意防范。应付很简单，装作听不懂就可以了。

06

AGRA

阿格拉

印度史上最伟大的伊斯兰王朝

新德里、斋普尔和阿格拉，就是印度旅游局所谓的“金三角”（Golden Triangle）旅游圈。当然，你可以不晓得阿格拉，但一定听说过泰姬陵吧？

阿格拉是印度历史上最伟大的伊斯兰王朝莫卧儿的故都。虽然现在是工业城市，没有昔日的辉煌，但阿格拉莫卧儿风格的建筑群，却是印度旅游的标志。印度世界文化遗产，阿格拉独占其三。

中世纪时，伊斯兰教徒对美丽富饶的北印度河间地带垂涎三尺，贴木儿（Taimur）不时烧杀抢掠，攻城夺地。1526年的帕尼帕特（Panipat）战争中，他的孙子巴布尔（Babur）击败当时德里的伊斯兰统治者，建立了莫卧儿（Mughal）王朝。有趣的是，此前几个世纪，次大陆上的权力更迭，总是在不同的穆斯林集团之间进行，而信奉印度教的雅利安人则彻底沦为配角，丧失了话语权。

巴布尔的儿子胡马雍（Humayun）曾被赶出德里，15年后王者归来，重建帝国。阿克巴继位后，通过战争和联姻，征服了强悍的拉吉普特人，采取宽容怀柔的政策，将国家治理得井井有条。与此同时，经济、文化、艺术等领域都得到空前发展，莫卧儿建筑风格逐渐形成。他儿子萨利姆反叛，登基后称“贾汗吉尔”，意谓“世界的征服者”，继续征服与扩张。

沙·贾汗使莫卧儿王朝繁荣昌盛，他自己的建筑和艺术才华也发挥得淋漓尽致。他所留下的许多著名建筑，甚至使人们忽略了其帝王身份。

沙·贾汗的三儿子奥朗则布篡位后，一改其阿克巴的宽容，通过战争开疆拓土，结果四面树敌。在他统治后期，帝国就如负重的老骆驼，只待最后一根稻草落下。1707年奥朗则布死后，继任者无力收拾烂摊子，随着马拉地人和波斯人的烧杀抢掠，莫卧儿挣扎在垂死的边缘。而英国人的到来，则彻底终结了莫卧儿王朝的统治，殖民时代开始。

阿克巴大帝陵

阿格拉曾为苏丹西坎德尔·洛提（Sikander Lodi）王朝的都城。后来被巴布尔抢来作为帝国首都，经过莫卧儿的第三、四、五代君主的治理，阿格拉成了莫卧儿的政治经济文化中心。1638年，沙·贾汗在德里建立新城，十年后，奥朗则布迁都德里。1761年阿格拉被贾特人（Jats）洗劫；1770年又遭马拉地人破坏；1803年落入英国人手中。

印度民族大起义之后，殖民者放弃阿格拉。失去行政中心位置后，阿格拉逐渐变成化学工业城市，空气遭到严重污染。那些建筑的保护问题就成为世人瞩目的焦点，就连我这个不太相关的人，也不时听到泰姬陵因为酸雨而变色的新闻。

斋普尔到阿格拉只有240公里，下午3点的火车，行程四个小时。这是最为轻松的一段，不仅乘车时间短，而且今夜将在阿格拉安睡。

列车停在阿格拉堡（Agra Fort），刚走出车站。一群司机便围上来，拉拉扯扯，拖拖拽拽，恨不得将我们分成几块带走。较之于拉贾斯坦，他们的疯狂让人生畏，我们只得快速穿过人群，走到火车站广场前面的马路上。我定定神，用指南针找准方向。泰姬陵位于红堡东南，我们便朝马路右边走去。

仍然有不死心的突突车跟着，要价高到离谱。谈到100卢比，司机刚准备同意，随后而来的突突车司机耳语几句，此人便不再搭理我们。难道订立攻守同盟，宰不到我们不死心？那就走着瞧吧。徐长卿背着两个旅行包，最为辛苦，走不多久就叫起来。

又有突突车司机过来招呼，我喊100卢比到泰卧陵东门。他不答应，我们继续前行，就在徐长卿即将崩溃的时候，司机追过来表示同意我的价格。

司机将我们拉到泰姬陵南门。街道乱哄哄的，游人、神牛、癞狗，印度街头常见的元素这里都有。两边低矮的楼房尽被辟成旅馆和餐厅，缀满五颜六色的招牌，闪烁不停。这里就是名满天下的阿格拉泰姬甘吉（Taj Ganj）客栈区，背包客大多在此落脚。

吴茱萸在网上预订过房间，说是在泰姬陵东门附近。到东门距离不远，但人烟稀少，几近荒凉。我们看到一家园林式的酒店，颇为豪华，便跑进去打听。房间价格不贵，可惜只余一间房。

寻寻觅觅，挑挑拣拣，四五家客栈过后，又返回最初去过的酒店。谈判了半天，最后以每间1500卢比的价格拿到所谓的豪华双人间。不知怎的，印度旅馆的标准间像大床房，只是房间还算干净。

房间热水总是供应不足，我并不在乎，即使凉水也能处之泰然。巴豆问水温，我随口说还行，结果他在里面叫苦不迭，最后披上毛巾喊来服务员，还是无济于事。

身上的卢比已经不多，拉贾斯坦几个城市的汇率又低，好不容易挨到阿格拉，无论如何都要换了。和吴茱萸找到兑换店，费尽口舌，换500美元，才以百美元6300卢比成交，相比德里，汇率有所下跌。

街上有和斋普尔相同的瓦杯酸奶，便和吴茱萸再度“有得饮有得摔”。转回去，听到巴豆在喊叫，他们找好了饭馆。爬到楼顶，老板家的小学生临时做服务员，正在给徐长卿推销她家祖传的“海娜”（Henna）纹身呢。姑娘家总喜欢这些奇怪的事物，吴茱萸不甘落后，约好明晚尝试古老的印度纹身。

楼顶视野开阔，幽暗的夜里，可见泰姬陵的影子。

小贴士：

阿格拉的突突车司机最为难缠，经常设计各种陷阱欺骗游客，多走几步，避开车站，路边的车辆较为厚道。阿格拉堡车站到泰姬陵南门客栈区四人60卢比，白天也许会更便宜。

如果预订了房间，不要相信司机说客栈满员或者已经搬迁的谎言，让他直接前往就是，也不要相信购物和导游之类。我们所住Sania Palace在最东边路北的小巷子里，豪华双人房开价1300卢比，最后800卢比成交，也有400左右的客栈，条件较差。

出车祸了，满地破碎的人体

5点醒来，巴豆还在沉睡。也许鼻腔堵塞，他的呼吸就像在水底憋了很久，突然冒出来换气。

四面深邃苍茫，周围飘荡着悠扬的祈祷声，听起来既远又近，一会如鸣蛩劝织，一会又如独狼嗥月。仿佛天国的召唤，抑或俗世的苦吟，尽在这黑暗遥深的夜里，我不由得痴绝。

到泰姬陵东门，值班的警察说，今天礼拜五，泰姬陵关闭，不对外开放。难得这个时候他们还在值勤，敢情24小时站岗？返回南门，有家餐馆已经开门，便要来面包、煎蛋和咖啡聊作早餐。餐馆墙壁多游客涂鸦，不乏中文。“每天三餐来这里报道，明天还要打包坐巴士去斋普尔，有没有太夸张？嘻嘻！”“我坐在这里，翻看你的相片。”“恭喜发财！”英文版的则有：“Shining India！”“No Hurry，No Curry！”语言种类繁多，让人忍俊不禁。

我是速食主义者，她俩要的东西还没上齐，我只好自己找乐子。泰姬陵去不成，就先去小泰姬陵（Baby Taj），将精华放到明晨。幸好，阿格拉安排了将近两天时间，否则后果严重啊。

从泰姬陵往北，溯亚穆纳河而上，过桥就到了小泰姬陵。我们到达时太阳还没有出来，墓园刚开门，买票赶紧进去，好拍几张安静的图片。小泰姬陵的官方名称为“Itimad-ud-Daulah”，因为和泰姬陵相像，人们便昵称其为小泰姬陵。

陵墓建于1622年，历时六年完成，是莫卧儿帝国第四代君王贾汗吉尔的王后努尔（Nur Jahan）为其父建造的陵墓。墓室主人贵为贾汗吉尔的岳父，曾是帝国首相，当然权倾朝野。据说，这座建筑的许多设计元素——包括大理石镶嵌工艺，都被后来的泰姬陵所仿效。

朝阳下的小泰姬陵

进门有长长的通道，两边是宽广整齐的草坪。陵墓被四方形城墙包围，墙上有城垛，中央红砂岩正门形如清真寺，镶嵌白色大理石花纹。通过这道门，始见白色大理石的主建筑，红砂岩铺成的甬道直达陵墓，基座四周和甬道中央都有水槽。两边的草坪低于中央墓室，使整个建筑更具立体感。陵墓正对东方，南北两边各有清真寺，西面临亚穆纳河，也有类似清真寺的建筑。也就是说，从中轴线上看，整个陵园完全对称。莫卧儿人将几何与美术结合起来，建造出来的陵墓就像精致的工艺品。

主建筑不算高大，中间方形拱顶，四角各有圆形拱顶宣礼塔。太阳出来了，墓壁上各色大理石嵌套而成的花卉图案便愈加鲜活，似乎正在进行光合作用。赤脚走进陵墓，正中是首相夫妇的大理石棺，刻满阿拉伯铭文。阳光透过单片大理石雕成的细密格子窗，照在冰冷的棺材上，石头变得温润如玉。

陵园里有许多松鼠爬来爬去，吴茱萸和徐长卿便逗它们玩。小时，我父亲善做松鼠车，细竹子两端镶在圆木边缘，中间置轴。松鼠后腿站在轴上，前腿使劲爬，车儿便转了起来，越爬越转，越转越爬。徐长卿说真残忍。想想也是。

出门时，送我们过来的司机还在。早晨的游客不多，他倒蛮有耐心。一番斗智斗勇，谈好200卢比到阿克巴大帝陵。

阿克巴大帝陵位于阿格拉西北，距离较远，从小泰姬陵过去约10公里。马路中间有隔离带，乱得不算太离谱，突突车闪避腾挪，在车流中穿行。忽然见前面挤满了人，又有什么不可思议的事情？司机将车速放慢，我坐在边上探头张望。

哦，我的天哪，车祸！鲜血遍地，场面狼藉，不完整的尸体虽然被掩盖起来，但还是露出血肉模糊的半截。而马路中央，散落着支离破碎的人体和内脏。

我再也不敢回头，只恨自己为什么看得如此真切！吴茱萸坐在中间，亦有所察，嘟囔着说，也许是什么动物吧？这个八卦的司机居然将车停下来跑过去观看，回来若无其事地说，是车祸，撞死人了。我默然，她俩也不说话，这是我此生所见最为惨烈的现场。

我是医学工作者，学生时代，在解剖课上摸索过泡在福尔马林里的尸体。此后在医院，对死亡可谓司空见惯。但直面四分五裂的鲜活人体，委实难以承受。我不敢迂腐地感叹生命的脆弱，也不想以宗教名义辩白死亡是解脱，我只是像个懦夫，惧怕那种场面。

事实上，至今想起，我的五脏六腑仍会翻滚。

小贴士：

突突车从泰姬陵南门到小泰姬陵50卢比。

一代明君的栖息地

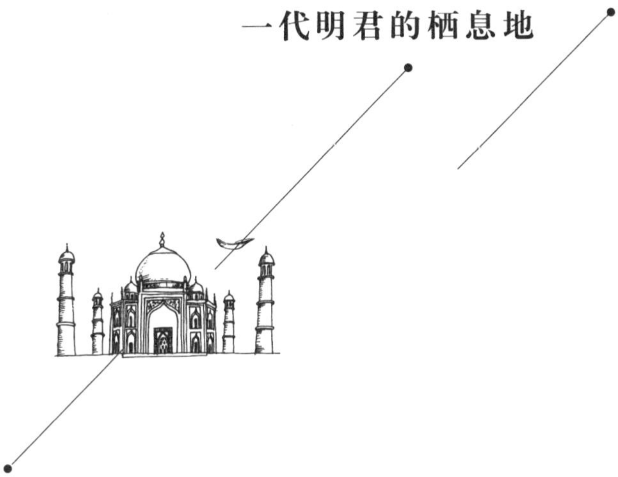

沉默中，到了阿克巴大帝陵（Akbar' s Mausoleum）。

这是阿克巴生前为自己建造的陵寝，但最后由他儿子贾汗吉尔在1613年完成。莫卧儿的陵墓建筑讲究对称，皆为正方形。阿克巴陵以红砂岩为基础材料，正门方形，四角各成立面，风格类似小泰姬陵，状如清真寺。剑尖形拱顶门，左右对称，建筑顶层有四座方形凉亭，四角各有高耸入云的白色宣礼塔。墙壁皆以白色、黄色、棕色、黑色大理石镶嵌成诸多几何、花草图案，工艺精美，让人惊叹。

门前有草坪，吴茱萸以草坪上的花儿为前景拍到的相片别有韵味。进门即为空旷的陵园，中央为主体建筑，有水道直达陵墓前的水池，左右为花园，角落有三层尖塔。园内绿草如茵，花木葱郁，高大的棕糖树点缀其间，使这里更显安静清幽。陵园整体如平放的十字架，主体建筑前后左右皆有清真寺，寺前有方形水池，红砂岩铺成的路面有水槽贯通清真寺和水池。

陵墓从任何方向看都保持对称。主体建筑分四层，顶层为白色大理石构造，正中有方形拱顶，余者皆为红砂岩建筑。阔大的拱形门两边对称排列五座小拱门，上层方形拱顶的凉亭鳞此栉比、错综复杂，就像种满了蘑菇，看得人眼花缭乱。

陵寝内部苍老斑驳，四壁刻有古老的阿拉伯铭文和花草树木图案，工艺繁复的圆形拱顶上垂下一只玻璃铜底灯，就像年迈的保姆，照应着这里的主人。进入陵墓中央，幽暗的大厅里摆着石雕棺木，阴森森的，没有丝毫生气。

幽静的陵园里不乏掮客骗子出没。有个学生模样的年轻人，跟了吴茱萸半天，大概看我不离左右，便直接过来与我搭讪。开场白为最寻常的问候，然后国家姓名，熟络之后，说带我去更好玩的某地，有珠宝啊、古董啊、字画啊等等此类。看似道貌岸然，其实心怀不轨。我表示感谢，祝他生意兴隆。

阿克巴大帝陵入口

北面的清真寺已经倒塌，仅剩断墙，看上去尤其荒凉。吴茱萸说，残破的建筑才会看到一个王朝的背影。也是，正如叱咤风云的阿克巴大帝，英雄迟暮，晚景萧疏。

胡马雍在德里旧堡的石阶上失足坠落，意外身故。13岁的阿克巴登上龙庭，适逢各地发生叛乱。在姑父培拉姆汗（Bairam Khan）的辅佐下，借祖父巴布尔英灵相助，再度决战帕尼帕特，此战生擒阿富汗人喜穆（Hemu）。随后东征西讨，击破各地叛军，像七擒孟获时的诸葛武侯，又将俘虏的土邦首领放还，使其死心塌地心悦诚服。他娶安梅尔的公主为妻，与尚武好战的拉吉普特人结为联盟，并将不听话的梅瓦尔人好一通胖揍。

阿克巴说："一个帝王应该专心于征略，否则，邻国就会起兵打他。"他做到了，恩威并施，征服了大半个印度半岛，成为继阿育王之后最伟大的君主，史称"大治"。1566年，阿克巴迁都阿格拉，帝国步入鼎盛时期，莫卧儿疆域空前广阔。

他在位期间，加强中央集权，重要的事情都由他拍板。而且改革司法、税收制度，不仅促进经济繁荣，同时推动文化、艺术、音乐、绘画和建筑等行业的发展。据说，他是文盲，不识字，却酷爱文学艺术，命人朗读修习，可谓"博览群书"，还在皇廷建了图书馆。电影《阿克巴大帝》里，拉吉普特新娘写下他的名字"穆罕默德"，他坦承不认识字。

阿克巴对宗教也采用宽容的政策，任用印度教徒为官员，甚至不顾朝臣反对，取消了歧视印度教的巡礼税和人头税。革除印度教的某些陋习，反对童婚，允许改嫁，废

阿克巴大帝陵

除“萨蒂”。他说：“一切宗教都有光，而光总带有阴影。”有趣的是，他汲取其他宗教精华，开山立派，创建了“神一教”。

这种宽厚博爱的政策，遭到保守的伊斯兰皇室排斥。就连阿克巴最尊重的乳母，也对他娶拉吉普特公主为妻不满而对其加以迫害。1599年他率军进攻德干高原，留守后方的儿子萨利姆受皇室贵族教唆，在阿拉哈巴德（Allahabad）组建新的朝廷。闹来闹去，大多数贵族支持萨利姆继承王位，阿克巴只得妥协。1605年10月17日，阿克巴驾崩，时年63岁。萨利姆继位，他就是贾汗吉尔。

美人迟暮，英雄落魄。阿克巴晚年受到皇族疏远，郁郁寡欢，郁郁而终。此后的莫卧儿就像中了邪恶的诅咒，父子相残成为王朝的保留节目，沙·贾汗和奥朗则布都上演了逼宫篡位的好戏。

陵园内有鹿，还如以前那样在高大的棕糖树下悠闲地吃草。徐长卿欲进去拍照，看到禁止入内的牌子，只好作罢。墓顶的圆形凉亭落满了鸟雀，不知道是鸽子还是乌鸦，时而惊起，叫声尖利，四散盘旋。

小贴士：

突突车从小泰姬陵到阿克巴大帝陵150卢比。

“如果渴望一时，便会渴望一世”

这回，拉我们过来的司机早已不见踪影。

接着去40公里以外的法塔赫布尔西格里（Fatehpur Sikri）。该城是阿克巴大帝建造的都城，本来打算长治久安，结果由于水源的缺乏，只好又跑回来。对我们普通人来说，买错一所房子，是了不得的大事。但潇洒如阿克巴，就可以随意建造一座城池，也可以轻易放弃一座城池。

看路边牌子上的阿格拉地图，最经济的行程，坐突突车回到市内伊德加（Idgah）公共汽车站，乘长途巴士前往。也许因为车祸阴影，一路上我都感到心惊肉跳，突突车挤在卡车中间，几乎让我喘不过气来。

印度司机就算包车，也会顺路搭客。这回，司机搭了两个穿着黑纱的伊斯兰女子，我们便放心——至少他不会疯狂加速了。一辆突突车，后座挤着我们三人，两位女士只能在前排挨着司机就座。谁说印度女人保守？她们丝毫不介意和陌生男子零距离接触。

二十几分钟才到汽车站。车况良好，乘客不多，到目的地才几十卢比，不可思议的印度总会给人带来惊喜。和中国城市相同，周末下午堵车严重，汽车只能像蜗牛般往前爬行。

路口有房地产公司巨大的广告牌。一路走来，从德里到拉贾斯坦再到阿格拉，几乎没看到卖房子的广告，孰料在此碰到。印度人好像与房子无关，但是，这并不意味着印度人人有房住，如果看过老德里的贫民窟，对这一点就了解得更深切了。

根据印度1949年宪法第三篇，一切公民均享受“在印度领土内自由迁徙”、“任何地方定居和居住”的权利。印度70%的土地归私人所有，30%为政府和产权不明的土地。法律规定，只要连续使用一块土地10年，就自动获得这块土地的所有权。这样，贫民窟应运而生，甚至强大到足以对抗任何拆迁。政府当然不敢得罪穷人，贫民窟就是选票“印刷厂”，得罪了他们，别想住进总理府。因此印度是穷人的天堂，即使条件再差，也能谋得安身之所。房价暴涨，住在贫民窟里的穷人反而窃喜。

毫无疑问，印度也是富人的天堂，不到总人口1%的富裕阶层占有大量土地，用不着为房子发愁。唯独苦了没有地皮的印度上班族，政府地皮有限，公共建设都不够用，指望其廉价房几乎不可能。自己奋斗？据说德里的房均价每平方米约3万元人民币，往南房价更高，孟买的普通房子均价约每平方米6万元人民币。永久性的私人土地制度，政府和开发商都无计可施。这样，印度也就没有到处是工地、到处卖楼盘的壮观景象了。

印度人的工资水平如何？往下看吧，从我的食住行大概能估计到。

还在琢磨印度和中国的房子呢，汽车已经爬出了市区。然而，即使远离城区，郊外也不平静。据美国媒体报道，印度现有人口为13.4亿，而其疆域还不到中国的三分之一，人口压力可想而知。

沿着法塔赫布尔西格里镇逼仄的巷子前行，许久都不得要领。问年轻的印度小哥，他见我们不知所措，便带我们过去，直到看见巨大的胜利门（Fateh）。我忍不住要说，印度人很纯朴很热情很好客，骗子只是旅游景点的衍生物。

徐长卿嚷着饿了，要去吃饭。而我和吴茱萸都没有胃口，只在路边买点小吃——就不说卫生状况了，然后去清真寺里等她。

清真寺建在陡峻的山脊上，寺门叫“胜利门”，建于1571年，高达54米。沿着小路边爬边看，阔绰的剑尖形拱门前倾，似乎要塌下来。拱门两边有对菊花状雕饰，就像眼睛直接长在嘴唇上。爬上红砂岩铺成的几十级台阶，门口的年轻人将我们的鞋子捆起来放在架子上。总算有点服务的意识，即使收费，也心甘情愿了。

胜利门为纪念阿克巴击败古吉拉特人而修建，门楣和两边刻着古兰经文：“世界是一座桥梁，你可以跨过它，但不要在其上建房。如果渴望一时，便会渴望一世。”阿克巴多矛盾啊，他在这里建造的可不止房子。

顶层有许多圆形拱顶凉亭，因为太高，看不清楚。门廊内有摆卖小玩意儿的摊贩，穿过去就是规规矩矩的清真寺庭院，四墙环绕布满拱形门的石柱回廊，上面高耸圆顶凉亭。但是，寺院内的建筑并不完全对称，偏西北位置有座白色大理石陵墓，里面躺着伊斯兰苏菲教派的圣人萨利姆·奇思蒂（Shaikh Salim Chishti）。

昔年阿克巴无子，求隐居在此的圣人帮忙。圣人不知道使了什么手段，阿克巴果然生下皇子——后来反叛的皇子萨利姆。阿克巴知恩图报，修了这座清真寺送给他，并称赞：“我喜欢这座山。”皇帝要搬家，这可不得了，大兴土木，建造宫殿，法塔赫布尔西格里城诞生。然而，十余年后发现，此处水源短缺，生活不便，又搬回阿格拉。

据说圣人很灵验，现今仍然有许多无子的印度妇女前来膜拜，并在大理石格子屏里系上丝带。费尽力气挤进去，里面夸张的吟唱让人心神不宁。幽暗的墓室里面烛光点点，许多

法塔赫布尔西格里，胜利门

信众献上彩色丝绸，周围阿訇模样的人，一边朗声祈祷，一边整理丝绸。数层丝绸布幔覆盖着的石棺，似乎有股神秘的力量。

我很快被后面的人流推出墓室，心有不甘，便再度入内，到墓室外围的走廊里参观。这个夹层的走廊中间有一扇白色的大理石格子屏，上面系满红色丝带。透过那些漂亮的大理石雕花窗格，外面的世界星星点点，朦朦胧胧。

吴茱萸后面跟着一位印度男子，正自滔滔不绝地讲解。许多来过印度的人提醒，这里有骗子出入，而且会拿出证件，说自己是正规导游，然后收取高额费用。我提醒吴茱萸注意，她似乎有些不以为然，但还是有意回避，不再听他啰嗦。男子见状，从口袋里拿出导游证，声明是官方导游。哈，我不觉笑出声来，居然和前辈们所述毫无二致。我拖着吴茱萸走开，阴谋败露，男子只好悻悻离去。

下午2点，阳光正烈，我便与吴茱萸躲在清真寺走廊内小憩。几只松鼠拖着毛茸茸的尾巴跑来跑去，似乎毫不怕人，甚至直立起来，想爬上吴茱萸的脚面。她撕片面包扔过去，松鼠用前爪捧住，津津有味地享受起来。

旁边是一家锡克人，男子高大威猛，浓密的络腮胡子直垂到胸前，红色的包头布不知道缠了多少圈。吴茱萸自言自语："他热不热啊？"锡克人正在吃东西，松鼠窜过去，拖走了他们的面包片。大胡子扬起巴掌，作势欲打，松鼠四散奔逃。

“锡克”(Sikh)来源于梵文，意思是“学生、弟子、信徒”。锡克教(Sikhism)兴起较晚，15世纪末由那诺(Nanak)创立，尊崇十位上师并以上师传授的《阿底格兰特》(Adi Granth)为经典。锡克教徒被称为锡克人，长发、梳子、钢箍、匕首、短裤是锡克教徒的五大信仰标识。圣城在阿姆利则(Amritsar)，朝圣地为“神之所在”的阿姆利则金庙。

该教的创始者那诺公开宣称：“我的宗教既不是印度教，也不是伊斯兰教。”是试图把印度教和伊斯兰教融为一体的新宗教。锡克教曾长期对抗莫卧儿。印度共和时期，总理英迪拉·甘地由于下令攻打金庙，1984年10月31日，被她身边的锡克教卫士刺杀。

徐长卿也进来了。我们便出门，从外面的小路往南，到法塔赫布尔西格里城。这座城池于1986年被评为世界文化遗产。

碰到同从广州同机而来的熟面孔，这个团队四分五裂，现仅剩两人。边走边聊，就到了焦特拜(Jodh Bai)宫，这是法塔赫布尔西格里城最大的宫殿建筑，它融合了印度的柱子、伊斯兰的圆顶和波斯的蓝色屋顶。焦特拜是安梅尔王国的公主，嫁给阿克巴，其子即为后来的贾汗吉尔。她的居所是宗教融合的典范。

旁边是五层高的潘契宫(Panch Mahal)，往上面积越小，顶层为圆顶凉亭，底层建筑有84根柱子，形式各不相同，为阿克巴与皇后及贴身侍女夜间乘凉的地方。不远处有座迷宫(Ankh Micholi)样的建筑，为当年的宝库。房梁雕刻着许多海怪，意在保护藏在这里的宝贝，也有说这是阿克巴和女人们调情的地方。接着到了牲畜厩舍(Lower Haramsara)，这地方备受争议，有说是仆人住处。想起《阿克巴大帝》里斗象的惊险一

法塔赫布尔西格里，清真寺厅院

法塔赫布尔西格里，阿克巴献给圣人的清真寺

幕，该是不会在此处拍摄的吧？

转过去就是阿克巴的基督教妻子的宫殿（Palace of the Christian Wife），他的基督徒妻子玛丽安（Mariam）便住在此处。这个区域从里到外有几所装饰华丽的房间，据说是阿克巴地位较高的妻子的居所，里间还有残存的精美壁画。

私人大厅中央有一根很阔气的石雕柱子，下端过渡成底座，再由石桥连接到大厅的四角。当年阿克巴在这里和不同派别的学者进行辩论。还有个庭院，是他以女仆为棋子玩“巴吉西”（Pachisi）棋的地方。记得电影里有个阿克巴和伊斯兰教徒辩论的镜头，说着说着，他就情不自禁加入其间载歌载舞了。

最后来到公众大厅，四周回廊环绕，为阿克巴“毫不武断或偏颇”地裁决正义的地方，其实就是聆听谏言、处理政务的场所。光线已经柔和，红砂岩的建筑散发出迷人的色彩，许多游人占据有利位置，以留下最美丽的瞬间。

外围还有些遗迹，如商人的居所、石匠清真寺和澡堂子。不过我们兴致已尽，动了返回的念头，也就不再勉强自己。

小贴士：

法塔赫布尔西格里城距市区40公里，在伊德加汽车站乘巴士，27卢比，近两小时车程。

小学生画的“海娜”纹身

回程的汽车比较破旧，大家幸运地找到了座位，我和几个韩国人挤在后排打瞌睡。

抵达阿格拉时，时间已经不早，只好放弃到月光花园（Mehtab Bagh）看泰姬陵落日的计划，直接回到客栈。客栈老板是个眯眯眼的黑胖子，见到我，打出一套组合拳。为了照顾他的情绪，我也就啊啊啊地表示中招，其实我蛮想将他可爱的圆脸揉成大饼。

有客人换汇，我问他今天的汇率，百元美钞只能换6300卢比。“可不可以6400卢比？”他答：“Good luck！”经几天磨练，我逐渐能够听懂印度式英语，但对这句话依然没有反应过来。再问，回答依旧是“Good luck”。思忖片刻才明白，他拒绝了我。因为语言环境，看似客气的说法，其实并不客气。

他见我好说话，踅摸良久，看中了我相机包上的登山扣，要我送他。他哪里知道，登山扣是我在某摄影比赛中获得的奖品，可谓来之不易。登山扣有指北针，带小电筒，里面的电池就值80卢比呢，我只好推诿道：“我的旅程还很长，一路上还指望着它呢。”他伸出手来：“好吧，那我们做个朋友。”“当然，没有问题！”总算摆脱矮胖子的纠缠。

两个中国女子到前台结账，却是旧相识，是焦特布尔车站遇到的湖南妹子。她们的旅程已近尾声，今夜往加尔各答回国。巴豆归来，稍事梳洗，便去昨夜的屋顶餐馆。我们是回头客，店主也熟悉，便打发她家的小学生充当侍应。两女孩儿乖巧可爱，吴茱萸和徐长卿决定照顾她们的生意，着手挑选中意的纹身图案。

餐馆做活动，居然有35卢比的塔利套餐。虽然便宜，但内容丝毫不差。

吴茱萸和徐长卿终于选中了纹身图案，小学生在她俩手心手背挤满咖啡色的糊状

姐妹俩，姐姐会做“海娜”

两人的“海娜”，据说可保留五六天

物，说过个把小时，等糊状物变硬如老鼠粪时揭下，图案就会印在皮肤上，不影响洗手沐浴，能保留十余天。印度人称此为“海娜”纹身，是女人的“必杀技”。

虽然称其为纹身，但无创、无害,可擦除、更安全，与我们传统的纹身不同。在印度经常可以看到印度女人的手脚甚至脸上绘有类似的装饰图案。印度人的婚礼上，新娘必须穿金戴银，在身体、手脚上画满红色图案。因为象头神伽内什、吉祥天女拉克希米都喜欢红色，这样就可以吸引他们参加婚礼，祈求幸福。

她俩举起双手让我拍照，她们的纹身就像爬着蜈蚣的树枝，看不出丝毫美感。小姑娘也探头来看，看她无聊地扮鬼脸，正好我所带的卫生纸将要用尽，便让她替我买卷纸。未几，她拿一张白纸跑回来，我刚喝下去的茶水差点喷将出来。手舞足蹈地再说一遍，她总算明白过来，又跑下楼，这回拿来一包四四方方的餐巾纸。

突然想起，印度人根本不使用厕纸，寻常小店没有卷筒纸。真是难为她了。

阿格拉是小城，夜风吹来，令人心旷神怡，四围的灯火暗淡，看不到更远。隐约可见泰姬陵，380年前，泰姬该是怎样的风华绝代呀，以致雄霸天下的沙·贾汗花费22年时间为其打造陵墓！

夜空里又传来祈祷声，如怨如恨，如泣如诉。

小贴士：

关于汇率，一路走来，新德里汇率最高。如果可以，入境后多换点卢比。

伟大的建筑，爱情的坟墓

清晨的幽梦被忽远忽近的祈祷声惊破，我悄然起床。隔壁吴茱萸也醒来，便蹑手蹑脚下楼。

同住客栈里的一对男女亦在门口等候，伙计睡眼惺忪，打着呵欠拉开店门，我们就出发了。那两人来自台湾，男士戴鸭舌帽，女子珠圆玉润。我们依旧先到泰姬陵东门，值班的警察告知开门较晚，西门日出时分开放，今晨7点10分日出。

距离虽然不远，但我们走过去时，售票处等待买票的游人已经排成长龙。“游客须知”提示，参观者可以带相机，不能带脚架、食物、香烟、火柴、饮水等其他物品。昨夜原本准备了早餐——四张馕，背了从国内带来的巧克力和牛肉干。看到这个消息，只好就地解决，台湾人两手空空，我的早餐充裕，便分而食之。

旁边泰姬陵门口已然排起长队，我们分工，男士等候买票，女士往东门排队。这样，拿到票后就能顺理成章地插到队伍中间。

印度所有名胜古迹里，泰姬陵的门票最为昂贵，印度人40卢比，外国人1000卢比。虽然如此，折合人民币不过百元，作为印度旅游业的标志和世界文化遗产，与中国动辄数百元的门票相比，倒不觉得有多苛刻。

泰姬陵入口排了三条长龙，印度男士、外国男士和女士。好不容易等到安检，我前面的男子带着许多东西，结果食物被扔到大筐子里，不明器材被带到别处鉴定。眼看天光大亮，时间就被这个“想搬到泰姬陵居住”的家伙耗尽。轮到我时，安检人员搜出来相机清洁刷，奇怪地看着，以为什么间谍工具。我赶紧打开毛刷，在相机上划拉几下，他们便微笑着放行了。

太阳刚刚升起，色彩正如摊开来的鸡蛋黄，新鲜嫩滑。赶紧转换角度，将太阳放在护墙上的圆顶凉亭里，趁乌鸦飞过的时候，按下快门。不晓得如何描述那种苍茫遥远

泰姬陵进门就看到太阳已经升起

的意境，任何语言似乎都不难以胜任。

这里是陵墓南门外围夹层的庭院（Chowk-i-Jilo Khana），从东南西三门进来的游人将通过这道门步入陵园。

泰姬陵正门为红砂岩城楼建筑，状如清真寺。巨大的拱形门顶上有11个圆顶尖塔，两边为细高的宣礼塔，旁边则为圆顶凉亭。外墙以白色矩形勾边，门框有黑白两色嵌套而成的古兰经文，周边则是以各色大理石拼成的花草几何图案。门庭如此美丽，主体建筑又如何呢？

游人潮水般拥进剑尖形拱门。抬头望去，在迷蒙的轻雾里，眼前的泰姬陵宛如海市蜃楼，缥缈虚幻。从这扇门里，正好能看到泰姬陵中间的主体部分，分成两层的拱形门和半球形拱顶最为显眼。

建筑的色彩随着流动的轻雾变幻，一霎儿微蓝，一霎儿轻灰，一霎儿雪白。我并不急于走过门廊，而是拼命踮起脚尖，以期看到更多。眼前的景象有时像投影，不太真实；有时如梦幻，又怕消失。据说陵墓的建设充分考虑了视觉效果，不论从那个角度，游客都能最大限度地看到这座建筑。还是进去吧，门前是怀揣同样心思的游客，站在运河畔不肯轻易离开。游人都在这里留影，很安静，没有谁大声喧哗，怕惊醒睡去的妃子吗？

晨雾就像青灰的布幔，弥散在庭院里。风来的时候，荡起层层涟漪，建筑若隐若

泰姬陵正门两边的书法

现，犹抱琵琶，欲语还休。吴茱萸也变得沉默，静静地看着，千百回的期许成为现实，反倒张口结舌，那些夸饰的妙句，自是显得多余。

印度诗人泰戈尔（Rabinranath Tagore）说泰姬陵是“面颊上一滴永恒的眼泪”（Tear on the face of eternity），英国作家吉卜林（Rudyard Kipling）形容其为“所有纯洁之物的化身”。虽然尽是唯美的句子，但还是觉得缺点儿什么。可是，还能说什么呢，天底下哪有最完美的形容词？

爱情的坟墓？也许，或者保持沉默。庭院为古典的莫卧儿花园，即所谓的“天国花园”，莫卧儿文学称其“乐园意象”（Paradise of Imagery），东西580米，南北305米，被象征《古兰经》丰裕天池的水道分成四部分。据说水道运河里当年流动着代表承诺的河水、牛奶、蜂蜜和葡萄酒，如今只有碧绿的河水。所有建筑掩映在花木草树之中，水道沿线均有装饰园林。运河两边的草坪，修剪成整齐的几何图案。

本来嘛，泰姬陵就是建筑、数学、几何、美术、文学和信仰的高度结合。

沿着运河左边红砂岩铺成的路往北，中央有正方形白色大理石水池，前后各有长条石凳，许多人排队照相，南边石凳尤甚。据说1992年戴安娜王妃访印时曾在此留影。

泰姬陵是莫卧儿最经典的建筑，秉承伊斯兰传统的对称美学。从中轴线上看去，像平放的十字架，十字交叠位置即为陵墓。东西两边是一模一样的红砂岩建筑，东边为朝向麦加的清真寺，而西边类似的建筑则纯粹为了照应东边，北面紧邻亚穆纳河。与小泰姬陵相比，北面少了一座建筑。

陵寝建于高出地面的正方形大理石基座上，基座四角有高达42米的细长三层白色尖塔，中央墓室由半透明的白色大理石砌成。上面刻满几何图案和花草纹饰，镶嵌无数宝石，顶端半球形中央穹顶被印度教风格的四个圆顶凉亭围绕，上面是17米长的铜制尖顶。据说其平衡对称与“四”息息相关，四座圆塔、四座尖塔、四方花园。

不知有意还是附会，中国人观念里，“四”可不是吉祥数字。实际上，陵墓主体为四面八角，四壁各有剑尖型拱门，装有镂空大理石门窗。每面有小拱门六座，分两层排列，状如佛龛，所有门窗都以白色大理石雕成六角菱形小格。

陵墓的建筑，召来了世上的能工巧匠，汇集了天下的珍奇宝贝。镶嵌在大理石表面的珍宝有旁遮普的碧玉、西藏的绿松石、阿富汗的青金石、斯里兰卡的蓝宝石、阿拉伯的玛瑙、欧洲的玉髓以及各种颜色的翡翠、水晶、珊瑚等，镶嵌组合成花草植物和几何图案。

从东南西北任何方向观察，陵墓都一模一样，展现出完美的几何对称。吴茱萸想照张拎着泰姬陵的相片，我用尽所有的姿势，都未能让她满意。去陵墓里面吧，基座旁边20卢比买对鞋套即可——免了脱鞋之苦，也不怕鞋被人偷走。拾级而上，发现四角细长的尖塔颇为雄壮，且向外微微倾斜。这样的设计，即使尖塔倒塌，也会朝外，不至于伤及陵寝主体。

墓室正门仍然面南，周围以黑色大理石镶嵌的《古兰经》铭文，出自波斯书法家阿玛纳特·汗（Amanat Khan）手笔。为了取得良好的视觉效应，字号自下而上逐渐变大，看起来自然协调。铭文大意为：“如果因罪过受到责难，这里将是自由的起点；如果一个罪人今天进入此地，他全部的罪过将得到洗刷；这陵墓带来伤心的叹息，日月亦为之垂泪；这建筑矗立于世，将尽显造物主的荣耀。”

排队进入，里面光线幽暗，四面是漂亮的嵌套着各色花草的镂空大理石屏风，墓壁的镶嵌技艺高超，浮雕壁画精美绝伦，让人目瞪口呆。看到有人不停拍照，我也忍不住按下快门。一个警察过来，抓住我的相机，警告不许拍照。我赶紧说：“对不起，我删除适才所拍。”我的相机很招摇吗？

墓室中央并排放着两副石棺。其实，这只是沙·贾汗夫妇的假墓，真棺材在此正对的地下室，游人很难见到。泰姬是沙·贾汗的第二位妻子，是他父亲的宠妃努尔的侄女（也有说是努尔和其前夫所生的女儿），原名阿姬曼·芭奴·碧古姆（Arjumand Banu Begum）。沙·贾汗即位后赐她“穆塔兹·玛哈尔”（Mumtaz Mahal）封号，意谓“宫廷的王冠”，“Taj”为其封号缩短转变而来。在沙·贾汗眼里，泰姬就是他的甜心宝贝。她随驾19年，1631年（有说1630年），穆塔兹随夫征战德干高原，他们的第14个孩子降世之后，不堪重负，黯然离世。

那年她才39岁。泰姬临终遗言：“请为我建一座世上最漂亮的陵墓吧！”沙·贾汗点头答应。他照做了，同年动工，每天征用2万人，耗时22年才得以完成。花费？根本无法估算。据说那年他的视力急剧下降，须发很快斑白。

沙·贾汗与泰姬的爱情是千古绝唱，可歌可泣，不可复制。泰姬死后，沙·贾汗不再娶妻纳妾。她几乎得到了这个男人的一切，世间的女子便有了绝版的参照对象，总以为爱情就是泰姬陵背后的传奇。印度官方编年史载，沙·贾汗与“其他妻子除维持婚姻外，没有更多的亲密关系，陛下对穆塔兹的感情超过其他任何妃子一万倍”。

屏风后面的伊斯兰信徒围成圈子，高声吟唱《古兰经》。墓室内有个混响空间，据说声音会悬浮停留。空旷的墓室里，回声激荡，充满了神秘而惶恐的气氛。络绎而来的人们虔诚到不知所以，手足无措地表达内心的激动，恨不得钻进去不再出来。伊斯兰教义不允许参拜陵墓，但泰姬陵是个例外。《古兰经》唱响的时候，许多穆斯林双手伸空，伏地跪拜。

陵墓建成后，沙·贾汗白衣素服前往献花，可以想象当时的泰姬陵是如何的光华四射。老皇帝曾计划为自己在河对岸建同样的黑色陵墓，然而两年后，他卧病在床，皇子纷起争权。最终其第三子奥朗则布杀了两位兄长，宣布继拉。“沙·贾汗”波斯语意为“世界的统治者”，可惜他无力回天，没能挽回局势，被儿子软禁在阿格拉堡。囚禁期间，多情的老皇帝只能通过城堡的小窗户远眺泰姬陵，终日以泪洗面，八年后郁郁而终。最后在他女儿的争取下，总算与他心爱的妻子合葬于此。

出了墓室，转到后面，几只泼猴爬在栏杆上挤眉弄眼。我欲向前拍摄，它们猛扑过来，吓得我赶紧躲闪，周围人一片哄笑。亚穆纳河平静和缓，蜿蜒穿过田野，最终在阿拉哈巴德与恒河（Ganges）交汇。

传说，老皇帝为免世间出现类似的建筑，剁掉了工头的双手。故事太残忍，但经不起推敲。沙·贾汗肯定知道，一个工头建不起泰姬陵，即使将来的皇帝，如果不是国富民强天下太平，又如何肯花心思修建如此豪奢的陵墓？再说，有能力修造如此规模建筑的人，不是他的对头，便是他的后人，剁掉工头的双手又能如何？

除了泰姬陵，沙·贾汗还建造了阿格拉堡、德里城、清真寺等，对建筑的痴迷无以复加。但如果说他有如何如何的艺术才华，我深表怀疑，他充其量是个好监工。史载沙·贾汗“与他的建筑师每日召开会议，向他们请教技术方面的问题，并提出自己的想法”。然而，这就够了，他毕竟是个不赖的君王，在位期间没有出现大乱子，而且在孟加拉国击败过葡萄牙人。他的国运昌盛，留下许多伟大的建筑。甚至，这些冰冷的建

回看进入泰姬陵的门

泰姬一侧的清真寺

筑，掩盖了他管理国家的才华。

转到东边的清真寺，徐长卿也正在张望。陵墓的主体建筑过于超卓，附属的清真寺倒显得无足轻重，虽然它们也非常的漂亮。

据说，朗月当空时，泰姬陵会变为淡淡的紫色，清雅脱俗。而我们出门的时候，陵墓的颜色已然改变，仿佛镀了金粉，泛着微黄的光芒。

小贴士：

泰姬陵逢周五不开放，开放日要提前到售票处打听几点开门，因为泰姬陵按日出时间开放，可以乘早排队买票。参观泰姬陵比较划算，凭泰姬陵门票，参观阿格拉堡可优惠50卢比，法塔赫布尔西格里和小泰姬陵还能各省10卢比。泰姬陵内不允许带食物、香烟、火柴、瓶装水、三脚架等多余物品，进门搜出会被没收，可带相机，但不得摄像。

阿格拉堡中有座八角小楼

亚穆纳河由北向南流到阿格拉市区，突然拐弯往东。阿格拉堡就建立在右岸的拐角处，而泰姬陵则位于下游不远处，极目可见。河畔渚清沙白，水鸟盘旋，别有一番气象。

泰姬陵的西门有许多人力车，看到我们，争先恐后招揽。距离不远，40卢比成交。上坡时，看车夫艰难，我便下车帮忙推车。两女子喜滋滋地，好像做了皇后般自豪。

远远望去，阿格拉堡的建筑风格像极了德里红堡。不过，厚重雄浑的红砂岩城墙，赋予其更多的军事功能。居高临下的拱形城门和两边圆柱形碉楼，固若金汤，易守难攻。冷兵器时代，这种巨型城堡不仅是安全的保障，也是国家实力的体现。

阿格拉堡最初只是拉吉普特人的军事要塞，后来被伊斯兰洛提 (Lodis) 王朝攻占，但阿富汗人没能守住这座碉堡，被“仁慈”的巴布尔抢走。1565年，阿克巴开始重建城堡，他儿子贾汗吉尔谋取皇位后，继续扩展，直到沙·贾汗继位后，才将其升级为皇宫。然而，沙·贾汗做梦也没想到，自己会在这里度过八年豪华的牢狱生活。

奥朗则布囚禁了父亲，继续增强古堡的防御性能，直到迁都德里。莫卧儿王朝衰落之后，古堡的许多宫殿先后被波斯人纳迪尔·沙 (Nadir Shah) 、马拉地人与贾特人破坏和抢劫。1857年，莫卧儿王朝被英国东印度公司击败，殖民者直接将这里当成兵营。印度共和时期，这里才被保护起来，并得到修复，1983年被列为世界文化遗产。

外面的铁门扇大概是后来的物件，实在与城堡不相匹配。现今的入口是剑尖形的阿玛尔·辛格门 (Amar Singh Gate) ，里面拥有三个独立大门，极尽复杂隐蔽之能事。这位辛格来自焦特布尔，大概为了表彰其功绩，莫卧儿人以他的名字命名这座城门。

高墙雄伟，城堞密集，半圆形的碉楼自有一股威严的气势。通过半截斜坡，穿过第二座大门，眼前豁然开朗，往东有座花园，修剪整齐的草坪绿意盎然，迎面而来的就是贾汗吉尔宫 (Jehangir’s Palace) 。建筑比较规矩，顶层两端有拱顶凉亭，外壁有独具特色的白色

阿格拉堡

大理石镶边，勾成许多拱门装饰。我们通过幽暗的门廊，进入四围都是宫殿的庭院。

这座红砂岩宫殿的主人是贾汗吉尔，建筑融合了印度和中亚风格，前面有用整块石头雕成的浴缸（Hauz-i-Jehangir）。夸张的是，听说这位皇帝出游的时候，会带上这个笨重

阿格拉堡的角亭

的东西，就像那位带两个大银罐出行的斋普尔王公一样。

从贾汗吉尔宫往北，是沙·贾汗的私人清真寺（Mina Misjad）。透过东面围墙上的窗口，可以看到亚穆纳河和远处的泰姬陵，许多人在此张望。往西走，有座葡萄园，听说沙·贾汗时期就是这等模样。

再往北行有座白色大理石金顶八角亭和宫殿，就是沙·贾汗被他儿子囚禁的地方，他就站在这座八角亭里远眺泰姬陵。不过现在这里已经围起来，游人不能进入，只能在外面张望。据说老皇帝在最后的岁月里，已经不能起身走到窗前，只是凭借一颗宝石上的倒影来观看泰姬陵。这个说法有些夸张，

再前行即为镜宫。这里是皇室女性的居所，未对公众开放，游客只好探头往里张望。墙面上贴满马赛克工艺的小镜子，亮晶晶的，堪与琥珀堡镜宫媲美。隔壁是私人大厅（Diwan-i-khas），一座四周布满剑尖形拱门的白色大理石建筑，中央有设计轻巧漂亮的小型喷泉，极具欧陆风情。里面装饰精致，雕刻素雅，如童话世界，为皇帝接见重要人物或者外国使臣的场所。

旁边有座开放式的天台，上面有一块边缘刻着碑文的黑色石板（Takhti-i-Jehangir），据说是贾汗吉尔继位前的宝座，他曾坐在上面观赏斗象表演。对面有一座精巧的宝石清真寺（Nagina Masjid），门庭紧锁，只能透过镂刻成许多花瓣形图案的透雕窗户往里张望。

贾汗吉尔宫

转回来，穿过私人大厅，是四四方方的莫卧儿花园。十字形甬道将庭院分成四部分，各区都做成精致的几何图案，中间是凸起的水池。左右前三面的建筑都有架在空中的走廊，想起《阿克巴大帝》里的情节。阿克巴哥哥贪污败露，杀了查账的大臣，结果被阿克巴下令从空中走廊扔下来。侍卫禀报说他还在喘气，阿克巴挥手叫继续扔，直到他哥哥变成肉饼。虽然事出有因，但还是感觉有些残忍。

后面是皇帝处理政务的大厅（Diwan-i-Am），由许多白色大理石廊柱组成，前面放着白色大理石供桌，许多游人坐到上面合影。后墙中央有华丽如壁龛样的凹室，里面原来放着镶满珠宝的孔雀宝座，当年朝臣们在这里进谏上书，也许针对印度教徒的巡礼税和人头税，就在这里被宽容的阿克巴取缔。可惜，王座在1739年被波斯人抢走并毁坏，我曾在德黑兰珍宝馆看到过类似的孔雀宝座。

庭院西南有个很小的哥特式建筑，做工精美，上面写着“Jonh Rassell Colvin”之墓。其实就是一副棺材，里面躺着西北邦的副总督，印度民族大起义时病死于古堡。从名字看，此人不似印度土著居民，怪不得陵寝也与众不同。北面有清真寺，下面是当年的女人集市。

与老德里的红堡相比，阿格拉堡更注重军事功能。与梅兰加尔堡、乌代布尔的城市宫殿、斋普尔的琥珀堡相比，莫卧儿的城堡更有王者气度。讽刺的是，两座建立在亚穆纳河右岸的莫卧儿王都，最后都被英国人当成殖民统治的大本营。

小贴士：

持泰姬陵门票在阿格拉堡可优惠50卢比，阿格拉堡提供语音导游服务，但没有汉语。堡内会碰到持证件的导游，多为假冒。要请导游，就到游客服务中心或者售票窗口咨询。

公众大厅

07

ORCHHA

奥尔恰

“占西女王是叛军领袖中对我们最危险的人物”

下午4点，我们将搭火车前往占西（Jhasi），然后转乘突突车到中央邦小镇奥尔恰（Orchha）。

去程于阿格拉“Cannt”站上车，215公里，三个多小时即到，所以买了“Sleeper”席位。相对于空调卧铺，“Sleeper”逊色许多。车厢破旧，里面涂成浮艳的浅蓝色，内壁没有插座，顶悬三只巨大电扇，车窗有铁护栏，向上可以打开，中铺折叠起来，相邻上铺间用铁篱笆间隔。因为比较新鲜，吴茱萸照例拍摄一番才爬到上铺休息。

印度北方邦有块地方向南延伸到中央邦腹地，占西就坐落在这片镶嵌到别家地盘的区域内。北方邦穷名远播，有4000万贱民。四次出任北方邦首席部长的玛雅瓦蒂（Mayawati）就出身于“贱民”阶层，被戏称为“达利特女王”（Dalit Queen）。但是，这位“女王”声名不佳，未能消除印度第一大邦长期以来的贫困落后、失业失学和贪腐犯罪等现象，她自己倒是身价不菲，率先脱贫致富。据说，她曾派空机飞往孟买，只为运回她心仪的凉鞋。

占西以穷名世，实在应该反省。如果不是印度民族大起义中出尽风头的占西女王（Rani of Jhansi），我对这个小城的印象恐怕也仅限于中转路过的火车站了。

虽然号称占西女王（又译章西女王），其实她1828年出生于圣城瓦拉纳西，是马拉地人，原名拉克希米·芭伊（Lakshmi Bai）。14岁嫁给比她年长许多的占西老王公，成为王后。1853年王公去世，因无子嗣，王后以养子监护人身份掌管占西。英国人可不管这些，1854年，殖民当局以“绝嗣丧权”为由强行兼并占西。

1857年印度民族大起义爆发，同年5月10日芭伊在占西揭竿而起，痛揍英国人，重掌占西。美丽、坚毅及勇敢使她迅速蹿红，成为印度民族大起义中最杰出的头目。英国军队缓过神来，开始反扑，攻占德里。1858年6月占西陷落，女王转战北部瓜廖尔（Gwalior）。6月18日，

奥尔恰的贾汗吉尔宫

因内奸出卖，瓜廖尔沦陷。女王撤退时遭遇英军第八轻骑兵团围攻，孤军奋战，身中数刀。抬出战场后伤重不治，年仅29岁，是名副其实的民族女英雄，被称为印度的“圣女贞德”。

芭伊本来有机会突围，但因坐骑乏力，不能跃过小溪，才被英军包围。英国人用最高规格的军礼安葬了她的骨灰，统帅罗斯将军在回忆录中说：“占西女王出众的美貌、智慧和顽强精神，使她成为所有叛军领袖中对我们最危险的人物。”在瓜廖尔和占西，都有女王策马挥刀铜像。

占西女王很快成为各种文学作品里的主人公，其中1953年的电影《Rani of Jhansi》被译成中文《章西女王》，在中国各地上映，其事迹曾收入中学世界历史课本。现在印度军队中有拉克希米·芭伊女兵团，各地还有很多以她名字命名的街道、学校和组织。

中途停车，这里就是瓜廖尔。上下车的旅客很多，要不是有我们这样直达占西的游人，车厢里的乘客几乎就像整个换过。瓜廖尔是拉吉普特卡奇瓦哈人的故土，印度旅游胜地，占西女王就在这里殉难。

占西到了，车站并不如想象中那样糟糕，粉红色的建筑勾了咖啡色的边缘，独具特色。下车后被突突车司机簇拥着走出老远。锲而不舍是成功最关键的因素，我见身边只剩下一

奥尔恰街头

位老哥，便由他载我们往奥尔恰。

泰姬陵碰到的台湾人推荐过奥尔恰的客栈，吴茱萸记下他们住过的“Orchha View”客栈，便让司机直接拉到门口。占西火车站到奥尔恰10余公里，沿途黑灯瞎火，但路况还好。不时遇到举行活动的当地人，可惜无暇细看。询问司机老哥，他也只作嗯嗯啊啊，道不出所以然。

客栈不在主街道，司机一路打听，才找到门口。奥尔恰是小镇，交通不便，所以比较清静。老板见有客人上门，颇感意外，热情招呼。他正好剩两间房，一间有热水，一间没有热水。我和巴豆住没有热水的房间，折合人民币不到40元，真是便宜。

房间宽敞，两张床间隔较远，照例让巴豆先挑选。所谓有热水，是说水龙头里能接到细小的热水，但没有花洒喷头。我赶紧去洗，据吴茱萸她们说，我用过之后就没有了热水。店里还住着几个广东游客，明晨包车去克久拉霍。他们建议，如果下午出发，就可以找到返程车，价格便宜许多。

天色已晚，我们便在客栈里用餐。客栈的伙食实在不敢恭维，塔利所配的薄饼似乎从外面买来。老板自觉有愧，满口答应包车事宜，便留下电话号码，让他有消息即时通知。

人困马乏，顾不得饭食味道，胡乱扒过几口，便上床安歇。

小贴士：

从阿格拉坐火车到占西，然后转突突车四人150卢比左右到奥尔恰。人少店多，我们所住“Orchha View”不在主街道，带卫生间400卢比，但热水不足。

贾汗吉尔情不自禁地赞叹："奥尔恰！"

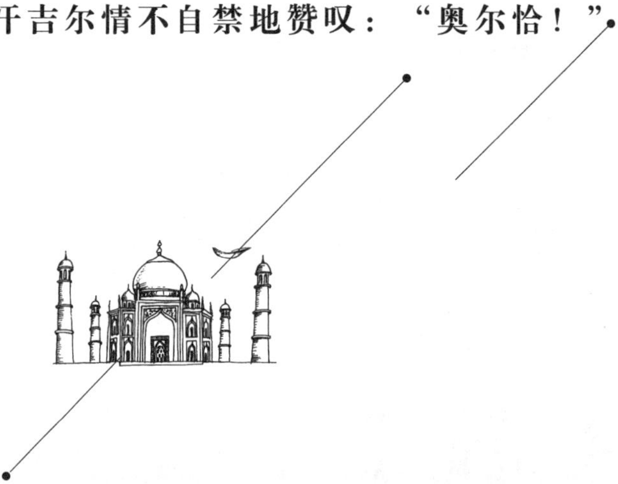

奥尔恰（Orchha）意为"秘地、神秘的地方"，始建于16世纪，是印度中世纪邦德拉（Bundela）王朝的首都。如果以今天的城市规模来看，只能算小镇。当地用"Singularly Appropriate"来形容，与印度旅游局的宣传口号"Incredible"差不多。

从南边流过来的贝特瓦（Betwa）河，到这里稍稍踟躇，向东张望片刻，然后头也不回地继续往北。奥尔恰就坐落在贝特瓦逗留的臂弯里。河东岸有条街道，两边散落着寺庙、店铺、市场和稀稀拉拉的人家；西岸是当年土邦所建的城堡和宫殿。跨过那座古拙的石桥，便能进入城堡。聪明的拉吉普特人引水挖渠，使贝特瓦河绕城而过，成为古堡天然的屏障。

贝特瓦河是亚穆纳河的支流，梵语"Vetravati"，意谓"有苇的河"，史诗《摩诃婆罗多》对其有所记载。贝特瓦河的源头博帕尔（Bhopal）在1984曾发生过严重的农药泄漏事件，造成2500多人死亡，数十万人受到影响，成为世界上最严重的化学品事故。

公元11~15世纪，奥尔恰属于昌德拉（Chandela）王国的领地。15世纪，德里苏丹杜格拉克（Tughlaq）四次派大军远征南印度，拉吉普特邦德尔汗（Bundelkhand）的王公们偏安于奥尔恰，躲在世外桃源般的花园（Phool Bagh）里晒太阳。鲁陀罗·普拉塔普（Raja Rudra Pratap）韬光养晦，于16世纪初在此建立邦德拉王朝，是为首任王公。

阿克巴时期，邦德拉王子迪奥·辛格（Deo Singh）与莫卧儿王子萨利姆关系密切，但他在1602年不小心触怒了阿克巴，险遭灭国之祸，他本人也差点丢掉性命。1605年萨利姆登基，已是王公的迪奥总算时来运转，此后20余年飞黄腾达，尽享荣耀。1627年沙·贾汗继位，迪奥又失宠，而他试图缓和关系的行为却让13岁的奥朗则布更加厌恶。

邦德拉与莫卧儿之间的是非恩怨，剪不断，理还乱。在他们的蜜月期，贾汗吉尔路经此地，看到美丽的贝特瓦河，情不自禁地赞叹："Orchha! "奥尔恰由此得名。

莫卧儿帝国衰落之后，马拉地人崛起，邦德拉抵挡不住，只好逃往80公里以外的提坎

奥尔恰的尖顶建筑

加尔 (Tikamgarh)。印度独立后，这里几乎被世人遗忘，直到被来此寻找灵感的诗人和摄影爱好者发现，才重新进入旅人的视野。

因为交通不便，名头也不够响亮，组团旅行的游客基本不会光顾这里。只有如我们这样的背包客，才有可能摸索到此，来看印度的另一面。

早晨起来，客栈的懒虫伙计迟迟不来开门，吴茱萸便爬到二楼拍摄日出。当我跑出门外时，太阳已经爬上了错落参差的建筑顶端。霞光洒落到寺庙群高耸的尖塔上，奇异梦幻，扑朔迷离，让人想起《魔戒》、《哈利·波特》里超现实的镜头。遗憾的是，我没有占据最有利的地形，只好爬到半截断墙上张望，引得当地人饶有兴致地看着我。

梦境也终有醒时，太阳的色彩转瞬变为银白。我和吴茱萸在街边喝过一杯奶茶，便去参观老旧的皇家花园。花园中有宫殿，名为丁曼·哈道尔宫 (Dinman Hardol)。邦德拉人曾指责丁曼·哈道尔王公与嫂子通奸，他选择自杀以证清白，因而成为当地民间传说中的英雄。

小镇半农半商，早起的当地人扛起农具牵着神牛从街上走过。市场附近的城堡是中世

贾汗吉尔宫

街头的人们

街头的神牛

街头的人们

纪的建筑，无人看管，显得有些败落。里面似乎有流浪汉居住，亭台可见晾晒的衣衫，主人还在沉睡。逛过一圈，便寻路走过石桥，参观奥尔恰古堡。

石桥简朴，跨过去就是古堡。拱形城门已经变得斑驳陆离，破损的木头门扇伸出来许多铁刺。可见往昔岁月这里并不平静。

小贴士：

奥尔恰是中央邦蒂格姆格尔的小镇，各景点离得不远，徒步大半天就可以转完。主要有贾汗吉尔行宫、土邦皇宫、贝特瓦河边的纪念堂、市场旁边的印度教神庙以及散落村里的神庙。

皇宫里的猴子称大王

奥尔恰也实行套票，包含城堡里面的皇宫（Raja Mahal）和贾汗吉尔宫（Jahangir Mahal），以及河对岸的两个寺庙，其余遗迹免费参观。售票老头儿指着报纸新闻给我和吴茱萸看，报纸说，一个韩国人因逃票被拘。这家伙满脸奸笑，好像在吓唬我俩。他收完钱，用什么机器打出一张小纸条，算是门票。

贾汗吉尔宫高墙厚壁，圆柱状的碉楼雄浑壮美，有依稀可辨的珐琅蓝葫芦状尖顶。这座宫殿是17世纪初迪奥·辛格为接待贾汗吉尔到访而修建，规模宏大，占地近5000平方米，“回”字形四方庭院，是伊斯兰和印度教建筑的混血儿，宫殿的一部分现改为宾馆，对外营业。贾汗吉尔于1606年驾临邦德拉，其实只住了几天，此后再没来过。

爬上几级台阶，穿过比较隐蔽的小门，就进入四面回廊围绕着的宫庭院落。中央方形凸起位置有组水池，居中的正方形水池较大，四边有台阶可供上下，四角多边形水池较小，周围有石板长凳。虽然已经干涸，但可以看出原有喷泉和巧妙的通风系统。从功能上看，很可能是露天的澡堂子，也有人说为荷花池。奇哉怪也，这里的建筑又与“4”脱不开干系。

庭院首层有许多剑尖形拱门组成的走廊和宫殿，檐柱浮雕几乎是阿格拉堡贾汗吉尔宫的翻版，典型的莫卧儿风格；第二层是复杂的居所和宫室，墙壁夹层的走廊重重叠叠；顶层四面四角各有半球形拱顶凉亭，凉亭四角又有同样形式的凉亭，为印度教建筑风格。

爬到顶层，可见巨型的城堞和精致的雕刻。几只猴子爬到高处，或相互挠痒，或扑打鸽子，玩得忘乎所以。奥尔恰的猴子是拉贾斯坦风格，黝黑的五官根本看不清面目。就像许多印度人，面部太黑，甚至让人改变固有的摄影理念。

隔壁为皇宫，由鲁陀罗·普拉塔普于1531年开始修建，历时八年，于巴蒂·昌德拉（Bharti Chandra）统治期间完成，随后不断完善，才有现在的规模。东西北三面五层，南面四层，顶层多方形圆顶凉亭。公众大厅和私人大厅里的墙壁和屋顶绘有罗摩、湿婆、毗

奥尔恰皇宫

湿奴和克利须那事迹的彩色壁画，虽然有些斑驳，仔细分辨还是能够看清。

皇宫建筑面积大于贾汗吉尔行宫，但不如其奢华，也许是级别上的差异所致。从对面看去，拱形门就像是陕北的窑洞，重重叠叠。有些地方损坏严重，只好用红砖修补起来。如果任其败落，这座土邦的皇宫恐怕支撑不了几年。

手搭凉篷望去，对面有座寺庙样的尖顶建筑，像来自童话世界，非常惹眼，我便招呼吴茱萸下去参观。

路上有十余头水牛迎面而来，我们赶紧躲闪，不料却碰到路边的牌子。抬头一看，是中央邦的旅游标志，圆圈当中有一只猛虎，下面写着“The Heart of Incredible India”，令人失笑。

转眼来到市场，不知今天是什么节日，热闹非凡，有许多装扮怪异的修行者在此等候，鲜花香烛纪念品摊点的生意还真不错。穿过人群，看到卖早点的妇女。这在印度很罕见。她穿黑色夹克衫，笑容满面，热情招呼，样子不像印度教徒。身旁还有个半大孩子，也忙前忙后地张罗。

从皇宫看外面，尖顶的建筑如童话世界

贾汗吉尔宫

狗与猴子打架

几个当地食客让开位置，我们便挤在长条凳子上。等端上茶、馕和调味佐料后，当地人用手抓起来就吃，吴茱萸自己带着餐具，分我一起使用。

小贴士：

过石桥到贾汗吉尔宫门口就是售票处，费用为250卢比，所有四个收费的景点都包含其中。如果遇到别的收费，都是诈骗，要坚决抵制。市场附近有印度教神庙，碰到祭祀活动，可以进去参观。此处安检比较严格，不允许带包。

被人遗忘的童话世界

我总觉得附近有宗教活动，因为不时会碰到堆成小山样的颜料摊点，色彩鲜艳。还有一种类似印章的小雕塑，我怀疑是印度河遗址出土印章的复制品。转来转去，果然看到一座寺庙，人们正熙熙攘攘地排队往里走呢。吴茱萸懒得进去，我脱下鞋子让她看管，自己飞奔过去参观，可是门口的警察说不许带包，只好又跑过来，将相机包交吴茱萸照料。

原来这就是拉姆·拉贾（Ram Raja）神庙，即“罗摩王爷”庙。罗摩是《罗摩衍那》里的男主人公，也是毗湿奴的化身。白色的神庙搭配红黄装饰，富丽堂皇，据说是由宫殿改造而成。以前非印度教徒不得入内，这次能进去参观，真是出乎意料。

邦德拉王国的第三任王公玛杜卡·沙（Madhukar Shah）信奉毗湿奴的第八化身克利须那，而王后信奉毗湿奴的第七化身罗摩。王公强迫王后在信奉罗摩的同时，必须信奉克利须那。王后无法接受，下令修建罗摩庙，即查图尔布吉（Chaturbhuj）神庙，并前往罗摩出生地阿瑜陀耶（Ayodhya）的神庙禁食求见。鉴于王后诚心，罗摩显灵，答应回奥尔恰，但有三个条件：“第一，以幼儿形象与王后同归；第二，将成奥尔恰王，但非王公夫妇之王；第三，神像落座后，将永远留在那里。”王后答应，怀抱幼儿罗摩神像返程。

克利须那托梦王公，要求他不得区分罗摩与克利须那。醒来后，国王非常愧疚。王后归来，他主动迎接并致歉。王后拒绝国王的示好，抱着幼儿罗摩神像回到宫中，将其安置于房间里。她忘记“神像落座后，将永远留在那里”的条件，但神像已经不能再动。所以宫殿就变成了“罗摩王爷”庙，而新建的查图尔布吉神庙只好空置。

神庙门后挂着大铃铛，信徒们路过都会拨拉几下，叮当之声不绝于耳。我也照章行事。随着人流往前，到了庙堂，栅栏相隔，不得入内。里面有两三个身着白衣的婆罗门祭司正在工作。信徒们将手中的花瓣和香烛奉上，祭司们便不断地分发糖果、撒落花

看到这样的形色，总觉得附近有宗教活动

瓣、弹洒圣水。

我探头张望，只见里面供奉着蓝黑色的幼儿罗摩神像，旁边的厢房里还有一些神祇，信徒们蘸起雕像脚边的朱砂，涂在额头上。原来就是这么一场祭祀活动，怪不得市场上堆着那么多那些色彩艳丽的颜料，我还以为快要过“洒红节”了呢！

洒红节也叫胡里节或者色彩节，还要晚几天，是印度最热闹的节日，人们会相互泼彩色水和彩色粉末（Gulal）以庆祝春天的来临。

步出庙门，吴茱萸在寺庙前面的广场上等我。这里曾是原来皇宫的花园，现在变成了旅游和商品集市，特别是皇宫围墙大门外的路段，商贩云集，十分热闹。我正在四处张望，吴茱萸突然拉我的衣袖，指着几个人让我看。

原来，三个印度人引起她的兴趣。一对夫妻模样的中年人，看起来心宽体胖。男士着传统印度服饰，白衣白裤，套黑色马甲。女士披大红纱丽，半遮容颜，珠圆玉润，环佩叮当。这当然算不得稀奇，有趣的是跟在后面的年轻人，红色立领制服，胸前两排密集的扣子，腰系半拃宽的白色皮带，怀里抱柄长刀，昂首挺胸，目不斜视，亦趋亦步地跟在两人后面。这排场，就像中世纪的王公出行，又像是演戏。

他们是前王公的后裔？眨眼之间，他们已经消失在人流里。和吴茱萸议论一番，仍然不明所以。前土邦的王公们在印度独立后仍然享有特权，每年领取高额年金(Privy Purse)，后来被总理英迪拉·甘地废除。如今，有些王公后裔仍然不肯放弃祖上的荣耀，将昔日的头衔当作身份的象征。

在贾汗吉尔宫看到的尖顶建筑就在附近，几个玩耍的孩子，带我们进去参观。这就是王后所建的查图尔布吉神庙，本欲供奉罗摩神像。高耸入云的塔尖和宏伟的建筑在印度还真不多见，殿内空荡寂寥，无人看管。神庙事实上已成为猴子们的天下，一群“哈奴曼”欢天喜地地爬来爬去，不时龇牙咧嘴，伺机抢夺别人手中的食物。

猴神哈奴曼（Hanuman）出自《罗摩衍那》，意谓“摔坏下巴的人”，是风神和

各种尖顶的纪念堂

天女的儿子，和孙悟空一样能乘风飞行。小时顽皮，惹怒天帝因陀罗，被其雷电打落地上摔坏了下巴。哈奴曼长大后呆在南方猴国，曾帮助罗摩击败十首魔王，救出悉多。

沿河马路两边屎尿成堆，臭气熏人。对岸是雄浑的贾汗吉尔宫和拉贾皇宫，高墙严雉抵挡不住莫卧儿的长剑，也躲不过岁月的侵蚀，终究变得残破。一个孩子过来要求拍照，拍完之后又推销他的地图。贝特瓦河边有许多当地人在洗澡，见我们过来，也纷纷摆出姿势要求拍照，有几个跑来要求合照。

河畔的建筑群无人看管，略显荒芜。看碑记铭文，是邦德拉历代王公的纪念堂，计有15位，皆出自辛格家族。尖顶拱门，厚墙重壁，散落在风景秀美的贝特瓦河畔。吴茱萸跑到河边，水色旖旎，奇石突兀，怪树斜逸。她感叹道："这里如此清静幽雅，与沿途所见印度格格不入，倒像来到了欧洲。"

旁边为布德拉王朝纪念园，大门对面有三座小型的王公纪念堂，其中包括玛杜卡·沙王公夫妇纪念堂。管理人员在小票上做个记号，我们就进园区参观了。这组纪念堂保存完好，便辟为收费博物馆。庭院整齐，中央水池里面有林伽雕像，让人想起林伽崇拜的另外一个版本。

传说，湿婆夫妇在坎奇普南（Kanchipuram）玩耍，妻子从背后蒙住湿婆的双眼。没想到，世界顿时陷入黑暗。湿婆为了惩戒妻子，让她用泥土做个林伽。这时洪水来袭，冲毁了整座城市和神庙，唯独泥捏的林伽留在原地。妻子因为死命抱住“林伽”才没有被水冲走。但因为抱得过紧，林伽周围就留下了她的乳房和手镯的形状。

走遍四周，建筑相差无几，我们便出门从另一条路返还。东边就是甘吉村（Ganj）村，有很多神庙遗迹。山头上是有着蓝色门脸儿的拉迪卡·拉曼（Radhika Raman）神庙，庙小神大，墙壁残破，旁边坐着年长的修行者。附近还有几处17世纪的伊斯兰建筑遗迹，残缺不全。吴茱萸比较喜欢这种情调，我们略做逗留，便下山吃饭。

中途碰到名为“Didi’s”的咖啡店，记得在泰姬陵遇到的台湾人曾经推荐，便进去坐下。老板娘来自欧洲，大概喜欢奥尔恰的清静，就在此经营起咖啡店来。咖啡店虽然脱不开印度风格，但较本地人所开的店，干净整齐多了。我们要来茶、煎蛋和意大利粉聊作午餐。

客栈老板打来的电话，说到克久拉霍的包车谈妥，下午4点出发。还有一些时间，看咖啡店门口的奥尔恰景点地图，只有山顶一座寺庙未去，我们便寻路前往。正好遇到徐长卿，她才从中国餐馆出来，已经逛完所有景点，欲回客栈休息，我便告诉她下午4点出发。

山顶平台上是拉克希米（Laxmi）神庙，建于1622年，建筑风格特别。外观看似三角形，里面嵌套四边形，属于内部寺庙与外围城堡的结合，是极其罕见的印度教寺庙。走廊里都是壁画，除了印度教的神话故事，还有占西女王与英国殖民者战斗的场面。壁画的色彩较皇宫暗淡，是朴素典雅的路子。有些画面颇像中国的《西游记》，猴头猪脸俱全，让人倍感亲切。

拉克希米（吉祥天女）是毗湿奴的妻子。史诗《摩诃婆罗多》里，众神和阿修罗为争夺不死甘露，双方抓住七头蛇身搅动乳海，从海中搅出来14件宝物，最后一件就是吉祥天女拉克希米，毗湿奴便娶她为妻。吉祥天女不仅富有同情心，能救苦救难，而且是财富的象征，印度传统的灯节就和她的传说有关。

神庙顶层的尖塔也与传统的圆形拱顶不同，六角锥体，顶上遍布鳞片。从这里望出去，小镇风情尽收眼底，峭拔的尖顶建筑散发着中世纪的遗韵。有人曾说过，奥尔恰就是“隐藏在石头堆里的诗”。

小贴士：

主街道上有“Didi’s Café”，老板是欧洲人，店中的意大利粉不错；奥尔恰火车站有列车直达克久拉霍，或者到占西再转火车也可以。包车到克久拉霍要四小时，早晨比较贵，需1800卢比左右，下午有返程车，运气好时只需800卢比，可委托客栈代订。

08

KHAJURAHO

克久拉霍

傍晚，我们来到克久拉霍

刚出镇子，扑面而来的田野风光让人陶醉。道路两边树木葱郁，大面积的油菜花就像全画幅照片，黄中有绿，绿中带黄，在晚阳的光辉里尽情绽放，肆意灿烂。

夕阳欲沉，车到中途，司机说要去喝茶醒神。他将车停在广场上，自去喝茶，我们便到外面看油菜花。田里有几个孩子，见我过来，齐声喊着："Money，Dollar，Rupee."他们居然还跟我要"Shampoo"，难道有人经常施舍洗头膏吗？见我不予理睬，干脆走到镜头前破坏风景。此时落日熔金，暮云合璧，天边的一抹杏黄将要落山。吴茱萸拍得兴起，跑来跑去地转换角度，那群孩子便围着她团团打转。

司机终于喝完了茶，拎着两瓶啤酒，我问他是不是要"酒驾"？他说，这里每瓶啤酒150卢比，克久拉霍需要200卢比。想起在杰伊瑟梅尔饮过当地啤酒，看来啤酒的价格越来越贵。

晚7点半抵克久拉霍，基于对奥尔恰客栈老板的信任，我们便让司机直接前往他所推荐的"Zen"客栈。但是，客栈的要价却贵出两倍，我们再三坚持，老板终于妥协。实事求是地说，这间客栈，是我们此行性价比最好的住宿地，干净整洁，热水充足。让我们不由感慨：奥尔恰人诚不欺我也。

客栈后面有院落，清静幽雅，有树根做成的椅子。老板带我们进去，有几个人正在烤火，大家让出位置，我们便坐下来。聊到克久拉霍的情况，有位来自北京的小伙热情介绍。他时间充裕，已在这里玩了两天，临别时，他将一张克久拉霍城区地图赠送给吴茱萸。

大家计划如何前往瑟德纳（Satna）以转火车到瓦拉纳西。我提议包车，巴豆立即反对，说印度司机开车恐怖，坚决不坐。吴茱萸也不同意包车，而徐长卿则不置可否。看来只有乘坐公共汽车，旁边的老板说可以帮忙代买车票，但要手续费。我表示同意，虽然费用较高，但明早谁也没有时间去排队买票，如之奈何？

小贴士：

奥尔恰客栈老板推荐的“Zen”客栈性价比不错，有独立卫浴，热水充足，双人间250卢比，走几分钟就可到西庙群。

“淫乐世界悲苦世界就这样奇怪地结合”

诗人形容初阳“黄金铸铁橘，平地起跳丸”。我和吴茱萸起了个大早，居然看到如此景象。可惜，灿烂的时光总也短暂，尚未找到好的角度，神庙尖顶上金色的跳丸已经变成了银白。

克久拉霍之名来自“Khajur”（枣椰树）。相传昌德拉王朝初期，都城没有名字，因有两株茂盛的金色枣椰树守护城门，因而得名。克久拉霍今为中央邦查塔布尔（Chhatarpur）的小镇，都市化程度较高，比奥尔恰时尚繁荣。不过，看起来还是灰头土脸，就像曾经阔过的破落户，很难想像此地曾是中世纪昌德拉王朝的都城。

昌德拉人源出贡德（Gond）拉吉普特部族，他们曾经统治印度中部布德尔汗德(Bundelkhand)几百年。昌德拉王朝建于9世纪初，开国君主是纳努克（Nannuk）。公元950～1050年，王朝步入鼎盛时期，主要君主有丹伽（Dhanga）、甘达（Ganda），疆域西到瓜寥尔，东达瓦拉纳西。

甘达在位期间，由于帮助拉合尔人对土耳其作战，1001年在白沙瓦附近遭遇重创。1023年丢掉了加林杰尔（Kalinjar），1082年成为阿杰梅尔（Ajmer）的附庸国。

12世纪，伊斯兰势力侵入恒河流域，异教徒的寺庙悉数遭毁。克久拉霍也未能逃过厄运，但因当地居民顽强抵抗，20余座神庙得以幸存。

昌德拉王国最后被莫卧儿的阿克巴从地图上彻底抹掉。战争最后阶段，时为摄政的昌德拉王妃杜尔伽瓦蒂率军三次击退敌人，但她也身中两箭，最为致命的一箭射穿了她的脖子。王妃苏醒之后，御象师劝她脱离战场。意识到失败在即，但她拒绝撤退，宁为玉碎，不为瓦全，拿出匕首自杀殉国，时为1564年6月24日。

昌德拉灭亡后，其国土被奥尔恰的邦德拉王朝接管。

为纪念杜尔伽瓦蒂女王为国捐躯的英勇事迹，1983年印度中央邦政府将贾

神庙外墙花样繁复的性爱雕塑

巴尔普尔（Jabalpur）大学更名为“拉尼·杜尔伽瓦蒂大学”（Rani Durgavati Vishwavidyalaya）；1988年6月24日发布了拉尼·杜尔伽瓦蒂邮票，并将每年6月24日定为“殉难日”（Balidan Diwas）。

此后几个世纪，克久拉霍几乎被世人遗忘，湮没在密林里的神庙直到1838年才被旅行到此的英国工程师发现。经过挖掘修缮，古迹重现风采。现存神庙散落在约6平方公里的范围内，可分为西群、东群、南群。1986年克久拉霍西庙群因“建筑与雕塑之间达成了完美的平衡”，以及“装饰性雕刻堪称印度艺术的杰作”，被联合国教科文组织列入世界文化与自然遗产。

克久拉霍被许多人称为“性都”，主要是因为寺庙墙壁上的部分雕刻与性爱有关。

难得的好天气，风和日丽，春光明媚，世界仿佛变得纯净而空灵。我和吴茱萸攀上十余级台阶，看到神庙前的石碑，才知已经来到坎达里亚摩诃提婆（Kandariya Mahadeva）神庙前。因为适才追逐太阳，我们错过了入口附近的神庙，直接来到克久拉霍最为精华的神庙。且不说神庙的整体布局，只外墙上的立体雕塑，初见之下，足可以用“震憾”来形容，精美绝伦的雕刻将我们带入别样的境界。

“坎达里亚”意为“山洞”，“摩诃提婆”即“大天、大神”，是湿婆的称号。神庙建于1025年，由浅黄砂岩建成，矗立在两人多高的台基上，平面呈双十字形，包括

神庙外墙的各种神兽浮雕

主殿、右绕甬道、会堂、过厅、门廊五部分。

主殿顶层为35米高的角锥形曲拱主塔，峻拔尖峭，巍然耸峙。主塔周围簇拥84座竹笋状小塔，重重叠叠，密密麻麻。主塔和小塔的塔顶都冠有拱罗纹扁圆盖石和宝瓶饰。在主殿东边的会堂、过厅与门廊上方的三个角锥形塔顶，轮廓曲线波浪式起伏，呈逐渐上升的趋势，造成了山脉涌动的效果，更显得主峰挺拔壮观。

神庙模仿“湿婆的宫殿”雪峰冈仁波齐，也就是湿婆的修行地，印度教称之为世界中心的“凯拉什”（Kailash）而建。里面供奉创造神梵天、毁灭神湿婆、保护神毗湿奴三位一体神像。据说，神庙最初以白灰粉刷，来对应诸神居住的雪山。

北印度早期的寺庙只有山形圆顶，代表诸神居所的雪山，后来演化为多重圆顶。圆锥形顶是典型的北印度寺庙风格，称谓悉卡罗（Shikara），里面供奉神像的地方叫胎房（Garbha Grihya），其实就是我们所说的神案。

神庙主殿与会堂外壁中间围绕着三层高浮雕饰带，饰带上雕满了男女诸神、蛇神、树神、天女、贵妇、舞女、爱侣、怪兽。壁龛、柱间、拱门、托架都装饰着各种雕像。据说，神庙内外的雕像总计有872尊，而最显眼的黄金位置，则是令人热血沸腾的性爱雕刻。

有资料说，克久拉霍神庙的雕刻，属于成熟期的印度巴洛克风格，追求繁缛豪华的装饰，强调扭曲夸张的动态，尤其热衷于渲染女性肉体和男女交欢的刺激

西庙群

场面，比印度奥里萨（Orissa）雕刻更富挑逗性和吸引力。奥里萨布巴内斯瓦尔（Bhubaneshwar）的杰灵伽神庙非印度教徒不得进入，所以无缘得见。但我知道它是以繁复夸饰、气势宏大、富于动感见长的巴洛克建筑（Baroque）风格。

不能免俗，还是要详说这些伟大的性爱雕塑。他们动作大胆、姿势夸张、花样繁多，几乎演绎了经典的性爱课堂。除却正常性爱，还有群交、爱抚、挑逗，甚至人兽配。雕像时有重复，要说色情，场面也确实极尽淫荡。有个女子，抓住怪兽尾巴按摩自己裸露的乳房，腰身后仰，表情陶醉。而怪兽回首抬足，仿佛极力配合。

所有雕塑极力表现爱欲和生殖，丰乳肥臀，柳眼梅腮，令人浮想联翩。这种表现男女性爱的塑像，就是印度艺术中的“米都纳”。而裸体女性的脚边，有许多神态各异的小孩，或张望，或抱腿，或玩耍，极富生活情趣。

雕刻极力展现女性肉体之美，女体饱满浑圆，凹凸有致，将人体美学融合在建筑线条里。也许正是因为极力夸饰女性的肉体美，浮雕中的男子形象黯然失色，感觉如同“鲜花插在牛粪上”。

当然，这些雕塑也不尽是伟大的性爱作品，还有表现拈花微笑、手舞足蹈、描眉梳头、逗趣扭腰、抬足剔刺的，都夸张地体现女性的肉体特征。除印度神话和传说中的情节，也反映当时的生活习俗，譬如赤足、短裙、挽发等。仔细看雕塑中人物，他们虽然着装不多，但还是能分辨出服饰的细微变化。吴茱萸对女性短裤的样式很惊讶，认为

神庙外墙花样繁复的性爱雕塑

丁字裤较比基尼好看——也许当初不这么叫，但款式相差无几。

有个导游说，昌德拉时期，人们对性比较宽容，但生活水平低下，没有密闭的空间享受二人世界，所以房事也就随遇而安了。在人兽交合场景里，旁边站着双手掩面羞愧难当的女子。导游打趣，也许男主角是她丈夫，所以才羞成那样。

行为保守的印度人，何以会有如此大胆的性爱雕刻神庙群？有人说，昌德拉王国本身就是“神授诱惑”的结果，当地有则月神故事，极其浪漫。相传，婆罗门祭司如花似玉的女儿海摩婆蒂（Hemavati）来到普瑞姆湖（Prem Sagar），在月光下沐浴，月神昌德拉玛（Chandrama）见了，神魂颠倒，下凡湖边。一人一神彻夜做爱，直至黎明。

他们的离别在即，月神意乱情迷，告诉海摩婆蒂三件事：“首先，我们的儿子将会成为伟大的国王；其次，我将点石成金，留下财富；最后，儿子将会建立强大的王朝。”他们的儿子出世后，16岁就用石头打死一只老虎和一头狮子，随后建立昌德拉王朝，号称昌德拉跋摩（Chandravarman），也就是“月亮王”，统治长达百年。所以，克久拉霍人都称自己为月神的后裔。

海摩婆蒂去世后，托梦给她儿子，希望能建一座神庙，以表达人类最原始的激情和欲望。于是，月神的子孙们就建造了今人称之为“性都”的克久拉霍神庙群。前前后后，林林总总，共建起来85座神庙。

这些性爱雕塑最初的意图，恐怕很难有确切的答案。学者们对此主要有四种解释。

其一，性爱雕刻来自印度性学经典《爱经》（Kama Sutra）。《爱经》是关于性爱、哲学和心理学的著作，以哲学的形式诠释了性爱的姿态、技巧与和谐。书中指出，“性爱是通往精神启蒙的道路”，人生只有法（Dharma）、利（Artha）、欲（Kama）三个目的。“法”是求得诸神庇佑，“利”为追逐权力财富，“欲”即满足情爱性欲，三者协调才算完美生活。

其二，是为了保护建筑，防止雷击和邪魔侵袭，是以刻满性爱雕像。传说雷雨神因陀罗（Indra）是好色，寺庙刻绘这种画面，他就不会破坏了。

其三，性爱雕刻是密教仪式的图解。月亮王朝时期盛行密教，即坦多罗教(Tantfism)。该教重视生殖、繁衍，主要宣扬与性有关的宗教思想。同时该教也寻求解脱，“不求来世相逢，只愿今生欢娱。”将两性交媾视为修行途径，从而实现“轮宝供养”和“天人合一”。克久拉霍神庙便是坦多罗教举行狂欢仪式的场所，昌德拉国王设想他就是男神，而女性则被设想成女神。参与者除了地位较高的女性外，还有神庙豢养的大批姿色迷人的神庙舞女，即“神奴”。神庙上那些风情万种的女性雕像，就是神庙舞女妖冶的身姿。

最后一种说法，神庙所刻不过是世俗社会日常的生活场面。昌德拉王朝时期，性

参观神庙的印度妇女

观念开放，风气使然，也许当时不以之为色情猥亵堕落。

虽然性爱题材只占整体雕塑的小部分。然而，就是这小部分内容，使得克久拉霍声名鹊起。黑格尔曾慨叹：“印度人所描绘的最平凡的事情之一就是生殖……男女生殖器被看做最神圣的东西。”马克思也说：“淫乐世界悲苦世界这样奇怪地结合在一起的现象，在印度斯坦宗教的古老传统里早就显示出来了。”不仅西方人将克久拉霍当成色情的代名词，就连倡导禁欲的圣雄甘地也讨厌这些雕像，曾计划捣毁这些神庙，还好未付诸实施。

阳光铺展开来，照在汹涌流动的寺庙顶上，这些精美的建筑看起来庄重和谐，摄人心魄。放眼望去，公园般的院落里寺庙耸峙，绿树婆娑，芳草如茵。早起的游客陆续进来，正在四处参观。

绕着神庙转了几圈，才进入殿堂。门口顶端的花蕊形天花雕刻，复杂深旋渐次递进，不知道象征什么。内室有巨大的廊柱支持，穹顶四壁都有精美的雕像，繁缛复杂，参差错落。光线透过庙顶天窗，正殿圆柱状湿婆林伽雕像傲然挺立，基座为象征女性生殖器的约尼石雕。与别处寺庙所供有所不同，这尊林伽材质优良，色黄如玉，只不过好像短了半截。

接着参观相邻的黛维·迦甘丹巴（Devi Jagadamba）寺庙。据说，该庙原来供奉毗湿奴，后来献给黛维女神，她是湿婆的妻子帕尔瓦蒂的化身。寺庙与坎达里亚摩诃提婆神庙同一基座，夫妻并列。该庙建于公元1000年，阳台较大，周围没有回廊，供奉象征女性生殖器的约尼。墙壁上雕满神像和性爱雕刻、三头八臂的湿婆、化身侏儒和公猪造型的毗湿奴。

庙门口有半蹲少年仰望狮子的雕像，大概来源于昌德拉跋摩驯服狮子的英雄故事。帕尔瓦蒂女神庙前有阶梯式的小型庙塔，即石柱支撑的凉亭，里面有同样的雕塑。

返回入口，从头按顺时针参观。依次为吉祥天女拉克希米庙、瓦拉哈（Varaha）毗湿奴化身野猪神庙、玛泰吉什沃尔（Matangeshwar）神庙、拉克什曼（Lakshmana）毗湿奴神庙、坎达里亚湿婆神庙、迦甘丹巴女神庙、契特拉古波塔（Chitragupta）神庙、毗湿瓦纳斯（Vishvanath）神庙和湿婆神坐骑公牛南迪神庙，庭院中央是帕尔瓦蒂神庙。

瓦拉哈神庙较小，约建于900～925年，形状像座凉亭，圆锥形屋顶，里面站着毗湿奴的化身，象征生殖的公猪瓦拉哈。瓦拉哈昂头曲尾，脚下有条长蛇，前面有一双小脚印。公猪像用整块黄砂岩雕成，身体四肢刻有674尊男女神像。

南迪神庙的风格与公猪庙差不多，相对于丑陋的公猪，呈跪卧姿态的南迪则要温和可爱得多。神像也用整块黄砂岩雕成，颈脖和身体刻有绶带。大概经年接受人们的抚摸礼，神像背上光滑圆溜，尤其脊梁间突起的瘤子，闪着金属样的光泽。

西庙群除了这两座供奉人型兽像的神庙，其余的寺庙虽然供奉的神灵有所不同，但风格相差无几。

小贴士：

徒步大半天即可走完克久拉霍神庙群，按西东南顺序进行，南庙群离得较远。运气好能碰到印度农村婚礼，万不可错过。也可以在客栈附近租辆自行车骑着转悠。西庙群晚上有两场舞蹈秀，可安排时间观看。

梵天、湿婆与毗湿奴

从西庙群出来，在博物馆隔壁的小店里用过早餐，徒步前往东庙群。东庙群离市区不远，经过我们所住的“Zen”客栈，沿着泥土路东行五六百米即到。

入口处有广场和工艺品店，庭院包括六座耆那教寺庙和社区。神庙免门票，但旁边的博物馆收费。耆那教的寺庙不许带任何皮具入内，包括腰带。我穿快干裤，用不着皮带。不过，检查好像也不甚严格，并没有拉起我的衣襟查看。

博物馆陈列耆那教的创教历史和寺庙图片，以及神像、文物、典籍之类。神像皆为裸体男性，模样几乎和佛陀像相同，区别就是耆那教神像裸体，胸口中间有菱形图案；而佛教神像则身着袈裟，胸口是法轮图案。

帕尔斯瓦纳斯（Parsvanath）为东庙群最大最美的寺庙，建于公元954年。据说早期为印度教寺庙，后改为耆那教寺庙，曾供过阿迪纳斯（Adinath），现在供奉耆那教的帕尔斯瓦纳斯像。建筑类似于西庙群的坎达里亚神庙，融合了印度教和耆那教的风格，充满宗教轮替与融合的意象。悉卡罗式的塔身雕有仙女、梵天及其妻辩才天女等诸多神像。雕刻比西庙群更为精致，没有性爱题材，有细密的格子窗，周围雕花卉图案。

南行到香提那斯（Shri Shanti Nath）神庙。这座神庙也用黄砂岩建成，式样简单朴素，有典型的耆那教特征。由门楼进去，有小型中庭，类似中国四合院。内部神像雕刻，无论立姿或站姿，都是全身赤裸。据说耆那教宗师筏驮摩那，30岁时离家寻求解脱，经常赤身裸体到处行走，苦行13个年头，最后在娑罗树下觉悟成道。所以，现今所见筏驮摩那雕像皆为裸体。耆那教创教历史和佛教相似，甚至教义也多雷同，譬如都信灵魂转世。在筏驮摩那之前还有23个祖师，只因中心教义由筏驮摩那创建，是以将他看作真正的创建者，尊其为“大雄”。

公元12世纪，不主张使用暴力的耆那教和佛教都遭到伊斯兰教毁灭性的打击。现

东庙群外

在的耆那教有向印度教靠拢的趋势，听说耆那教徒可以算作印度教的第三种姓，能和印度教教徒彼此通婚。该教所谓的“非暴力”发展得有些极端，教徒为避免杀生，不事农业生产。一个虔诚而富裕的耆那教徒，散步时甚至要雇人在前面扫路，因为这样他就不会踩死昆虫。

耆那教的起源时间和活动范围与佛教差不多。有意思的是，佛教在印度衰落，信众仅占印度人口的0.8%，但却是世界第三大宗教，而耆那教则始终在印度境内传承。

不远处还有座较小的阿迪那斯庙，里面供奉着现代造型的阿迪那斯神像。

出东庙群，沿着土路往南。这里已经是郊外，沿途可见凌乱的民房和小店。碰到机动车辆驶过，荡起的满天灰尘，又将人拉回到印度的现实世界，浑然忘却性的欢娱。三岔路口有幢旧厂房，门上居然贴着各国文字写成的贩卖鸦片的广告，其中当然少不了中文。

东庙群外部雕像也一样细腻

南庙群散落在三个地方，克达尔（Khodar）河西岸一处，河东两处。十几分钟后就到了最近的寺庙，虽然只有杜拉迪奥（Duladeo）神庙，但管理还算完善，庭院内有株巨大的榕树。神庙建于1100年，当时昌德拉已经衰落，殿堂供奉湿婆。墙壁上的雕塑风格与东西庙群差不多，遍布神态各异的女神像。

正午时节，看到克达尔河，就想跳下去冲洗一番。吴茱萸建议返回时再休整，我们便跨过小桥沿着红土路继续前行。已经到了乡野，两边是绿油油的庄稼地，农舍隐约，树木葱郁。连日在都市里转悠，突然行进在田间地头，心头没来由的欢喜。

迎面走过三位女士，色彩鲜艳的纱丽在乡村小路上异常惹眼，真是一道亮丽的风景。仔细观看，原来正是老中青三代。向她们打听去寺庙的路，不知道是我们听错还是她们指错，走半天仍然看不到寺庙，只好返回到主路。好不容易等到骑自行车的路人，总算打听明白，原来刚才走错了路，沿着主路直行即可。

相对于中国农村，印度的农居似乎更简单。院子没有围墙，只有一间房屋，类似西北农村土木结构的硬山顶民居，半截涂成湿婆肤色样的蓝色，没有窗户。门口有根木杆，上面挂着一只灯泡，毕竟城镇近郊，能用到电，印度许多偏远地区还没通电呢。旁边搭起木棚，里面有十来头牛。院里晾着各色衣服，女主人正在忙碌。

这段路距离不近，要穿过一个小镇。有趣的是，人家房屋俱涂成蓝色，就算二层小楼，也没有窗户，或者窗户小得像神龛，不知道夏天气温高达50度时他们怎么安排？小孩子看到外国人，总会跟在后面要钱要物，连抱着孩子的白胡子老爹也来索要。可见此地经常有游客经过，村民已经养成乞讨的习惯。

穿过小镇，又是农村景象。太阳火辣辣的，泉水边聚着几个人，妇女们正在打水洗浴，拖得很长的纱丽纯粹是累赘。为什么她们不脱掉呢？穿件短衣梳洗岂不更方便？事实上，印度妇女很保守。十余天过来，我从来没见过街头有男女亲热搂抱，甚至牵手都极为罕见。即使在公园影院，情侣间的交往也举止有度，鲜有出界行为。不像在中国的街头，时常见到激情热吻的场面。对照西庙群的性爱雕塑，让人感觉印度人是如此矛盾。

几个妇女顶着金属水罐走过，问去寺庙的路，她们笑着指点。抬头看时，建在小山岗的神庙巍然耸立，我们已经到了。这所寺庙也叫查图尔布吉（Chaturbhuj），公元1100年前后由克帝跋摩（Kirtivarman）国王修造，据说为昌德拉王朝所建的最后一座寺庙。克帝跋摩才华出众，在位约40年，建造了多座寺庙，还创作了著名的宗教戏剧《Prabodha Chandrodaya》。

此地偏远，游人稀少，寺庙不收门票。庙祝见我和吴茱萸进来，赶紧跟在后面讲解起来。寺内供奉约9米高的湿婆像。庙祝说，神像由整块喜马拉雅山巨石雕成，实为梵天、湿婆和毗湿奴三位一体神像。墙壁周围布满雕像，细腻生动，是克久拉霍石雕艺

这所小庙供奉梵天、湿婆和毗湿奴三位一体神像

术的代表作品。我怕庙祝索要小费，赶紧走出庙门，坐在墙角阴凉里歇息。

回程碰到许多搭讪的当地人。有个半大小子，居然能说七八种语言。他说学校有语言选修课，只要愿意，都能学会。可惜，随着谈话的深入，在友谊即将产生时，他们就会索要东西或者推销产品，好不容易建立起来的信任瞬间化为乌有。

回到客栈，众人已经吃过午餐，只好在酒店就近解决。其实，如果包车，就可以晚点儿走，也许能看西庙群的灯光秀。二三月间克久拉霍还有舞蹈节，据说颇有看头，此行却是无缘。在奥尔恰客栈碰到的广东男子也住这里，他可能英语不好，听到我们说东庙群很近，问清行走路线，飞奔而去。

未几，客栈老板叫来突突车，带我们去长途汽车站乘坐前往瑟德纳的巴士。

小贴士：

耆那教寺庙不得带皮制用品进入，贵重皮具请提前存放。长途汽车站离得不远，如去瑟德纳，长途巴士约100卢比，包车约800卢比。有直达瓦拉纳西的汽车，火车隔日运行，有飞机直达，赶时间可委托客栈买票。

09

VARANASSI

瓦拉纳西

印度的脏乱差被瑟德纳火车站无限放大

午后的阳光暖暖地照着车站门口的小亭子，旁边的长条凳上坐了几个闲人。客栈老板示意，我们就在这里候车。一头牛踱过来，伸长了脖子嗅我的衣角，鼻腔里喷出的热气将我的手背弄得湿漉漉滑腻腻。

开往瑟德纳（Satna）的长途巴士姗姗来迟，一个黑瘦的小胡子从车上跳下来，爬到车顶，众人便将旅行包交他放上去。大件行李似乎要收费，几个中国游客低声抱怨起来。但是，客栈老板眨眨小眼，自豪地说，我们的行李不用收费，尽管坐车就是。

车上拥挤不堪，不少人站在狭窄的过道里，司机为我们保留了难得的座位。我和两位女孩坐前排，而巴豆则坐后面，和在斋普尔琥珀堡有过一面之缘的N男士同排。巴士即将启动，客栈老板再次确认："没有问题了吧？"我伸手表示"OK"，谢过这个狡黠的热心人。

巴士破而旧，局促的空间让人难以伸展，身体被压缩成一团。

我实在没有睡意，便浏览徐长卿买来的有关克久拉霍寺庙群的中文图册。文字翻译很拙劣，我怀疑其是否来自谷歌的简单直译，因为其中不时冒出令人啼笑皆非的古怪词语。无聊得翻来翻去，直到斜窜出来的泥头车塞满了路面，我才意识到堵车了。

印度司机开车，会将车距控制在最小范围。大多数轿车将观后镜取下来，以免被碰掉，而许多破车则根本没有观后镜，普通的刮擦他们视而不见。但是，堵车并不多见，一旦塞起来，定会让人头痛不已。又或者是因为在市郊，其间并不见有人疏导，我等只好在灰尘和噪音里苦熬。巴士步步为营，磨蹭了半个多小时才得通过。

从瑟德纳到瓦拉纳西，要经过中央邦（Madhya）的本纳（Panna）国家公园。这个公园颇具规模，曾经是印度第二大老虎保护区。透过车窗，可以看到的原始生态环境和提示老虎出入的标牌。不过，就听说公园很早已经没有了老虎，用印度人自己的话说，“是一个失败的国家公园”。

约7时许，巴士停在瑟德纳火车站附近。我们刚下车就被突突车包围，到火车站开价100卢比，竞争激烈，还没怎么砍价就已经降到30卢比，便宜得让人意外。

瑟德纳因位于瑟德纳河东岸而得名，是发展中的商业行政中心城市，地处阿拉哈巴德（Allahabad）至贾巴尔普尔（Jabalpur）的铁路线上，是北印度谷物与棉花的集散地。瑟德纳河也算是恒河的远亲，在东北方向与其交汇。

开放式的火车站候车室刚装修过，旁边立着没有撤走的脚手架，屋顶刷得雪白，吊灯发出紫色的光。晃悠的、站立的、坐着的，还有铺着毯子酣睡的色彩缤纷的人们，都笼罩在那种冷色调的光晕里。门口的垃圾堆成了小山，几头牛钻到里面不停地翻腾，偶尔也会爬上台阶，走近人群，伸长脖子闻来闻去。也许觉得气味不对，便又甩着尾巴，扫兴地回过头来，继续在垃圾堆寻觅。

印度的脏乱差被瑟德纳火车站无限放大了。

我们穿过公众候车室，寄存好行李，便去寻觅晚餐。瑟德纳不是旅游城市，经过此地的人们多为步履匆匆的过客，有些甚至根本不出火车站，对于城市的容貌，只能做下意识地扫描。

火车站对面是颇具规模的集市，里面的建筑让人猜不透年份，穿行其间，人群熙熙攘攘，嘈嘈杂杂。转来转去，居然找不到像样的餐馆，街头简易的饮食摊肮脏混乱，破败的环境让人望而却步，不敢轻易尝试。想找到窗明几净，能够刺激人食欲的店子，几乎就是奢望。因怕忘记来时的路，又不能走远，只得就近选择有炒米饭和“塔利”的小餐馆。

我推测，这是家庭经营的餐馆。一个腰间缠着“托蒂”的老爷子笑眯眯地站在我们跟前，小心地问我们话，但又不知道他用什么语言，我们只得微笑或者点头，以表情交流。

估计极少有外国人来此消费，店里的食客都好奇地打量我们，甚至堂屋后面劳作的老奶奶也来参观。年轻的店家过来，打发走老爷子和老奶奶，问我们需要什么东西。颠簸不堪的巴士消减了我的食欲，我们只点了有小面包的印度餐。店家问我来自哪里，我说中国，并手舞足蹈地告诉他，从此往北翻越喜马拉雅山就是了，他却跟我索要中国硬币。

餐毕，在候车室里稍事洗漱，便等候凌晨开往圣城瓦拉纳西的列车进站了。

突然，吴茱萸说她有些难受，想呕吐。我大吃一惊，在她的示意下翻出一个塑料袋。不几分钟，她真的对着袋子呕吐起来，我忙不迭地拍她后背，以减轻她的不适。吐过一阵，将袋子拧好扔到洗手间，说感觉好多了，便靠到旅行包上打盹儿。翻来覆去一会儿，她又说很冷。摸她的手，一片冰冷，但额头温度似乎正常。实际上，今晚的天气还好，温度并不低，候车室里有穿短袖的当地人。

地板上睡满了印度人，我的包里有睡袋，问她要不要躺下来。她说不必，我脱下外

沿途游行的人们

很有“范”的印度人

瓦拉纳西火车站

灰蒙蒙的城市街头

套给她盖上，让她休息片刻。没过多久，吴茱萸又抬起头来。这回她脸色蜡黄，说很难受，还是想吐。其实，我的眩晕感也尚未消尽，这如何是好？倘是吃错食物引起的腹泻拉肚子倒不要紧，但这种无端的难受，让人想起印度令人恐惧的传染病。来过印度的旅行者再三告诫要打预防针，我当时颇不以为然，觉得有些小题大做，根本没拿他的话当回事。

我没有直言心中的担忧，只谨慎问吴茱萸要不要去看医生，车站有挂着红十字标识的医务室。吴茱萸倒比较乐观，说按她的经验，睡一觉就会没事。我有些焦虑，倘吴茱萸明天不能恢复，我前往拘尸那迦的行程将要取消。

万能的湿婆神啊，请保佑我们这些无辜的背包客！

这回吴茱萸睡得还算安稳，直到火车进站，我才将她唤醒。

小贴士：

瑟德纳车站脏乱不堪，对面就是市场，很难找到像样的餐饮，请注意饮食卫生。

在瓦拉纳西迷宫般的巷子里遭遇“带路党”

列车晚点半小时，吴茱萸的状态有所恢复。刚出站门，我们毫无例外地又被突突车司机包围起来。不过我们已经习惯于这种前呼后拥的感觉，走自己的路，让他们跟着吧。

瓦拉纳西火车站颇有秩序，相对于占西和瑟德纳要整齐得多，但这并不意味没有晃荡的神牛和熟睡的野狗。快步走到车站前的马路对面，总算摆脱那群疯狂的人。招手拦下一辆突突车，100卢比到主祭坛（Main Ghat）。十几分钟后，车子停在寺庙样的旧门楼前，司机指着大门，示意走进去即可。

这条南北走向的马路拥挤嘈杂，车水马龙。几个警察在街边晃悠，有的拄着半截木棍，有的背着老式步枪。旁边小岗亭里还有个站得笔挺的警察，冷眼观察花花绿绿出出进进的人们。繁闹的场景，就像电影镜头。倘若警察们穿上旧军服，保证让人相信：这里正在拍古装戏。

这就是瓦拉纳西旧城区（Chowk），湿婆神的领地，所谓“印度之光”，印度教的“圣城”。

穿过门楼，里面的境况让人晕头转向。怎么说呢？还是套用前面的话，逼仄的巷子、杂乱的店铺、污浊的路面、熟睡的黄狗、挡道的神牛。如果不计较扑面而来的尿臊味儿，巷子里袅袅的烟雾之中，倒确是充满了神的气息。

和印度其他城市相若，店铺的色彩总会让人眼前一亮，丝绸、围巾、布艺、鲜花、香料、油灯、佛像、石雕、木刻、糖果，姹紫嫣红，琳琅满目。有意思的是，店员多为男性，额头点了艳红的朱砂，也有用红黄两色在眉心画出长长的印记，笑眯眯地盘腿坐在地板上，招呼过往的行人。

细心观察，印度的公共场合极少看到年轻女子。店铺或者其他工作场所，男人是绝对主体，偶有女性，多为肥胖的大嫂阿姨。即使街头身着艳丽服饰的年轻女子，就算不带小孩，也没有人会怀疑她们的少妇身份。徐长卿有同样的感触，印度的女性仍然只是家庭中的花瓶，不能抛头露面。

在狭窄的巷子里，纵使背着大包走路，也清闲不得。街头经常会突然冒出一个人，不停地推销他的宝贝。丝绸便宜啦，神油高效啦，佛像精美啦。有些甚至会将手搭在你肩上做亲热状，家长里短地盘问起来，来自哪里？叫啥名儿？芳龄几何？就差没问到银行密码，让人啼笑皆非，惶惶然不晓得如何作答，同时也佩服瓦拉纳西人的古道热肠。

然而，就在即将被这些热情的语言打动的时候，他们却先露出裙子下面藏着的“阴谋”来。最后挑明了说，有便宜货啊，有绝世宝贝啊，或者干脆要东要西要纪念币。我当然不会上这种当，就用前辈们所教的办法，用中文应答，他们纠缠不出所以然，愤然离去。

走过几条曲折的巷子，问过数家客栈，条件好的或者差的，居然全部客满，根本不容挑选。困乏之余，只得将旅行包放在一间客栈，留巴豆看管，我们三人继续寻找房间。不经意间，却发现前面多了一个领路人，将我们引到客栈门前，如果谈不拢，他则继续走在前面指路。我们拐弯或者停留，他就掉头赶上或远远等待，看似机械，但他总能走到我们前面。

这家伙有双棕色的眼睛，脸上脏兮兮的，身形瘦小，衣着邋遢，不明颜色的裤子似乎要掉下来。竟不晓得他什么时候开始默默地带路，大概徐长卿寻人问路时就被他盯上了吧？

我夜间将去戈勒克布尔（Grakhpur），不在瓦拉纳西住宿，所以挑选房间的重任，就由他们承担。我提醒徐长卿，慎防这个突然多出来的带路人，以免被敲诈。盘桓个把小时，问过七八家客栈，终于找到一家名为“Yogi Lodge”的小院子。三层小楼，有公共洗澡间，早晚有热水。吴茱萸问我要不要砍价，我说不用砍了，已经便宜得有些离谱。

客栈老板是个年轻人，看上去精明干练，长得有点像NBA圣安东尼奥马刺队（San Antonio Spurs）的法国后卫帕克（Tony Parker）。他说过自己的名字，但我根本记不住。事实上，我几乎记不住印度人的名字。住宿有了着落，我们便返回到放行李的客栈，巴豆歪倒在长条凳子上昏睡，只差如雷的鼾声了。

按照老板的指点，我们完全可以不理会这个“带路党”。徐长卿说，他忙碌多时，给他20卢比好了。大概嫌少，他站在客栈门口不肯离去，我没有小面额的卢比，只好叫吴茱萸再付他5卢比。一会儿，他就消失在巷子的尽头。

小贴士：

瓦拉纳西火车站到主祭坛突突车四人60卢比左右。旧城区巷子如迷宫，游客多住在主祭坛的周围。我们所住“Yogi Lodge”离主祭坛不远，胜在便宜，双人间300卢比，有公共淋浴，早晚有热水。老板自称女友是北京人，所以对中国游客比较关照。

鹿野苑，佛祖初转法轮地

湿婆不仅是毁灭之神，而且还是建筑巨匠，传说瓦拉纳西城就出自他的手笔。

东晋高僧法显来时，瓦拉纳西叫迦尸（Kashi）国，意为“神光照耀之地”；200多年后，大唐玄奘前来取经，此地改为“波罗痆斯”国，恒河相应成了“婆罗痆河”；英国殖民期间则叫贝拿勒斯（Benares），著名的贝拿勒斯印度大学，就带着浓厚的殖民色彩；印度独立后，因其位于恒河、瓦鲁纳（Varuna）河和亚西（Assi）河交汇处，便正式命名为瓦拉纳西（Varanassi）。

《大唐西域记》载：“复大林中行五百余里，至婆罗痆斯国（旧曰波罗柰国，讹也。中印度境）。婆罗痆斯国，周四千余里。国大都城西临殑伽河，长十八九里，广五六里。闾阎栉比，居人殷盛，家积巨万，室盈奇货。人性温恭，俗重强学，多信外道，少敬佛法。气序和，谷稼盛，果木扶疏，茂草靃靡。伽蓝三十余所，僧徒三千余人，并学小乘正量部法。”

“正量部”是兴盛于公元7世纪前后的佛教部派，其主要发展了“业报”理论，在北印度以外有所传播。“外道”当指印度教和耆那教，其时有佛教“僧徒三千余人”，信众相当多了。其实，佛教的圣迹在瓦拉纳西城东北10公里外的鹿野苑（Deer Park），当地人称萨那斯（Sarnath）。

鹿野苑中文也叫作仙人论处、仙人住处、仙人鹿园等。顾名思义，是神仙轮流坐庄的所在，为释迦牟尼得道后初转法轮处。最早的佛、法、僧在鹿野苑聚齐，因此鹿野苑或为古印度佛教四大圣地之一。

大概为了照顾我的行程，巴豆提议先去鹿野苑，众人附和。

和突突车议价，四人往返鹿野苑且中间等候两小时共600卢比。司机是个黑瘦的小伙子，碰到拎着棍子的警察检查，他迅速塞过去一张纸币。未走几步，又有人招手拦车，他又塞上一张纸币。我感觉有些不可思议，问怎么回事。他说在门楼子前面载客要收税；再问收多少，回答两次各20卢比；为什么不光明正大地收取呢？他一笑置之。

到鹿野苑的一段路灰尘缭乱，拥挤不堪。车子左冲右突，抄小路前行。司机打开车音响，时而印度歌曲，时而流行音乐。我喜欢传统印度歌曲，尤其张口的长调，音色单纯，抑扬顿挫，仿佛来自远古洪荒，正欲唤醒世间执迷的众生。

玄奘描述："婆罗痆河东北行十余里，至鹿野伽蓝，区界八分，连垣周堵，层轩重阁，丽穷规矩。僧徒一千五百人，并学小乘正量部法。"10公里路程，我曾计划徒步前往。想着出了瓦拉纳西市区，走过乡野小路，就能看到成群的神牛、下地干活的农人、身着艳丽服饰的印度女人。

但是，这段路突突车跑了一个多小时，我才发觉当初的想法有多荒唐。人口膨胀造成的拥挤和堵塞在这里凸显无疑，路上是无穷尽的各种车辆，货车、小车、摩托车、人力车、自行车，还有悠然自得的行人、神牛和野狗。两边多破烂的房屋，不时有几棵落满灰尘的树木，无精打采、萎靡不振。

虽然不复当年玄奘所云"丽穷规矩"之象，但仍然不失为佛教圣迹。门口有三三两两身着深红僧衣的和尚，从容貌装束看，当来自中国西藏或尼泊尔。里面是不太起眼的公园，有几个印度人坐在草地上晒太阳。右手边矗立着达摩波罗（Anagarika Dharmapala）的雕像，再往里是鹿园，门票对亚洲人优惠。

达摩波罗为何许人？他是斯里兰卡的佛学大师，最早将佛教传播到西方，曾宣称"进化论是佛陀古老的教法之一"。

《大唐西域记》里载有关于鹿野苑的故事：

昔于此处大林之中，有两群鹿，各五百余。时此国王畋游原泽，菩萨鹿王前请王曰："大王校猎中原，纵燎飞矢，凡我徒属，命尽兹晨，不日腐臭，无所充膳，愿欲次差，日输一鹿，王有割鲜之膳，我延旦夕之命。"王善其言，回驾而返。两群之鹿更次输命，提婆群中有怀孕鹿，次当就死，白其王曰："身虽应死，子未次也。"鹿王怒曰："谁不宝命。"雌鹿叹曰："吾王不仁，死无日矣。"乃告急菩萨鹿王。鹿王曰："悲哉慈母之心，恩及未形之子，吾今代汝。"遂至王门。道路之人传声唱曰："彼大鹿王今来入邑。"都人士庶莫不驰观。王之闻也，以为不诚。门者白王，王乃信然。曰："鹿王何遽来耶？"鹿曰："有雌鹿当死，胎子未产，心不能忍，敢以身代。"王闻叹曰："我人身鹿也，尔鹿身人也。"于是悉放诸鹿不复输命。即以其林为诸鹿薮，因而谓之施鹿林焉，鹿野之号自此而兴。

菩萨鹿王就是如来佛祖的前世。

跟随一群郊游的小学生进入公园，公园规模不大，有鸟类和猴子，栅栏里也豢养了几只梅花鹿，以照应圣地历史掌故。鹿野苑的佛迹可分两个区域，公园内除了鹿苑，还有乔堪祗（Chaukhandi）塔和穆拉甘陀库底（Mulagandha Kuti）寺，西面为考古发现的僧舍佛塔残余。

殖民时期，当时还在印度服役的英国军事工程师亚历山大·康宁汉姆（Alexander Cunningham），发掘了鹿野苑并对其雕塑品进行精细的素描。十年后，对照中国僧人法显的《佛国记》和玄奘的《大唐西域记》，才确认了遗址身份。他感叹："中世纪的印度史一片漆黑，玄奘是惟一的光亮。"

从公园出来，去参观乔堪祗塔。这座塔建于笈多王朝时期，原为覆钵形，顶端的八角亭为阿克巴大帝为纪念其父胡马雍而建，上面刻着波斯语悼词。旁边有棵枝叶繁茂的菩提树，是达摩波罗大师从菩提伽耶的菩提树上折枝移植而来。

乔堪祗塔又称五比丘迎佛塔，披着袈裟的五比丘迎佛雕像就坐在菩提树下——袈裟会定期更换。周围布满层层叠叠的经幡，佛祖高坐讲法，五比丘垂首聆听。最初的五位僧伽实为佛陀族人和舅氏，即阿若·憍陈如（Aj āta Kau inya）、阿说示（Vappa）、跋提（Bhaddiya）、十力迦叶（Assaji）、摩男俱利（Mahanama）。当初王子舍家修学，净饭王命其"随知所止，内则叔父伯舅，外则既君而臣"。

如来在菩提伽耶菩提树下成正道后，怕自己觉悟的道理俗人难以理解，就想当即涅槃，独享妙乐，后经诸天劝请，他才向西步行300余里来到瓦拉纳西城外的鹿野苑，寻找昔日跟随他的五位同修者传道说法。

"斯五人遥见如来，互相谓曰：'一切义成，彼来者是。岁月遽淹，圣果不证，心期已退，故寻吾徒。宜各默然，勿起迎礼。'如来渐近，威神动物，五人忘制，拜迎问讯，侍从如仪。如来渐诱，示之妙理，雨安居毕，方获果证。"

"一切义成"是如来俗名"悉达多"的意译。

据传，佛陀最初向五人说苦、集、灭、道四谛法门，也就是生死轮回和善恶因果，以及修行超脱之道。五人听法，漏尽意解，成阿罗汉，于是世间开始有了佛、法、僧三宝。大圣佛陀是佛宝，四谛法轮是法宝，五阿罗汉是僧宝。自此，鹿野苑被世人尊为法轮初转之地。

印度前总理尼赫鲁（Jawaharlal Nehru）在《印度的发现》中说："少年时期，佛陀的事迹就打动了我，我被年轻的悉达多吸引，他经历了无数的内心挣扎和苦难而成为觉悟者——佛陀。……佛陀的法义如缕缕山风，吹进这充满虚幻空洞的腐臭空气里。"

此地游人不多，门庭稍显冷落，有十余僧侣，或顺时针绕塔而行，或五体投地跪

菩提树下，五比丘迎佛

穆拉甘陀库底寺

拜，或双手合十念佛，虔诚之意殷殷。佛教虽然发源于印度，玄奘来时已不复当年，此后每况愈下。与印度教相比，衰落得让人心寒，即使鹿野苑之五比丘迎佛塔也鲜有人来。

公园大门正对穆拉甘陀库底寺，为1931年模仿菩提迦耶摩诃菩提寺新建的根本香室精舍（Mulagandha Kuti Vihara）。许多佛教寺庙都模仿摩诃菩提寺而建，塔尖耸立，佛光隐现，倒让人非常期待菩提伽耶之行。寺内供奉佛祖金色塑像，墙壁绘有佛本生故事的彩色画，据说系日本画家野生司香雪的手笔。原来的寺庙为阿育王时代修建，笈多王朝和莫卧儿时期曾经重修。

接下来的雨季，佛陀住在根本香室精舍继续说法，系统讲解四圣谛、八正道、十二因缘等。僧团逐渐扩大到60人，随后佛陀派遣他们到各地弘法。在当地国王和富商的支持下，佛教在恒河流域传播开来。

除了根本香室精舍，鹿野苑有多座外国佛寺。最早的缅甸法轮寺负责部分旅游接待工作，还有西藏佛学院和中华佛寺，以及泰国、日本、不丹、尼泊尔、斯里兰卡的佛寺也在附近。

孔雀王朝时期，阿育王（Ashoka）弑兄夺位，东征西讨，开疆拓土。羯陵伽（Kalinga）一战，屠戮士兵10余万，15万士兵被俘，受伤、病死者又数十万人。他目睹战争惨状，大动悔悟之心，从此皈依佛教。命令官员们发布王室“达摩”（Dharma）诏谕，号召人们信奉佛教，并将这些诏谕和布告刻在岩壁和石柱上。“达摩”源自梵语，意义广泛，指事物内在本质、基本道德标准以及永恒和唯一的真理，印度人称自己的教为“达摩”。

《法显传》云：“阿育王本于此作泥梨城。中央有石柱，高三丈余，上有狮子，柱上有铭，纪作泥梨城因缘及年数、日月。”此后派大批传教士分赴各地弘传佛法，除了印度境内，还远及其他国家。佛教因此由地区性的宗教一跃而成为世界性的宗教。

“Ashoka”梵语意为“无忧”，故阿育王又称“无忧王”。他执政期间，国力强盛，孔雀王朝成为古印度最伟大的王朝。他在位37年，其中23年致力于佛事，颁行正法、整理三藏、四处传教，佛教随国势而昌盛。换句话说，佛教能有今天，阿育王功不可没。

公元3世纪，瓦拉纳西已经成为印度的艺术中心。笈多王朝时期，更是达到了顶峰。公元7世纪，玄奘拜谒佛陀涅槃地拘尸那迦（Kushinagar）后，穿过荒凉的田野和茂密的森林，渡过哥格拉（Karnali）河，来到恒河之滨的鹿野苑。

玄奘抵达时，婆罗痆斯的佛教已渐衰落。玄奘西行天竺，一为求取真经，二为参谒圣地。来到鹿野苑，佛教四大圣地已履其三，即佛陀诞生地、涅槃地和初转法轮地。在鹿野苑，玄奘除了拜谒佛祖遗迹，并没有多少收获。盘桓期间，收到戒日王的信件及所带来的马匹，相约于那烂陀（Narlanda）会面。

被围起来的阿育王石柱

五比丘迎佛

12世纪，伊斯兰人向东侵入恒河流域。1192年占领德里，将其作为苏丹王国的首都。此次入侵，伊斯兰人屠杀僧侣，破坏寺院，佛教遭到空前浩劫。鹿野苑的佛教建筑未能幸免，毁坏殆尽。佛教圣地那烂陀的毁灭，则宣告佛教在印度彻底没落。

1835年，英国考古学家康宁汉姆带领考古小组到此挖掘，鹿野苑佛迹始大白于天下。这些考古发现的废墟，有四五层垒叠的寺庙和僧房遗骸，说明这里的佛塔寺庙曾被反复修缮建造过多次。

不幸中也有万幸，答枚克（Dhamekh）佛塔逃过一劫，得以保存，成为现今鹿野苑的标志性建筑。这座佛塔看起来就像暗褐色的中国企业印章，高约40米，底部直径约28米，四围有佛龛和细腻古老的雕刻图案，属极为少见的阿育王时期建筑。佛塔顶上挂着许多“哈达”样的白色布条，有十余名不同肤色的僧侣顺时针绕塔疾行，或默数念珠，或高宣佛号，或低头沉思。从衣着和容貌来看，应当来自不同的国度。

不远处是根本香室精舍的废墟，其间标有佛陀在第一个雨季中的居所，东面为穆拉甘陀库底寺——新建的根本香室精舍。

西边不远处有阿育王石柱（Ashokan Pillar），虽然被破坏过，但底部仍在原址。“石含玉润，鉴照映彻”，就像井里长出半截石柱。上面建有小亭子，周围编铁丝栏予以保护。石柱上有三行字，首行为阿育王时期的波罗蜜（Brahmi）文，铭刻着阿育王禁止毁僧的敕令，后两行分别为贵霜和笈多时期的铭文。

原来的石柱高达10多米，头部雕着四只金狮，下面是印度教色彩的法轮，台基四周有象、马、牛、狮守卫。该狮像现被作为印度国徽，下面有句梵文格言“唯有真理得胜”。阿育王石柱2米多的主要部分现存于鹿野苑考古博物馆。博物馆建于1910年，除阿育王石柱头，还藏有印度佛教艺术珍宝，包括300多幅图画。

鹿野苑东行二三里，有救命池，得名与“隐士修习长生术”有关，旁边有“三兽塔”。相传，有狐、兔、猿异类相悦。帝释天欲验其行，问何以馈食，狐猿皆有所奉，唯兔空还。帝释天讥为不诚，兔子请狐、猿架起火堆，自己跳到里面充做一餐。帝释天感慨不已，将兔子骸骨寄于月轮。“嫦娥应悔偷灵药，碧海青天夜夜心”，我们所见的月中玉兔，即由此而来。

时间很快过去，回头看时，余人早已走散，便径直到下车的地方等待。未几，大家陆续回来，按原路返还瓦拉纳西。

小贴士：

鹿野苑在瓦拉纳西东北10余公里外，突突车四人往返约200到300卢比，我们所坐300卢比，中间会等两小时。

“迦尸的每个石子都是湿婆神”

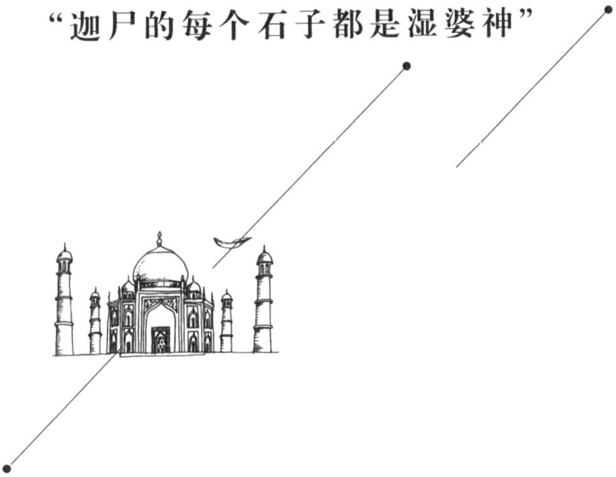

马克·吐温在瓦拉纳西讲学时说：“贝那勒斯比历史还年迈，比传统更久远，比传说更古老，甚至比这些加起来更古老两倍。”印度教徒则说：“迦尸的每个石子都是湿婆神。”

作家的语言，就算夸张也能让人心领神会。不信？且随我来，向东穿过瓦拉纳西旧城区，来到恒河岸边，难免要由衷地感叹，马克·吐温对瓦拉纳西的描述精辟独到，也许他的灵感就来自恒河女神的启示呢。

瓦拉纳西不仅是印度教和佛教的圣地，还是耆那教的圣地。耆那教“大雄”筏驮摩那也诞生于此地，30岁后出家苦行，寻找解脱途径，13年后在树下成道，经历与佛祖释迦牟尼如出一辙。

“圣城”也就罢了，又因为印度人心目中的“圣河”——恒河流经此地，所以瓦拉纳西又是“圣城中的圣城”。

印度人称恒河为“Ganga”，上游巴吉拉蒂（Bhagirathi）河和阿拉克南达（tAlaknanda）河源自印度北阿坎德邦（Uttarakhand）的甘戈特里（Gangotri）冰川，即阿里地区冈底斯山东南坡的“不败之碧湖”——世界江河之母玛旁雍措（Mapham Yutso）。恒河横跨北印度平原，流经北方（Uttar）邦，汇合最大支流亚穆纳（Yamuna）河，再流经比哈尔（Bihar）邦、西孟加拉（Bengal）邦，最后分为多条支流注入孟加拉湾。就长度而言，恒河算不上名江大川，但它有世界上最大的三角洲，养育了高度密集的人口。

玛旁雍措由千年雪峰冈仁波齐化成，被唐玄奘誉为“西天瑶池”。他吃尽苦头来到恒河之滨，赞叹“水色沧浪，波涛浩汗”。此前他在阿瑜陀耶（Ayodhya）国，为寻访弥勒菩萨的旧寺庙，渡恒河时被盗贼抓获，差点成为杜尔伽女神的祭品。

雪峰冈仁波齐（Kangrinboqe）是湿婆修行地，印度人称之为“凯拉什”（Kailash），意为“麦乳（Meru）的神秘肖像”。麦乳山是印度教所谓的“世界中心”，梵语意为“湿婆的宫

恒河里面的小船

殿”，所以被尊为“神山”。湿婆的妻子乌玛（Uma）女神（即帕尔瓦蒂）是雪神喜马拉雅山的女儿，玛旁雍错湖是湿婆和妻子沐浴的地方，印度教徒尊其为“圣湖”。恒河水源自“神山圣湖”，所以恒河里流淌的自然是“圣水”。

以前，虔诚的印度教徒长途跋涉，赤足翻越喜马拉雅山，到中国境内的“神山圣湖”来朝拜、洗澡，以祛病消灾，延年益寿。或者期待湿婆在高兴之余，给他们以神的启示。基于对湿婆神的敬仰，印度教的许多寺庙建筑都仿照湿婆的住所凯拉什而建，四面咸海环绕，部洲林立，形成寺庙山。后来的佛教建筑也深受影响，柬埔寨著名的吴哥遗迹，即多此风格。

有则极富理据的传说，恒河原为喜马拉雅山南坡加姆尔（Garhwal）的女神，是雪王的公主，为滋润大地、造福人类而来到凡间。加姆尔在印地语中意谓“牛嘴”，而牛是印度教的神灵，恒河就是从神牛嘴里流出来的清泉，自然圣洁无比。事实上，恒河发源于喜马拉雅山南麓加姆尔的甘戈特里冰川。

佛教经典中的须弥山（Sumeru）就是冈仁波齐。须弥山周围有咸海环绕，海上有四大部洲和八小部洲。根据《长阿含经》中的说法，须弥山北为北俱芦洲、东为东胜神洲、西为西牛贺洲、南为南赡部洲。这就有点意思了，《西游记》里的孙悟空出生在东胜神洲，印度猴神哈奴曼（Hanuman）法力无边，如中土之“齐天大圣”，他们是什么关系呢？

耆那教也将冈仁波齐尊为圣地，称其为“阿什塔婆达”（Ashtapada），即“最高之山”。

印度教认为发源于圣山的恒河是女神的化身，流经天上、人间、冥府三界，是“赎罪之源”。从前，有位国王的祖先因为无意中触犯了仙人，被仙人的怒火烧成灰烬。为洗刷祖先的罪孽，国王来到雪山苦修以感动恒河女神下凡，赐予纯洁的圣水，好让祖先的骨灰接触圣水，洗去罪孽。女神说河水从天而降，汹涌澎湃，大地难以承受，指点国王请求湿婆帮忙。湿婆被国王的苦行感动，便站在喜马拉雅山附近，披头散发，以前额抵住河水巨大的冲力，让圣水经头发缓缓流下。河水漫过大地，沿裂缝渗入地下，洗刷了国王祖先的罪孽。从此，恒河水奔流不息，人们争先恐后投入它的怀抱，以洗尽身上的罪孽。

所以，印度教认为，生命之中至少要有一次到恒河洗浴净身。死后如果能在恒河岸边举行火葬并将骨灰撒入水中，灵魂就能得到解脱，免受轮回再生之苦，直接步入天堂。或者，即使无法在恒河终逝，也要在这里放生一头神牛，让灵魂与恒河共生。

“住瓦拉纳西、饮恒河水、结交圣人、敬湿婆神”是印度教所公认的人生四大乐事，其中三件要在瓦拉纳西实现。“恒河、湿婆和迦尸，这三者同时照看着哪儿，哪儿无疑将得到恩典，引导人们通往无上的极乐世界。”《赛犍陀往世书·迦尸篇》中如是说。

因此，恒河沐浴、饮恒河水和恒河归逝成为印度教徒一生的追求。许多病危的印度教徒，临终前总要想方设法赶到恒河，以期在此归逝。然而，多数信徒根本挨不到恒河，经常死于朝圣途中，永远不能到达他们心中的圣地。

《林伽往世书》(Linga Prana) 中说：“如欲洁净自身，应于圣水汇流处沐浴，并礼祭林伽。如此行事，人何须畏惧轮回？”

突然想起斋普尔的拉姆·辛格王公，即使远赴英伦参加爱德华七世的加冕礼，也要带着装满恒河水的巨大银罐。容量超过4000升，看看我们手中500毫升的水瓶子想象一下，那是多么夸张的行为啊！

恒河从西流到瓦拉纳西，不疾不徐地拐个弯儿，然后向东北流去。圣城瓦拉纳西就坐落在恒河西岸，绵延六七公里，沿河岸呈新月形分布。岸边有2000多座风格迥异的神庙，鳞次栉比，参差错落。为了方便来自各地的信徒朝拜沐浴，虔诚的印度教徒在神庙间的缝隙里捐资修建了64个码头，当地人称之为“迦特”(Ghat)。

为此，马克·吐温又说：“贝拿勒斯简直就是一所巨大的教堂，是宗教的蜂巢，每个蜂窝眼都是一座庙宇、神龛或清真寺。”其实，印度对宗教很宽容。有个印度作家说：如果美国是民族大熔炉，印度就是巨幅的民族镶嵌画，种类繁多，五花八门，但互不影响，永远不能融合。

我们栖居的客栈离主祭坛不远，穿过散发着牛粪和玫瑰味儿的巷弄，就到了达萨瓦梅多 (Dasashwamedh) 河坛。天色过午，恒河显得颇为安静，岸边系着许多小木船。河水慢悠悠地流过，虽然算不上清澈，但比想象中明丽。码头周围卧着许多流浪的神牛，懒洋洋地，咀嚼不停，不知道在回味什么。附近垃圾遍地，苦行僧、耍蛇人、游客及闲汉或席地而坐，或缓步而行，或左顾右盼。

东岸荒无人烟，极目望去，可见干涸的白沙滩，再远处为黑幽幽的树林。据说，恒河养育了3亿多人口。空间如此拥挤，为什么不在河东修建房舍？

人们在河畔的台阶上宽衣解带，然后走进河里，面朝东方，洗浴刷牙。有的拿着铜壶，

游走在恒河边上的各色人等

舀满河水，浇到头上，河水灌顶而下；有的不断舀满铜壶，又不断缓缓倒掉，在取舍之间徘徊；有的双手合十举过头顶，默视东方，念念有词；有的干脆浑身打满洗浴液，拼命揉搓，恨不得扒掉一层皮。虔诚的信徒们，毫不介意水里漂浮的垃圾、牛粪和尸骨。

此谓水祭，《摩奴法典》说："诵念阿迦摩刹那，再继续断食三天，所有的罪孽都将消灭殆尽。"

这里是恒河最神圣的地方，远道而来的朝圣者在此沐浴净身之后，就可以前往附近的毗湿瓦那特（Viahwanath）寺庙膜拜，许多信众甚至将净身膜拜当成每日例行的工作。

恒河洗浴不拘时限，以清晨最受欢迎，因为能够直面早晨的第一缕阳光，以祛病消灾，祛除秽语、谎言、诽谤、骚语、盗窃、暗害、盲从、贪欲、恶语、愚妄十大罪孽。每年印历三月初十（公历五六月间），是恒河女神下凡的日子，许多虔诚的信徒赶往恒河洗浴，在岸边深思冥想。

正在河坛上溜达，忽然有人猛拍我的肩膀，吓我一跳。蓦然回首，一个消瘦的印度人伸出手来："嗨，老朋友，您好！"我努力回忆，确定不认识他，但没理由拒绝这种古道热肠。然而，他很快就推销起按摩来。河坛的空地上铺了几个垫子，有人趴在上面，几个男女跪在旁边噼啪敲打。我不想和他纠缠太多，便婉言谢绝。

再往前行就是玛尼卡尼卡（Mani Karnika）河坛，这里是瓦拉纳西的24小时火葬场，周围摆满柴薪，有青烟袅袅升起，仿佛连接起人间和天堂。

几个船夫跟上来，问要不要坐船。其实，在河坛上闲逛，当地人从来就没间断过招揽生意。太阳西斜，河面上已经有很多船只。这个时候，乘船在恒河里漂流，似乎要比在岸边行走更有情调。停靠在岸边的船只很多，竞争激烈，还没怎么还价，四人两小时就已经降到300卢比。

小贴士：

旧城巷子里有许多骗术，恒河岸边有许多掮客。我在泰姬陵碰到的台湾人说，买东西时会像变魔术样将你的钱变成小面额，请注意防范。早晚乘船游恒河，四人两小时约300卢比。

干了这捧恒河水

船家年过半百，身材高大，着竖纹白色衬衫。他从船舱抽出一块木板，搭在岸边的石阶上作为踏板，我跨过去，再拉大家依次上船。通体红色的木船中间阔两头尖，船家手执两根涂成红色的竹竿聊作双桨，脚下的货舱里堆着一些日用杂物。四人分坐两边，船家打个招呼，只听“咕”的一声，小船便向恒河深处划去。

恒河是印度教徒心目中的圣河，也是印度古文明的象征。印度教十二圣地，恒河之滨就有七处。史诗《罗摩衍那》“恒河的起源”中说，大神湿婆和帕尔瓦蒂新婚之夜做爱，持续百年，从未间断。众神对湿婆的生殖能力感到惊慌，央求湿婆把他的精液倾泻到恒河中，这才孕育了灿烂的印度文明。是以印度教对湿婆神的崇拜到了无以复加的地步，寺庙供奉勃起的湿婆生殖器，也难怪印度人满为患。

黑格尔听到这个故事，愤怒地说：“我们的羞耻感差不多都要被他搅乱了。”

某日，梵天与湿婆商量创造世界，湿婆没当回事，独自潜到海底修炼。出来后见一切都已布置妥当，盛怒之余将自己的生殖器剁了抛向人间。自此，印度教开始对湿婆的“那话儿”顶礼膜拜，美其名曰“林伽”。

还有一则雷同的故事，一位法力强大阿修罗，通过苦修在宇宙创造神梵天处得到许愿的机会。阿修罗许愿，希望“永远不败”，梵天附加了“只能被出生七天的孩子打败”后答允。阿修罗愿望实现后攻打天界，引起动荡。众神无计可施，只好想办法让在雪山修行的湿婆与帕尔瓦蒂相恋生子以击败阿修罗。

帕尔瓦蒂为湿婆前妻萨蒂（Sati）转世，对湿婆暗中倾慕，但湿婆根本不予理会。他的第三只眼喷出怒火，将引诱他和帕尔瓦蒂恋爱的“爱神”烧成“无形”。于是，帕尔瓦蒂开始千年苦行，天地为之动容。湿婆化身婆罗门试探，终为其诚心所动，与帕尔瓦蒂结婚。新婚之夜延续百年，众神焦急，请求湿婆尽快生子。湿婆将自己的种子交给火神阿耆

恒河里等待揽客的船只

尼（Agni），火神将种子撒入恒河，鸠摩罗（Kumara）从芦苇丛中诞生，七天后打败了阿修罗，天帝因陀罗（Indra）遂封鸠摩罗为战神。

在佛教中，鸠摩罗摇身化为护法天神韦驮，身披甲胄，持金刚杵，面如孩童，是“二十诸天”中第十二天。在中国的寺院里，他通常立于天王殿弥勒菩萨后，面对释迦牟尼佛像。

传说与湿婆变态的性能力有关，听起来荒诞不经甚至有些放荡。其实，印度教诸神里，湿婆对感情比较专一。他的妻子萨蒂、乌玛、帕尔瓦蒂，或南印度尊崇的米纳克希（Meenakshi），都是同一个女神的不同化身。

恒河与我的生活无关。然而，古老的传说和虔诚的信众，仿佛有一股无形的神秘力量，令人心存敬畏。面对恒河，有人极度羡慕，“印度盛产思想啊，人们像恒河一样平静而安详。”也有人满脸恐惧，“天呐，恒河里流淌着顽固和愚昧。”

墨绿色的水面漂浮着许多垃圾，远离河坛的区域还算干净，奇怪的是，水里并没有特别难闻的气味。往北有一条横贯东西两岸的红色铁桥，看上去颇为壮观。船家说那是马拉维亚（Malaviya）桥，桥上有铁路通过。东岸空旷的沙滩上有几个人在敲锣打鼓，听声音，好像与丧葬有关，但船家说是一种娱乐的节目，问我们要不要去看。因距离较远，又单调荒凉，我们没了兴致，让船家掉头，往玛尼卡尼卡河坛划去。

河里不时有“稻草人”顺水漂来。细草顺着身体线条包裹，再用绳子紧密捆扎起

恒河岸边的建筑

来，头部位置有色彩艳丽的丝巾和手帕，就像木乃伊，放在香蕉秆织成的筏子上随波逐流。捆绑如此密实，即使在河里浸泡漂流，也没有散开。然而，徐长卿看到了露在外面的内容，转过脸不敢回头。吴茱萸说是神牛，我们随声附和。

小船划过草人身边，船夫将其头上的丝巾扯下来，在水里涮了几下塞到船舱里。吴茱萸惊讶得合不上嘴，我想问个究竟，但不知道如何开口。低头一看，狭小的船舱里堆满了花花绿绿的丝织手帕，大概都是从河里的草人身上扯来的吧。

傍晚的阳光懒散地洒到恒河里，小船上的色彩便鲜活起来。船家见我拍照，很配合地翻出刚捡来的丝巾披在肩上，他的额头点了鲜红的朱砂印记，看上去有些诡异。我突然觉得，此人脸上透出一股莫名的邪气，不禁打个寒战。他放下双桨，展开丝巾，因处于逆光位置，我顺手抓住船桨，欲转个方向，他却惊慌地劈手夺过。我有些奇怪，因为在平静的水面上，别处的船家都乐于让游客尝试划船，不知恒河的小船有着什么样的禁忌？

玛尼卡尼卡河坛的上空蹿起一缕缕青烟，延伸到水里的台阶上人来人往，许多载着游客的小船已经泊在河坛前面。船家掉个方向，挤进船堆里，以便我们近距离观看这个火葬场里正在进行的工作。但是，肮脏的河坛和略带咸腥味儿的水风，让人觉得胸口似乎被硬物堵住，连呼吸也不顺畅了。

火葬场周围堆着小山一样的柴薪。木头从水上运来，有几个人从船里卸下木头，背起来吃力地往台阶高处爬去。据说，以前有电力火葬场，但因印度经常停电，只得关闭，仍然沿用传统的柴薪火化仪式。

印度政府在河畔建有免费火葬场，专门负责火化无家可归者的尸骨。火葬场旁边又有专门的“垂死者之家”，供濒死的老弱病残栖居。说来难以置信，为了死后能够就近火化，将骨灰撒入恒河，很多人活着的目的就是等待死亡。

火葬场其实是建在河坛上的几个平台，从上而下一直蔓延到水边，每个平台有二三焚烧点，有些燃起熊熊大火，有些正在搭建柴垛，有些开始清理灰烬。一群卖花环、檀香、酥油和玫瑰花瓣的小贩，提着篮子跑来跑去，生怕错过了生意；几头神牛站在水边，正在翻腾那些搁浅的“木乃伊”；还有四五只羊，嘴角叼着不知从哪儿捡来的花环，悠然自得地咀嚼。

一切都那么自然天成，没有凄切悲凉的痛楚，也感受不到生离死别的气氛。在印度教徒看来，死亡是一种解脱，是新生的开始。他们敬奉毁灭之神湿婆，而毁灭意味着新生和创造。

几人抬着一具尸体从河坛的台阶上走下来，边走边念。船家说，他们念诵的是“罗摩的名字是真理”，而后面的七八个人则是送葬的亲友。亲友团为男性，女性不能参加，因为她们易哭，眼泪会阻止死者灵魂进入天堂。尸体被闪着光亮的金色布幔盖住，放在简易的木头架子上，上面散落着黄色的花环和花瓣。

一头牛走来，盯着尸体发愣，也许它看中了担架上的花环和玫瑰吧？尸体先抬到恒河里用水浸湿，然后再放到焚烧点等待。送葬的亲友团挑好木材、檀香等用品，工作人员称重后，纵横交错码成一个棺材大小的柴垛。不同的木材价格相去甚远，贫富也就在这里显现。听说近年因为木材涨价，火葬费用越来越高，有些尸骨因为柴薪不足，不能完全焚化，都一股脑儿倒入恒河。这种现象，是不是可以理解为印度版的“死不起”？

有人扯掉包裹尸体的金色布幔，露出里面的白色包布。船家说，那是男人，倘是女子，里面的包布则为粉色。随后又将尸体抬到码好的柴垛上仰面朝西摆好，队伍中走出来一个光头男子，从恒河里舀来一罐水，在现场祭司的主持指导下，进行繁复的仪式，然后率领亲友围着尸体一边转圈一边洒水一边念诵。

人群里突然多了个金发碧眼的洋人，他拿着相机不停地拍摄。我大为惊讶，早就听说现场不允许拍照，为什么这个家伙跑到旁边却没有人制止，难道开明的印度人不再计较游客拍摄葬礼现场了？我离得较近，船家当然也不介意，但我根本不想将这个过程拍下来。

亲友们转完了圈子，光头男子分别将檀香和酥油洒到柴垛上，拿根木头从旁边的火堆里引燃。这是圣火，意味着纯净（purity），据说500年不熄，需要付费引燃。火势迅速蔓延开来，烧得木柴和尸骨噼啪作响。当死者的头颅从灰烬中冒出，意味着灵魂已从肉体中解脱。奇怪的是，空气里并没有特别刺鼻的皮肉焦糊味，也许是檀香和酥油混合之后，掩盖了多余的味道。

燃烧持续了很长时间，直到柴薪与尸骨化为黑乎乎的灰烬，光头男回来舀起恒河水，泼到火堆里，火葬仪式即告结束。火葬场工作人员开始清理，将燃烧后的灰烬铲到盆子里，吃力地顶到头上，走到恒河边倒将下去。水中有人拿着筛子，捞起河里的灰烬，不停筛啊筛。他们在筛黄金珠宝，富裕家庭的死者被焚烧前可能会佩戴金银首饰。

船家说，光头男是死者的儿子，亲友们要绕尸身转上七圈才罢，焚烧时则多不在现场。他指着不远处让我们看，原来岸边有简单的理发摊子，师傅们正在帮别人剃头净面，送葬的儿子要刮成光头。我问他抬尸体的人是不是死者亲友，他摇了摇头。

曾有人说，这些以抬尸为生的人，就是印度四种姓之外的“贱民”，即不可接触者。或不同种姓的男女婚后所生的“旃陀罗”，为传统社会所不容，只得沦为贱民。《法显传》记载：“旃陀罗名为恶人，与人别居，若入城市则击木杈自异，人则识而避之，不相唐突。”他们行走时一边敲响木头，一边喊“不洁，不洁”，好让其他人闻声避开。

圣雄甘地称他们为“神之子”：“如果我们一直不把自己的兄弟‘神之子’当人看待，又如何抗议白人不把我们当人看？在愤恨白人控制与侮辱的同时，我们必须先自己解放‘神之子’才行。”印度独立后，宪法规定：“废除不可接触贱民制度，并禁止有任何形式的不平等对待。若有以‘不可接触贱民’为由剥夺其资格者，将依法予以惩处。”但事实上，半个多世纪过去了，刻在印度人骨子里的种姓观念并没有多少改观。2011年5月传出中部贾坎德（Jharkhand）邦国（Congress）大党议员勒克拉（Sawna Lakra）因女儿与低种姓的青年提瓦里（Avinash Tiwari）相恋，为挽救家族名誉，该议员杀害了提瓦里，引起轩然大波。

参观火葬仪式的游客越来越多，船只塞满了码头，远来的游客都想一睹傍晚时分灵魂升上天堂的过程。船家提醒，我们所订游船的时间所剩无几，是否继续参观？大家没有再游的意思，他便将船摇将出来。我才看清，近岸泊船的缝隙里填满了“稻草人”。覆草破裂，露出里面泡得泛白的手臂，小手上的指甲油红艳欲滴。显然，里面是女婴。

我转过头去，佯装什么都没看到。等船划到江心，还是忍不住问船家，那些是真的草人吗？他说都是尸体，有几种人不能火葬：一为孕妇，因她们体内婴儿未成形；二为10岁以下儿童，因他们尚未成人；三为麻风病人，据说火化时会传染；四为苦行僧（Sadhu）和瑜伽（Yogi）修行者，因他们已经超脱，死后直接用草裹起来缚上重物沉入恒河水葬。被蛇咬死的人也不能火葬，蛇是缠在湿婆身上的神，所以被蛇咬死实属幸运，无须火葬洗刷罪孽，尸体绑在香蕉树秆织成的筏子上推到水里任其漂流。

这些漂在恒河水面上死者，他们的灵魂是否进入了天堂？

恒河沐浴

神牛、游客和当地人
都在恒河岸边流连

据说，为了防止尸体残骸堵塞河道，当地人饲养“啮龟”，将它们放归恒河，以吃掉未曾烧尽的尸骨。

橘红的太阳挂在高而尖的寺庙顶上，霞光铺散到恒河里，水面波光粼粼，仿佛有许多不安分的精灵正在酝酿什么事情。船家说，旧城有许多穆斯林建筑，旁边那座就是黑清真寺。12世纪时，伊斯兰铁蹄踏进北印度，毁灭了大部分印度教神庙，建起许多清真寺。说起来，瓦拉纳西真是比较包容，伊斯兰教、印度教、耆那教和佛教的建筑，在此都可以看到。

一只纸风筝飘落到船沿上，船家顺手捡起来扔到舱里，然后捧起恒河水咕嘟咕嘟地喝了几口。他的动作是那么自然，就像一呼一吸，再也寻常不过。我惊异之极，一时缓不过神来。虽然有心理准备，但目睹他饮用充斥着骨灰、尸体、牛粪和各种垃圾的恒河水，

恒河里等待揽客的船只

还是抑制不住心头的不安，似乎有虫子在胃里蠕动。

中国水网介绍，恒河沿岸3亿多居民的生活废水全部排入河中，每天达13万立方米。某些河段中的大肠杆菌含量超标280倍以上，居民因饮用恒河水而经常引发霍乱、肝炎、伤寒等疾病。印度卫生部门统计，经常在恒河中沐浴的人群近半数会患上皮肤病和消化道疾病。

年过半百的船夫奔波于水里，饱饮如此肮脏的河水，身体仍然硬朗，实在是个奇迹。而且，每天都有成千上万的印度教信徒以饮用恒河水为人生乐事。他们相信，圣河圣水不仅能够自我清洁，而且可以送子、延年益寿和治愈麻风病。其实，世俗力量与政府机构间的数据，实在是一笔糊涂账，怎能理清？

突然想起柬埔寨古高棉帝国的“癞王”，他信奉印度教，不知可曾来恒河沐浴，以洗去他身上的癞病？学者余秋雨看到恒河晨浴的壮观景象，趴在船沿上呕吐不已。他说：“今后哪怕有千条理由让我来说几句恒河晨浴的美丽，我的回答是，眼睛不答应，良知不答应。我在那里看到的不是一个落后的风俗，而是一场人类的悲剧，因此不能不较劲，不能不沉重。”

小贴士：

建议最好日出前赶到恒河边乘船，早上看日出和晨浴，晚上看落日和河祭。可以近距离观看火葬过程，但禁止拍照，请尊重当地习俗。

通往天国的咨询台

小船靠岸，附近有家装修考究的西餐厅，视野开阔，能俯瞰恒河全景。

登上河坛几十级台阶，再爬到六层楼顶，着实花费了一番力气。但餐馆的饭食却让人失望，炒米饭是夹生的。印度的大米本来淡而无味，煮不熟更是将人极为脆弱的食欲赶尽杀绝。幸运的是，我判断正确，点了比萨，大家一人一块，分而食之。

夜风吹来，令人神清气爽。爬到墙头，恒河的夜色尽收眼底。达萨瓦梅朵河坛灯火通明，来自世界各地的游客都乘着小船，聚集在祭坛周围，争看今夜的恒河夜祭。因为那是人与神的对话，是通往天国的咨询台。

恒河如长龙般迤逦蜿蜒，一直伸展到无边的夜里。灯火星星点点，东岸新月状的城市轮廓愈加朦胧。台阶上走过一群身着华丽服装的人，河祭仪式即将开始，大家赶紧下去。

达萨瓦梅朵是圣城最大的祭坛，所以称“主祭坛”，是为宇宙创造神梵天（Brahma）进行“十马祭祀”的地点。传说古迦尸国王曾驱逐过盘踞在这里的印度教大神，所以湿婆约梵天来此处罚他。梵天要求国王献祭27种不同来源的祭品，国王不仅做到了，而且还附加了10种不同的祭品。所谓“马祭”，是婆罗门教“祭祀万能”教义之一，另还有奢侈的王祭、牛祭等。

梵天当时就在这里接受国王所献的祭品，是以所有河坛之中，达萨瓦梅朵最为神圣。当然，瓦拉纳西恒河岸边的每个河坛，都有自己的传奇故事。

梵天是谁？他与湿婆、毗湿奴同为印度教三大主神。婆罗门教认为，庙宇是梵天的杰作。梵天是起源之神，既能创造，也能毁灭。他高兴时，世间安然，万物兴盛；愤怒时，灾难丛生，草木凋零。不过，梵天造出世间万物和梵语、梵文之后就退休了。如今的印度教寺庙里，极少供奉梵天神祇，他属于不折不扣的挂名领导。

印度教中，其实也是派系林立。根据所尊崇主神来分，主要有毗湿奴派、湿婆派和性力派，基本没梵天什么事儿。

刚走近河坛，祭典已经开始。

每天日落后，这里都会有一场名为“普迦”（Puja）的恒河祈福仪式。所谓普迦，是印度教膜拜神祇的仪式，由婆罗门祭司主持。仪式中信徒会将神像装扮后抬出寺庙游行庆祝，并且奉献鲜花、椰子、蒂卡粉（Tika）等祭品。最后由祭司手持油灯，在神像前面进行“阿拉提”（Arati）。普迦仪式结束后，信徒可以分享到祭祀用过的鲜花、圣水或者蒂卡粉，称为“波拉萨达”（Prasada）。所以只要看到印度人从寺庙出来，额头上几乎都有红色或白色的粉末。

周围早已经挤满了人，正对恒河处搭起了一排拱门架子，后面七个平台上摆着铺了亮黄色布幔的供桌，上面有鲜花、银罐、法螺、香壶、铜铃、孔雀翎等，旁边是工艺品样的油灯和各种祭品。周围烛火隐现，几个黑色音箱里正在播放宗教音乐。信众与游人陆续赶来，恒河远近、台阶上下、神庙前后人山人海。

铃声悠扬，烟雾缭绕，祭台四周的油灯点燃了，七个斜披明黄色丝绸绶带、裹着缠腰布的祭司双手合十，面向河边赤足并排站立。他们年轻英俊，身材健美，眼神深邃，鼻梁笔挺，敢情是精挑细选出来的美男子。祭司们在台上一边如醉如痴地吟唱，一边拿着牦牛尾巴挥舞，似乎要扫尽尘世里的所有罪孽。

在印度，只有高种姓的婆罗门才能从事祭司工作，他们的地位高于帝王将相。《摩诃婆罗多》里俱卢族的统帅迦尔那（Karna）曾谎称自己是婆罗门而偷学梵天法力，被持斧罗摩发现后，诅咒他在生死关头使用法术时失效。而迦尔那曾因无意杀死过婆罗门的奶牛，被诅咒在生死战中车轮陷入大地。正因为这两个诅咒，迦尔那在生死攸关之际，车轮深陷，法宝失灵，被阿周那射落头颅。

普迦仪式虽然有些商业化，但在那一刻，我仍然被虔诚和神圣的仪式感动，难以抵御宗教精神力量的强烈冲击，仿佛一切都融于神秘缥缈、梦幻迷离的意境当中。

通常的旅途中，即使细心观察，也不易发觉印度教的种姓差异。这回目睹凌驾于诸种姓之上的婆罗门祭司，倒让人有些意外。印象中，婆罗门专横暴虐狂妄自大欺压底层劳动人民。然而，眼前这些主持仪式的婆罗门祭司，端庄虔诚，高傲自信，数千年的尊贵地位，形成了他们天然的尊贵气质。

祭祀中，最主要的法器是水与火。《梨俱吠陀》七卷里说：

水从天空中流下，

洁净万物，永不停息，

恒河夜祭

因陀罗，执金刚杵的英雄，开辟道路，

水的女神啊，

请赐予我保护！

恒河夜祭

一套繁复的动作过后，“普迦”仪式即将结束。虔诚的信徒们面对骄傲的祭司磕头膜拜，有些甚至跑上来疯狂亲吻祭司脚趾，看得人目瞪口呆。而年轻的婆罗门好像司空见惯，面无表情，坦然接受。

接着进行“阿拉提”。信徒们争先恐后用手轻轻覆盖祭司手中的灯火，然后在自己的眼睛上碰触一下，代表接受神祇赐予的力量；或者触碰婆罗门接触过的法器，祈求得到好运。

作为游客，在短时间内很难理解恒河在印度教信徒心中的地位，也很难想象源自他们心底的虔诚和敬畏。其实，印度人自己并不认同“印度教”这个称谓，而是自称“雅利安达摩”、“吠陀达摩”，或者“种姓达摩”、“萨纳塔那达摩”等。

“达摩”源自梵语，意义广泛，指事物内在本质、基本道德标准以及永恒和唯一的真理。所谓印度教，其实是一种生活方式，或者生活哲学，而其所带来的种姓制度虽然被现行法律明文废除，但刻到骨子里的烙印在短期内仍然左右着他们的生活。

祭典终于结束，恒河里漂着点点灯花，信徒和游人转身离去，慢慢隐入到瓦拉纳西迷宫一样的巷子里。

小贴士：

旧城没有美食，除了印度餐就是比萨饼。据说有恒河鱼，可谁敢尝试呢？街头有许多纪念品和神像、奇怪的烟斗和盒子。还有色彩鲜艳的丝绸围巾和桌布，吴茱萸买了许多檀香。音乐碟看包装像盗版，但价格很贵，不讲价。

10

KUSHINAGAR

拘尸那迦

午夜，我一脚踩到街头熟睡者身上

佛有十种称号，中国人熟知的“如来”即为其一，是秉承如实之道而来去的意思。他的梵文名“释迦牟尼”（Sakyamuni），直译为“释迦族的圣人”。还有个名字“乔达摩”（Gautama）或“瞿昙”，据说是氏族名称，有些争议。真名悉达多（Siddhartha），意译成中文就是“吉财”或“一切义成”，读起来喜庆吉祥。最早陪伴他出家的五比丘，称他为“一切义成太子”。

释迦牟尼出生于古印度迦毗罗卫（Kapilavastu）国（今尼泊尔蓝毗尼），父亲净饭王（Shuddhodana），母摩耶夫人（Mahamaya），中文意译“大幻化”。佛经记载，他出生时，右手指天，左手指地，向四方各走七步，步生莲花，并称“天上地下，唯我独尊”。时有仙人预言：他如果不出家，将成转轮圣王。中国将农历四月八日定为佛诞日，小时候过“四月八”，是个不大不小的节日。

他降世七天后，母亲离世，姨母瞿昙弥（Gautami）将他带大。29岁出家，苦行六年无果，最终来到菩提伽耶，在菩提树下证得大道。然后徒步300里至迦尸国鹿野苑，为起初同修的五个苦行者说法。此后游历东印度，传教45年。80岁那年，从王舍城（Rajgir）出发，来到拘尸那迦，在娑罗双树间圆寂，时为中国农历二月十五日。

历史上，释迦牟尼确有其人。国学大师季羡林说，佛典对他的家世有所夸大，所谓净饭王也许只是贵族寡头。因为当时雅利安人的统治中心在印度西北部，新兴的国家是君主制，东印度则在婆罗门文化圈外，释迦族基本属于氏族公社残余。佛典中将释迦族说成刹帝利种姓，且四姓顺序为：刹帝利、婆罗门、吠舍、首陀罗。季老认为当时的释迦族不大可能有种姓制度，自称的刹帝利也是冒牌货。归根结底，无非是抬高身份，以利于传道。

我不是佛教徒，但喜欢往寺庙里跑，既不焚香剪烛也不顶礼膜拜。我将如来

戈勒克布尔火车站

当成传奇人物，就像狗仔队之于娱乐明星，总想挖出一些鲜为人知的八卦故事。所以今晚又睡不好觉，因为我要搭乘午夜的火车，赶往瓦拉纳西以北的戈勒克布尔（Gorakhpur），专程寻访佛祖灭度之地拘尸那迦（Kushinagar）。

夜里11时，我背起相机包蹑手蹑脚地下楼。客栈里的伙计还在上网，便打个招呼出门。

逼仄的巷弄里灯光幽微，我小心留意拐弯处的记号，生怕迷路。半夜三更，如果走错方向，就只能仰仗巡夜的湿婆来指点迷津了。转过街角，突然感觉脚下软绵绵的，好像踩到什么。吓煞我也，蹦起来老高，差点叫出声来。仔细看时，原来踩到在此熟睡的一位老兄身上，惊魂未定，赶紧连声道歉。他裹着毯子坐起来，也不说话，抖了抖几乎与深夜一样颜色的被单，又哼哼着躺下了。

马路冷清寂寥，不复白日的喧哗热闹，只有两三辆突突车停在街角。问价，司机要价奇高，欺我深夜独自外出吗？回头走出去百余米，见一辆人力三轮，车夫包着毯子在后座里沉睡，像半截枯树桩。反正时间还多，不妨尝试一下这种交通工具，便上去摇醒他，“嗨！别睡啦，去不去火车站？”此公睡眼惺忪，惊讶地看着我，待反应过来，鸡啄米似的连连点头，要价还算公道。我坐上去，才发现刚才走反了方向，三轮车掉头，经过适才问价的突突车。司机们见我返回，哄堂大笑，好像在说：“你干吗不从那边走啊？”

更深人静，夜阑风细，圣城瓦拉纳西笼罩在灰暗的色调里。街角昏暗的灯火无精打采，纵使阴影里熟睡的穷人，此刻也安详地做着美梦，毫不理会周遭的情景。只有那些不知疲倦的“如意牛”，站在垃圾堆里悠闲地回味什么。偶尔也会看到荷枪实弹的警察，聚在一起聊天，想象不出，瓦拉纳西到底是安全还是危险。

人力车还算稳当，后座带个凉篷儿，坐在里面居高临下，视野开阔。良久还不到目的地，车夫儿自呓语般喋喋不休，突然感觉莫名惶恐。我听不懂他在念叨什么，含混地应过几句，便催促他加快速度。大街上空荡荡的，车夫将三轮蹬到飞快，不时穿过幽黑的巷子，我不由想起绑架撕票之类的新闻。

当再次看到巡逻的警察，终于忍不住，让车夫停下来，询问警察离火车站还有多远？警察冲车夫吼过几句，告诉我，他会将你拉到火车站。我暂且安下心来，便不再言语，任车夫拉着在黑夜里穿行。

总算看到了熟悉的火车站广场，我跳下车来。不过，车夫跟出去老远，想争取更多的卢比，直到我进入火车站。

0点40的火车，时间临近，我便在站台上晃悠。往北方的乘客不多，周围有几个韩国人，其余皆为印度面孔。我极力搜寻，希望能看到中国同胞，以度过这令人煎熬的候车时间。终于搜索到一张俏丽的东亚面孔，她也发现了我，欲言又止，想必还是难以确定国籍。我看到她背着国内品牌的旅行包，便肯定其为中国人，待她回过头来，我用普通话打招呼。果然是中国人，来自浙江。

她是独行侠，来印度已两月有余，以最节省的方式旅行。说到我刚才的担心，她有些不以为然，认为男人不应该害怕。被小姑娘笑话，有些汗颜。其实，瓦拉纳西毗邻比哈尔邦，该邦是印度治安最乱的地方，所谓的“纳萨尔派”（Naxalites）游击队就在这一带活动。绑架杀人，对他们而言，还不是小菜一碟。

我对她倒是由衷地佩服，她几乎算职业旅行家。因为签证期满，今夜乘火车往戈勒克布尔，再转道尼泊尔（Nepal）回国。我也很想去尼泊尔探访佛祖出生地蓝毗尼，可惜时间所限，不得其便。所谓古印度佛教四大圣地——蓝毗尼、菩提伽耶、鹿野苑、拘尸那迦，此行我只能参拜印度境内的三处。

火车晚点一个小时，有人聊天，时间过得飞快。不知不觉中，列车慢悠悠地进站了。小姑娘是座位票，只需100多卢比，拥挤过后，自然分手。我今晚坐空调二等卧铺，票价460卢比，和三等铺区别不大，只是将六人隔段改成四人，空间显得更为宽敞。

刚躺下来，有工作人员过来查票，第一次被要求出示护照。办完这道手续，便将相机包用登山扣拴在衣帽钩上，放心地做梦了。

小贴士：

深夜出行，车辆不多，很可能会涨价，请注意安全。我坐人力车，50卢比，约半小时到火车站。

拘尸那迦，佛祖涅槃地

瓦拉纳西到戈勒克布尔只有230公里，火车正常运行需六小时。早8点多，列车抵达，晚点一个半小时。来到候车室正面，出乎意料地发现，戈勒克布尔车站与别处不同，风格新颖，造型别致。整体建筑红黄相间，外部有显眼的拱形门窗，正中牌楼高过两边，饰以巨型钟表。阳光照到夸张艳丽的墙壁上，暖色调的建筑便活了起来。

穿过宽阔的火车站广场，“丁”字路口有圆盘，中央矗立古代武士的石像，执枪纵马，似乎正欲飞奔。底座刻印地语碑铭，绕雕像转一圈，依然猜不透此人的来历。戈勒克布尔是印度北方邦（Uttar Pradesh）东北部的小城，位于拉布蒂（Rapti）河左岸，是北方邦的交通枢纽。从尼泊尔进入印度的游人，在此稍事休整，然后辗转前往印度各地。而从这里到佛祖出生地蓝毗尼，也不过百余公里。

戈勒克布尔的市容惨不忍睹，垃圾遍地，污水横流，街道两边的墙角变成了厕所，散发着浓烈的尿臊味儿。沿左边的马路走进去，看到许多巴士，有几辆崭新的越野车，正在招揽前往尼泊尔边境的乘客。打听去拘尸那迦的车辆，告诉我一直向前，排到最后面的就是。当地人读“Kushinagar”为“古西那噶”，沟通倒也顺利。

汽车很旧，已经坐满了乘客，几个年轻的印度小哥让出位置，我便和他们挤在前排。这个位置与驾驶座成直角，如果急刹车，我怀疑会直接从前挡风玻璃掼出去。只好求湿婆保佑，让车辆能够平稳行驶。售票员怀里揣着先进的机器，收钱后打出一张凭证，炫耀似的递给我。

司机戴棕色绒帽子，不似寻常所见印度胖子，精瘦干练，棱角分明。我怕错过站点，便要他在拘尸那迦喊我，他笑着答应。周围的印度人叽叽喳喳，过度的热情让我不知道如何是好。汽车驶出市区，身边的印度小哥们次第下车，位置转换，我被挤成一块狗皮膏药，紧贴在前挡风玻璃上。

拘尸那迦在戈勒克布尔以东55公里。两小时后抵达，司机努努嘴，示意我下车。

仍然是“丁”字路，对面的马路向南通到村子里，路口有蓝色六角亭，其中有披着袈裟的佛陀像。基座和亭柱贴满小广告，一点也不严肃。佛陀坐在里面，看上去多少有些无奈。后面是黄色的牌坊式大门，马路两边有简易的商铺、杂货店、饮食铺、水果摊、理发店。碰到卖榨橙汁的摊子，觉得口渴，20卢比一杯，饮完之后顺马路往村里走去。

公元5世纪，东晋高僧法显来时，此处人烟稀少，寺院毁坏，“城中人民亦稀旷，止有众僧民户”。后来玄奘在《大唐西域记》里称此地为“拘尸那揭罗”，他来的时候，“城郭颓毁，邑里萧条，故城砖基，周十余里。居人稀旷，闾巷荒芜”。8世纪，高僧慧超从海上抵印度：“拘尸那国。佛入涅槃处。其城荒芜。无人住也。佛入涅槃处置塔。有禅师在彼扫洒。每年八月八日，僧尼道俗，就彼大设供养。”

其实，古印度缺少真正的史籍，公元7世纪以前，尤其佛教盛行时期的印度历史几乎空白，所以中国典籍是研究古印度最重要的著作。《法显传》、《大唐西域记》、《大唐西域求法传》和《南海寄归内法传》等著作，将古印度断代史连接起来。法显、玄奘等人的游记，几乎成为印度佛教盛行千余年的直接史料。19世纪以来佛教圣迹的发掘工作，都以《大唐西域记》为蓝本。

现在的拘尸那迦只是摩达孔瓦尔镇（Matha Kuar Shrine）的小村子，既没有城郭的风貌，也没有多少居民。顺着马路，佛教遗迹在左边，右边有印度教寺庙和当地政府的办事机构，零散分布，不成规模。简单的建筑后面是广阔的田野，绿浪起伏，生机盎然，可以看到掩映在树林里的房屋和背着柴火的农人。

柏油路呈弧形，前行不远是中国寺。大门色彩艳丽，上有中印文化交流使者谭云山居士所书篆体“双林佛寺”，两边注明建造时间和题写人。该寺由香港果莲比丘尼捐资兴建，1948年开工，历时八年完成。现在的主持是来自越南的释智顺比丘尼，黄色正门虽然还是中国寺庙风格，但挂着越南语的寺名。其实，首先要经过正门，但寺门紧锁，又是越南语寺名，所以我没有在意。直到从挂着中文的寺门进去，才知究竟。

因气候恶劣，条件简陋，以往的主持都未能坚守。释智顺1989年来到双林寺，悉心经营并不断扩建，佛寺才有现在的规模。隔壁是双林寺捐建的小学，书声琅琅，人语喧喧。

佛寺正在大兴土木，大雄宝殿和其他附属建筑变成了工地，但仍然可见飞檐翘角、盘龙云海等典型的中国建筑风格。除了忙碌的工匠，既没有游客，也不见僧侣。穿过纷乱的工地，来到正门，庭院里有中国人熟悉的观音菩萨像，再往后是微缩的佛世界。佛陀降生的蓝毗尼、成等正觉的大觉寺、初转法轮的鹿野苑和灭度之所涅槃寺。佛教四大圣地在此聚齐，“一日看尽洛阳花”，用不着东奔西跑了。

建筑匾额都用越南语，可见其创意来自释智顺。仿建的鹿野苑“根本香室精舍”模型

越南方丈管理的双林禅寺，门上是越南语

一座印度教寺庙

惟妙惟肖，还有小桥流水和亭台楼阁之类的花园构件，只是工地繁乱，影响游览兴致。想找个僧尼聊天，也无结果。

马路对面是红黄相间的印度教寺庙，风格像极戈勒克布尔火车站，外墙一边挂湿婆像，一边挂佛陀像，寺里很罕见地直接供奉湿婆神。从马路右侧前行不远，是同样风格的建筑，为当地政府的招待所。

双林寺往前，是缅甸佛塔，富丽堂皇，金色的尖顶佛塔和佛教旗杆，让我误以为这里是拘尸那迦的主要佛教建筑。几个缅甸僧人也在参观，央我帮忙照相，便随他们绕佛塔转了一圈。

继续前行，见公园样的场所，绿草如茵，林木葱郁，青砖铺成的人行道两边是修剪整齐的景观树。跟着几个衣着艳丽的印度女子进去，里面有挖掘出来的房舍遗址，中央白色的建筑就是大涅槃（Maha Nirvana）寺和大涅槃塔。

佛寺和佛塔建在红色的方形砖基上，前面为大涅槃寺，也叫卧佛寺。寺庙不大，风格特别，呈白色圆筒状，像一卷横放的经文，三面有圆形窗，分成九格。白色佛塔与之相邻，如巨钟倒扣，周围搭起了竹篱笆和脚手架，看似正在维修。涅槃寺和涅槃塔为19世纪重建，1927年，缅甸僧人吴波开募集资金，重修涅槃塔，初为金黄，现成白色，以示涅槃。

玄奘描述："西岸不远，至娑罗林。其树类槲，而皮青白，叶甚光润。四树特高，如来寂灭之地也。其大砖精舍中作如来涅槃之像，北首而卧，旁有窣堵波，无忧王所建，基虽塌陷，尚高二百余尺。前建石柱，以记如来寂灭之事。" 窣堵波即佛塔，无忧王为阿育王。

日月如梭，山河转变。玄奘后1300多年，涅槃寺前的石柱早已不知去向，昔年的僧舍变成了废墟，其余并没有太多改变。佛祖灭度时间素有争议，相差可达几百年。这倒无关要紧，姑且不去计较。

相对于印度教、伊斯兰教和耆那教寺庙，涅槃寺和涅槃塔实在过于小家子气。很难想象，这座修建在废墟里的寺庙和圆塔就是佛教圣迹。然而，事实就是如此，门庭冷落车马稀。我在周围转了一圈，才拾级而上，有个神情委顿的男子示意脱鞋。他以看管鞋子为生，实在是无聊的职业，如此冷清的场所，谁要他来看管呢？

寺门低矮，弯腰进去，既无香案，也无佛龛，巨大的卧佛像几乎占据整个内室。周围是各国信徒供养的经幡伞盖，角落有几个信徒正在朗声吟唱，二三穿着深红僧衣的当地和尚笑嘻嘻地看着我。我点头示意，算是打过招呼，便转到正对佛像头部的角落里盘腿落座。佛祖修行时有种高难动作，即"结跏趺坐"，互交二足，右脚盘放于左腿，左脚盘放于右腿。据说诸多坐法中，这种姿势稳当且不易疲倦。无论如何，我是学不来的。

佛祖涅槃像头北面西，长约6.1米，用整块黑岩雕成，侧身枕右手睡在7.32米长、1.71米宽、0.64米高的赭红色基座上。床榻侧面有弟子阿难陀（Ananda）、苏跋陀罗

缅甸寺

(Subhadra)、摩罗酋长以及不知姓氏的五人雕像和铭文。他们都双手合十，神情黯然。涅槃像造于公元5世纪，为典型的犍陀罗佛像雕塑风格，古朴而圆润，被信徒供奉的各种丝绸袈裟覆盖，头脸和暴露在外的部分贴满了金箔。

80岁那年，佛陀自王舍城灵鹫(Griddhakuta)山出发，经祇园精舍(Jetavana)、那烂陀(Narlanda)、巴特那(Patna)，渡过恒河到了吠舍离(Vaishali)，来到摩罗(Malla)国的巴瓦村。雨季来临，也许吃了发霉的食物，肠胃一直不适，抵达拘尸那迦时身体已经非常虚弱。按理从此往北，不几日就能回到他的故乡蓝毗尼。

有说佛陀可能误食“栴檀树菌茸”(Sukara Maddava)，即“柔软的公猪肉”而中毒。佛陀让阿难在娑罗双树间用吉祥草搭起卧榻，右胁着床，两脚相叠，如睡眠状。

苏跋陀罗闻佛欲灭度，前往双树间，见佛闻法，当夜受具足戒。其时，苏跋陀罗已有120高龄，步入耄耋之年，比佛祖年长40岁。《大唐西域记》载：“诸漏已尽，梵行已立，不忍见佛入大涅槃，即于众中入火界定，现神通事，而先寂灭。是为如来最后弟子，乃先灭度，即昔言渡蹇兔是也。”汉译佛典称其为善贤。

也许意识到病情的严重，佛陀传来弟子，最后一次回答他们心中的疑问：“世皆无常，

涅槃寺内部，佛祖涅槃像

会必有离，勿怀忧恼。”“世实危脆无坚牢者，我今得灭如除恶病。”“诸行无常，是生灭法，生灭灭已，寂灭为乐。”语毕，安详离世，双树变白，山川动摇，群鸟悲鸣。

巴利文《经集·彼岸道品》载：“迦波请求佛陀：请您为受衰老和死亡折磨的人，指出在恐惧的急湍洪流中可以靠岸的坚固岛屿，使我们不再受苦。佛陀说：一无所有，一无所取，唯此岛屿可屹立在生死洪流中，他处无法寻求，我称之为涅槃和灭寂、老和死。”

公元12世纪，伊斯兰人入侵北印度，破坏了许多寺庙。当地僧侣为了保护佛像，将其深埋地下，隐藏近七个世纪。1853年，西方考古人员在这里发掘出了大涅槃寺、大涅槃塔、安加罗塔和圣人庙等。卧佛雕像重见天日时，已经严重破损，经过修复和拼合基本恢复原貌。

吟诵之声不绝，翻来覆去一句词儿，信徒似乎多来自中国。有游客模样的人哗啦哗啦翻书，我扭头看时，多为复杂的经文。磕长头的信徒来到寺里，爬在卧佛前三拜九叩之后离去。偶有西方游客进来，不声不响，绕卧佛顺时针快速转圈子。一位年轻的女子，眉宇间的愁苦难掩其俏丽，殷勤朗诵，虔诚可鉴。

半小时后，吟唱声歇。我步出寺门，发现大涅槃寺的庭院及中央参拜道间，种了几株无忧树。门前还有两株娑罗树，据说树龄超过30年，翠绿葱郁，茂密旺盛。我曾在金边（Phnum Penh）王宫见过娑罗树，似乎与这两株略有不同。庭院里的僧舍遗址方方正正，以前多水，据说盛夏时节荷花绽放，别有天地。如今干涸，愈显萧索。大涅槃寺南百余米处，为佛陀最后说法的精舍遗迹。现有小寺庙，安放着降魔成道，解触地印的佛陀雕像，为11世纪时期的作品。

佛灭度处只有这些遗迹？我总觉得过于简单，不太放心，便绕到涅槃塔后面，希望找到新名堂。有包着头巾的女孩正在割草，红色的毛衣破了几个洞，我便远远拍张相片。正欲走开，感觉身后有人，这女孩不知何时跟来，像幽灵般，吓我一跳。她低声嗫嚅着，似乎想要钱要物，我只得硬起心肠，快速离去。

涅槃寺北多树林，如群鹤聚集，故名鹤林。旁边有石头门架，悬挂巨钟，不知是何来历。观察半天不明所以。徘徊间，进来大批小学生，嘻嘻哈哈，叽叽喳喳。男孩深蓝西服，白色长裤，打着领带；女孩同样装束，只长裤换成了百褶裙。看到我挂着相机，蜂拥而上，要求拍照。我很快被他们的快乐感染，盘桓良久，才挥手告别。门口停着崭新的校车，显然，他们是前来郊游的印度富家子弟。

出了涅槃寺，正对面为印度古研究所，半圆形的拱门做成瓶子形状。工作人员鼻梁上架副眼镜，一杯茶一支烟一张报。马路在这里拐弯向东，沿途不时碰到面容枯槁的僧侣。长途跋涉参谒佛祖，大量的体能消耗，使他们变得憔悴不堪。

马路右侧是深密的甘蔗林，林边有空阔地，一群人正在打板球，旁边几张桌子搭成简易的解说台。板球是印度最受欢迎的运动，即使在乡下，也经常组织比赛。虽然条件简陋，比赛气氛和礼数却丝毫不马虎，得分后击掌拥抱相互庆贺的场面好像蛮正规呢，连观众也欢呼雀跃，高声呐喊。

路左有西藏寺，看到庙顶有两只卧在法轮下面的鹿，便知原委。我走进去，有僧人打招呼，即不会讲汉语，也无法说英语，只好点头微笑挥手。

不远处是荼毗塔（Ramabal Stupa)，由红色砖石砌成，基坛直径约46米，高约15米。传为佛寂灭后梵身之处，看上去像堆碎砖，朝圣者在上面贴了金箔。玄奘说：“城北渡河300余步，有窣堵波，是如来焚身之处，地今黄黑，土杂灰炭，至诚求精，或得舍利。”千余年过去，模样依旧。

佛陀火化后的舍利安放在拘尸那迦精舍供奉，和佛陀有因缘的八个国王都来分抢舍利，诸天与龙众也闻声而至，“即作三分，一诸天，二龙众，三留人间，八国重分。天、龙、人王莫不悲感。”佛陀入灭两百多年后，阿育王统一印度，将分配给八个国家的舍利起出，仿效佛陀的84000法门，细分舍利，在各地建立佛塔，中国就有好几处。

日本信徒还在附近修建了印度风格的红砖释迦本堂，灰头土脸，很像荼毗塔。里面供奉披红色袈裟的如来入定像，墙壁悬挂12幅黑白罗汉图。对面为日本和印度文化合作而建的佛教博物馆，门票10卢比，只有三个展厅，最重要的文物是各个时期的佛像，还有少量其他古董、西藏唐卡和印度绘画。

残存的僧舍
遗迹

西藏寺

小贴士：

出戈勒克布尔车站，广场前有座古代武士雕像，沿雕像左边马路进去就是公共汽车站，往尼泊尔也在此地乘车。最后面的破巴士开往拘尸那迦，多为过路车，两小时37卢比。下车后到对面，丁字路口有佛陀像，进入后面框型门，佛教圣迹都位于路的左侧。回程时在路口等候，过路车会短暂停靠，问清楚上车。

印度的火车不晚点才算新闻

返回村头，卖鲜榨橙汁的老哥还没有收摊，便再饮一杯。

瑟德纳的饭食让人心有余悸，两日过去，犹自没有胃口，今天便只顾饮水充饥。问路口持枪的警察在哪里候车，答曰原地等待。一个族长模样的白胡子老爹奔来跑去，不停地指挥着路过的三轮车。巴士经停，他招呼我赶紧上车。

车况较好，但挤满了人，只得站在过道里，路程过半才空出座位。抵达戈勒克布尔火车站时，已是下午四点半，尚有足够的时间闲逛。逛什么呢？沿着火车站前拥挤不堪的马路徒步好几公里，居然找不到一间顺眼的餐馆。街道两边破破烂烂，永远是没完没了的车辆和行人，永远有扑面而来的灰尘和垃圾，永远找不到稍微整洁点儿的店铺。无奈，只得绝望地返还车站。

车站有餐馆，有几个外国人在里面闲聊。小黑板上所列的菜品只剩塔利，还讲究什么呢？塔利、奶茶、恰巴提，不到80卢比。车站付费的休息室，直译过来似乎为“退休、不善交际”的房间，我就叫它“懒人房”好了。多人间床位120卢比，单人间150卢比，占用时间不得超过24小时。其实就是普通的旅馆，可以洗浴睡觉。一个穿制服的懒洋洋的胖子带我进去，床单脏兮兮的，见我抱怨，胖子叫服务员换过床具，我便喜滋滋地宽衣解带了。

印度人的许诺从来都不能全信。譬如说有热水，实际只是略温，甚至凉水。

冲洗完毕，躺在床上舒舒服服地睡去。连日车马劳顿，销形蚀骨，纵是如此，也难以深睡。后来的几个印度人叽叽喳喳，甚至唱将起来，只好睡一会儿梦一会儿醒一会儿。开车前半小时，我从床上爬起来跑到站台候车，然而，列车又晚点了。车站虽然会播报晚点时间，但我哪里能够听得清楚？何况是不断的晚点，不断地播报。譬如这次列车晚点半小时，半小时后又报晚点半小时，周而复始，就像诚心折磨人。

夜里11点的列车，直到凌晨两点，火车才徐徐进站。这趟列车名为“Gkp Muv Pass”，只有“First Class”和“Sleeper”两个席别。我买到“First Class”，上车时，情急之下来不及甄别，跟着几个西方游客钻到“Sleeper”车厢。乘客不多，我便占据一个席位，不再理会我的“FC”。

车厢里面的摆设颇有意思，车顶有两个硕大的风扇，座席为“4+1”排列模式。所谓“4”其实是一张床，上层为与床同样大小的行李架，有位老兄嬉皮笑脸地铺了厚厚的被子爬上去睡觉。我看得目瞪口呆，他从哪儿变出来的床具啊？“1”是过道那边的单人座，奇怪的是，即使剩余许多空位，也有披着毯子的人蹲在车厢接合处或者过道里。难道又是种姓制度在作祟？

对面来了一位军人模样的精壮汉子，上来就呼呼大睡。半夜温度骤降，坐着或站立都不觉得冷，但只要睡去，就会冻醒。翻来覆去，起来躺下，我就像热锅上的蚂蚁。到过印度的前辈们说，火车半夜会冷死人，后悔当初不以为然。坐过几程空调卧铺，觉得他们对印度火车的描述过于夸张，结果今晚惨遭报应。

对面身着短大衣的汉子也被冷醒，他从包里抽出一条毛毯盖上，继续熟睡。我恍然大悟，怪不得天冷的时候，印度人大多披着毯子。他们居家旅行时，都会带着毯子，原来随时随地都能派上用场啊。

再次冻醒的时候，甚为怀念查票的工作人员，此时难觅其踪影，否则他会替我找到“FC”，也许头等座会暖和点儿吧？列车停靠，我赶紧下车，朝前面的车厢跑去，总算看到有工作人员站在门口，便爬上车去。这节车厢的席别为全封闭式的包间，工作人员看了看车票，随手打开一间，让我入座。

头等席的包厢，实为两人间。里面摆了张沙发，展开靠背就是大床，上层还有个被放下的床位。如不细看，厢中只有一张沙发，一个茶桌，这种包厢非常适合情侣使用。我将门从里面闩上，枕着相机包继续睡觉。依然很冷，但最少不用担心小偷，要是有条毯子该多好啊！

朦胧间再次被冻醒，我怕感冒，便干脆活动活动。在这个封闭的空间里，任凭做什么样的动作，也不会有人看见。做俯卧撑，我保持的记录是160个，这次恐怕做不了这么多。

做完百余俯卧撑，身体暖和起来，但再也不敢入睡，坐等天明。已经能够看清窗外的景物，卡格拉（Ghagra）河畔有码放整齐的柴薪，周围人影绰绰，地上放着几具尸体。此地亦如圣城瓦拉纳西，辟有火葬场，焚化的骨灰直接撒到水里，最终流入恒河。在这个春寒料峭的清晨，我们都在旅途中，我往圣城，他往天国。

然而，不知不觉中，还是昏昏睡去。醒来时，窗外已经铺满阳光。车厢里安静得让人害怕，是不是坐过了站？车厢两端的门居然都被锁上，敲打半天，引来两个背枪的警察。询问后得知列车严重晚点，至少还需三个小时才能到瓦拉纳西。

站台上出现壮观的刷牙人群，几乎全部使用树枝或者手指，不停地捅啊捅，然后仰脖灌几口水，呼噜呼噜，再吐到路基上。此等场面，我曾在前往杰伊瑟尔梅尔的旅途中见过。我好奇心大起，问身边的警察："那是什么树枝啊？"答曰他们所使用并不是普通树枝，而是"印楝"（Neem）树的枝条，剥掉外皮，咀嚼至纤维变软如毛刷，即可用来刷牙。

后来查找资料，得知这种树枝是天然的保健品，人称"牙刷树"，含有保护牙齿的抗菌化合物。怪不得印度人无论贫富，都有一口洁白整齐的牙齿。事实上，用树枝、手指刷牙是印度人的传统习惯，并非穷人的专利。我目睹警察们也使用树枝刷牙。他们虽然不算富人，但也扔不到穷人堆里。在广州白云机场，那些衣冠楚楚的印度商人们则直接用手指刷牙，让人大跌眼镜。

乡野的景象与中国相若，早起的妇女拎着水罐到河里打水，然后顶在头上，裹着彩云般纱丽的身影在轻雾里袅袅婷婷，摇曳着慢慢隐去。屋舍前整齐地堆着牛粪垛，墙壁粘满粪饼，而旁边还有人正在用手拍打制作。中国偏远的西北农村也有这等状况，藏区的牛粪贴在墙上，只是方便干燥。小时候，新买的大铁锅，奶奶先用牛粪擦过，再烧红倒入食醋煮沸，说如此这般，铁锅才不会生锈。

列车在瓦拉纳西"City"站停了近半小时，我心急如焚，怕赶不上前往格雅（Gaya）的火车，便发短信给徐长卿，问他们是否上车。答曰在第六站台，正在候车。当初买票，不记得谁的乌鸦嘴，说如果列车晚点，赶不上到格雅的列车，该怎么办。我说，戈勒克布尔到瓦拉纳西六个多小时车程，其间有四个小时可以缓冲，如晚点真的超过预期，那我自认倒霉。

一语成谶，列车晚点四个多小时，我遇到最坏的情况。

终于看到瓦拉纳西"Junction"站，车速慢了下来。我拉开车门，跳上路基，像受到惊吓的兔子，直接往第六站台狂奔。一列火车缓缓而来，里面挤满乘客，有人好奇地探头张望。我赶过去问这是不是开往格雅的火车。一位印度小哥笑嘻嘻地说："不是，到格雅的火车刚才走啦。"

才十点半，我只不过迟到十几分钟。该晚点的不晚，不该晚点的严重晚点，神奇的印度，好像有意捉弄于我！

我绝望地捶胸顿足，回头看时，从戈勒克布尔过来的火车正在进站。

小贴士：

戈勒克布尔车站有休息室，多人间每床75卢比，可洗澡。如果坐非空调铺位，记得穿厚衣服或者拿睡袋，夜里非常冷。注意，预订火车票时留出足够的衔接时间，我因晚点而误车。

甘地大学和“印度母亲”

没赶上开往格雅的列车，我反倒安下心来。

给巴豆发个短信：“我没赶上火车，你们先求取真经好了。”良久，收到回复：“悟空，慢慢来，不用着急，有八戒和沙僧相伴，为师先行一步。”

火车站设有游客服务中心，工作人员说，下午4点才有发往格雅的火车。我拿出打印的电子客票，问能不能退掉，再买张下午的车票。工作人员说，不能退，下午的车票3点来买。

欲回旧城，但时间不足，便沿站前的马路闲逛，顺便找间像样的餐馆休整。总算看到一家，虽然整层建筑有些破败，但餐馆的门脸儿还算光鲜。门口有个身穿红色制服的胖子，打扮像马戏团的演员，不晓得是保安还是侍者，躬身请我入内。室内为西餐厅装饰风格，干净整洁，几个身着黑色马甲的小伙子垂手而立。但是，生意萧条，按惯有的思维，没有食客的餐馆信任不得，便出门继续前行。

然而再也没看到整齐的店子，只好返回适才看过的餐馆。可惜只有塔利可供，其余停售。好吧，一份塔利、一杯奶茶。餐馆不算高档，价格也不贵，但依足了规矩，要收取13.5%的服务费。服务生热情地服侍我就坐，然后问来自哪里，告知中国。他听了，用普通话说：“开水？”我哑然失笑，看来这里经常有中国人光顾，敬业的服务员居然熟知他们的习惯。我也不例外，虽然要了印度奶茶，再来杯开水也好。

餐毕，服务员端来一只木头碟子，区分左右，恰如用屁股拓成。一面放茴香，一面放冰糖，中间有个小杯，放牙签。我问如何使用，服务员抓起茴香和冰糖丢进嘴里咀嚼，说可以清除洋葱的异味。

继续在街头晃悠，一扇小门里人头攒动，热闹异常，便走进去。八卦一番才知，这里原来是圣雄甘地大学（Mohatam Gandhi Kashi Vidyapith）。学校建于1913年，最初为私人出资修建的教育机构，1995年改为此名。以“圣雄甘地”命名，甘地的精神思想自然成为建校宗旨，学校倡导民族自由斗争和不合作运动。印度人大概不喜欢谈政治，所以这所学校籍籍无名，远不如瓦拉纳西的贝拿勒斯大学。

校园规模不大，房舍也显得老旧，大概正在举行什么典礼。周围有许多荷枪实弹的警察在晃悠，一群学生坐在草地上，几个老师模样的人正在手舞足蹈地激情演讲，旁边还有录像摄影人员。如此严肃的场面，我自然小心谨慎，问警察能不能拍照，警察点头说行。

一个老师模样的人过来，说不能拍照，我只好收起相机。其实也没什么可拍，观察几分钟，颇觉无聊，便从正门出去。被门口几个学生围观，缠着让我拍照，只好咔嚓几下离开。

不远处有公园，原来是印度母亲庙（Bharat Mata），园里花草茂盛，树木葱郁。我脱了鞋子，交给门口的小哥，赤足入内。庙里并无神祇，殿里供奉白色大理石立体地图，据说是阿育王时期的印度版图，包括现在的印度疆域，以及斯里兰卡、巴基斯坦、尼泊尔、孟加拉国等地。

“印度母亲”是当代创造出来的女神，信徒们认为她是“印度教国家”的象征。有趣的是，印度的立体版图，看起来很像牛头。还是回到印度的“神牛”文化，据说印度人甚至管奶牛也叫“母亲”，是以尊崇神牛。说来说去，国土形象与神祇崇拜，剪不断，理还乱。

从庙里出来，见有许多学生坐在公园的草坪上闲谈嬉闹，大概都来自甘地大学吧？园里散落着湿婆的“林伽”，我便坐在旁边小憩，挨到将近3点，便原路返还到火车站。

游客服务中心的一个八字胡接待我。他说，没有卧铺，没有座位，只有“Open”票。当然，没有问题。八字胡带我到售票窗口，插到队伍前面，买到一张票。我谢过热情的八字胡，走到站台最末端耐心候车。

等车是最无聊的事情，我的印度之旅有一半的夜晚在火车上度过。对瓦拉纳西火车站，我甚至比广州火车站还要熟悉，连这里的掮客和骗子都对我不予理睬。而我对站台上司空见惯的神牛、泼猴、野狗和各色人等，已经没有太多的新奇感。然而，不可思议的印度，永远都有神奇的事情。

也不知道到了什么时辰，几个白衣白帽的伊斯兰信徒，从包里翻出毯子铺在地上，面朝西方，双手高举空中，然后磕头跪拜。一人领头，余者居后，全体动作协调整齐，时而坐下时而站起，重复多遍后才若无其事地爬起来继续候车。

原来，到了穆斯林祈祷的时间。

小贴士：

甘地大学在瓦拉纳西火车站对面的街道上，印度母亲庙也离得不远，可走路参观。

买张“开挂”票去朝圣

列车再次晚点。自瓦拉纳西开始，火车接连晚点，所有最糟的情况都被我遇到。

然而，智利人朱安（Juan Pablo）的境况并不比我好，他去加尔各答，火车亦晚点。我在站台上徘徊的时候，他微笑点头，我点头微笑，一来二去就熟络了。朱安是典型的南美人，长发披肩，居然能用不太流利的中文和我交谈。他在上海呆过，非常非常喜欢中国。我对智利了解不多，只晓得位于南美，国土狭长。朱安很开心，因我毕竟知道他的国家。说到20世纪末足球场上的锋线杀手“双萨组合”，他惊讶得合不拢嘴，大概他自己都不知道吧。

他拿出手机给我看，里面是熟悉的“中国风”。他的摄影水平蛮高，将千户苗寨吸烟的老人拍得如神仙一般。说到印度，他问我感觉如何？怎么说呢，我伸开手掌，所有的事物都有两面性。一方面，印度在脏乱和贫穷中前行，所谓民主，徒具外表，权力只是在财团间相互转让，社会最底层的贱民仍然“享受”差别待遇；另一方面，印度有古老的文明和灿烂的文化，有领先世界的软件业和电影业。

这是很复杂很庞大很纠结的问题，即使昔日“国父”甘地或当今总理莫迪，也未必完全了解他的国民。但是有句话却不得不说：印度不是穷国，但绝对是穷人最多的国家。到印度旅行的游客是两个极端，遍地脏乱差和坑蒙拐骗，以致有人急欲逃离；然而，也有许多人喜欢印度，甚至着迷，变成了不折不扣的“印度痴”，很文艺地宣布：印度是人类生存的原点啊。

朱安点头称是，认为中国的西部也很穷。他到过贵州，偏远地区有许多挣扎在温饱线上的农民。中国的事情？很复杂，更麻烦，说不清，道不明。他转移话题，告诉我他在圣地亚哥有家餐馆，留下地址和邮箱，欢迎我到智利旅行。

不知不觉，列车进站了。别过智利人，寻找我的“Open”车厢。

天呐，这就是我的火车？几节车厢里面堆满了人，重重叠叠，似乎要从门窗和衔接部位的空隙溢将出来。虽然没有网上图片那样夸张，但已经足以让人望而却步了。我经历过中国的春运，还是被这种景象吓倒。看样子很难挤上去，后面的空调卧铺显然不太拥挤，先挤到车里再说。

果然，卧铺车厢里有许多床铺空着，对面有两个粗犷豪迈的汉子，还有个文弱的小哥，我们有一搭没一搭地闲聊起来。查票人员过来，他说："这里是卧铺车厢，知道吗？""当然知道，但我根本挤不上去Open车厢嘛。"他看了我一眼，在车票"Gaya"上画了个圈，然后走了。就这样轻松过关？我已经做好了被罚款的准备呢。

据说，游客在印度尊享刹帝利待遇。但也有人说，外来民族会被划分成单独的种姓，只要愿意承担低种姓的后果，哪怕吃牛肉也没有人管。

又得抱怨印度的火车，晚点也就晚点，又经常赶时间，既不报站，也不提醒，根本无法估计到站时间。白天尚好，可以询问旁边的印度人，晚间大家睡去，看着时间临近，只好站在车门前。每次停靠，我都要拉开车门观察，生怕坐过了站。

比哈尔邦是印度治安最差的地区，爆炸事件时有发生。比哈尔邦西北有个小镇叫兰姆伽（Ramgarh），为第二次世界大战后期中国驻印军的训练基地，1944年盟军反攻缅甸就从兰姆伽拉开序幕。

格雅是比哈尔邦中部的小城，位于恒河支流尼连禅河（Nairan Jana）左岸，是东印度的交通枢纽和贸易中心。城西南五六里为伽耶山，山顶有阿育王遗迹。趟过河就是正觉山（Pragbodhi），人杰地灵，昔年如来将证正觉，先登此山，留下许多遗迹。这里的传奇故事很多，足可以说上一千零一夜。城南10公里外的菩提伽耶小镇，有释迦牟尼悟道处，为古印度佛教四大圣地之一。

给巴豆短信让他帮我订间房，回复已经订妥。可是，又有新的担心，菩提伽耶离格雅火车站10余公里，比哈尔邦的午夜，孤零零被人拉到郊野，能不担心吗？

两个警察过来，一老一少，告诉我即将到站。不知为何，老警官居然做出猥亵的手势，大概与性有关吧？我不明就里，便摇头耸肩，懒于搭腔。终于到站，看到一对西方男女，打个招呼，也往格雅，于是准备结伴而行。他们还在等谁，怕我着急，再三表示歉意。良久未见踪影，我们便叫来突突车，250卢比到菩提伽耶。

虽是郊外，但沿途还算整齐。可能是为了限制速度，路面呈搓板状，车子蹦蹦乱跳，颠得人晕头转向。看到中华大觉寺，我便下车，拿80卢比给西方人。回头看到预订的旅馆，铁门紧锁，楼下干活的工人替我敲开店门，睡眼惺忪的伙计说已经客满，根本不承认所谓预订。

找过四五家旅馆，过了午夜零点，才算安顿下来。旅馆中虽然有独立卫生间，但没有热水，洗漱完毕，赶紧爬到床上。连日辛劳，困意袭来，倒头便睡，任由被单上的老鼠屎胡乱滚落。

小贴士：

瓦拉纳西到格雅需先坐四五小时火车，然后转乘突突车约30分钟才能到菩提伽耶，中华寺、台湾寺都可以住宿，多人间，听说有蚊子，提供中餐。

11

BODHGAYA

菩提伽耶

斯里兰卡寺庙里的佛舍利

清晨的第一缕阳光透过玻璃，洒到房间里，满屋子似乎响起金属落地的声音。我一骨碌爬起来，向窗外望去，不由感慨万千。

太阳露出半边脸，彩霞如锦缎般铺开，窗外的建筑发出炫目的光芒。菩提伽耶是古印度摩揭陀（Magadha）国的领地，2500多年前，释迦牟尼于此得道成佛，继而广收弟子，创立佛教。佛教自汉代经西域传入中国，最终演变为独特的汉传佛教，成为中国文化不可割裂的组成部分。

国学大师季羡林说："不了解佛教，就无法写出中国的哲学史、思想史和文化史。"甚至中国的绘画、语言、音乐、建筑、舞蹈等领域都受到佛学的影响。

昔年玄奘历经磨难，西行天竺。"言寻真相"、"博考精微"，"廓群疑于性海，启妙觉于迷津。"特别是当时摄论、地论两家对"法相"持不同观点，才使他决定求取佛学要典《瑜伽师地论》，以廓清头绪繁多的唯识理论。结果，他不仅实地考察了佛祖遗迹，而且全面学习掌握了印度佛教修行的理论和实践方法。

在佛教圣地那烂陀，玄奘前后听戒贤（Shilabhadra）讲《瑜伽师地论》、《顺正理论》、《显扬圣教论》和诸多经论及因明、声明等学说，同时兼习各种婆罗门教义。此后游历多国，访师参学，著书论说，以调和大乘中观、瑜伽两派的学说。

当时笃信佛教的戒日王（Harsha Siladitya）决定以玄奘为论主，在曲女城（Kusumapura）召开佛学辩论大会，时有18位国王、3000余大小乘佛教学者和外道2000多人参加。玄奘讲论，舌战群雄，18天内无人诘难。一时名震五印，被大乘尊为"大乘天"，被小乘尊为"解脱天"。当时，戒日王遣使访唐，大唐亦派使节，中印官方交流自此开始。不久，戒日王又坚请玄奘参加五年一度、历时75天的"无遮大施舍"。曲终人散后，玄奘请辞回国。六年后，戒日王驾崩，佛教在印度开始衰落。

大菩提寺外面的流浪者

玄奘所创立的法相宗，属于瑜伽行唯识学派。与注重“佛性”的禅宗不同，法相宗着眼于“佛法”，是研究佛法和实践佛法的宗派。重要理论有三性三无性说、唯识转依说、五重唯识观、五种姓说和五位百法说等，同时重视“因明”的运用。

三性说，即遍计所执性、依他起性、圆成实性。主张用“唯识所现”解释世界，认为世象都由人的第八识——即“阿赖耶识”所变现，而前七种识再据以变现外境影像，缘虑执取，以为实在。又认为在“阿赖耶识”中蕴藏着变现世界的潜在功能，即所谓种子，其性质“有染有净”，也就是“有漏无漏”两类。有漏种子为“世间诸法之因”，无漏种子为“出世间诸法之因”。“漏”就是“烦恼”，有漏种子通过善行可转化为无漏种子，只有断尽有漏种子才能成佛，而唯有佛才能断尽有漏种子。

但是，法相宗理论过于高深，佶屈聱牙，难以明辨。后来的禅宗，将复杂的事情简单化，“见性成佛”、“放下屠刀，立地成佛”。门槛儿低了，捧场的人自然也多。只是禅宗的理念，过于追求“市场”，几乎与佛陀最初的“四圣谛、八正道、十二因缘”相悖。

从某种意义上说，玄奘的行为早已超越了佛教。他不仅是旅行家、翻译家、哲学家和佛学宗师，更是知识分子的楷模，是积极进取、探索世界的英雄。

伫立良久，阳光刺得眼睛生疼，赶紧洗漱一番下楼。中华大觉寺正门未开，寻路从侧门进去，沿院子里“食堂”、“客房”的中文标识往前走，遇到早起的僧尼，示意

清晨，人们走进大菩提寺

我去食堂用餐。在门口看到徐长卿，她已经用过早餐，又陪我入内。她说，寺里的食堂不对外，只供住宿的客人。

难得的油条青菜米粥，十余日来，总算见到中土饭食。正在狼吞虎咽风卷残云时，吴茱萸跑了进来，所谓僧多粥少，她只好清理盆底。做饭的老尼来自广东，笑呵呵地抱怨伙食分量总是难以掌握。徐长卿说，斯里兰卡寺庙今晨有佛舍利（Usnisa）展览，想去排队参观。我放好盘子，拖起她赶紧出门。

露宿街头的人们渐次醒来，裹紧毯子，整理好碟子盘儿，蹲在路边期待天上掉铜板。寺庙门口已经排起了长龙，许多戴着红色贝蕾帽的军警荷枪实弹，来回巡视。参观佛舍利的队伍以僧侣为多，也有许多游客。我和徐长卿排到后面，随着人流向前移动。

“斯里兰卡”（Sri Lanka）是锡兰岛（Serendib）的僧伽罗文（Sinhalese）名称，意谓“光明、富饶的土地”。中国古称其为狮子国，其国旗国徽上均有狮子图案。古时候，来自北印度的雅利安人移民至锡兰岛，建立了僧伽罗（Sinhalauipa）王朝。公元前247年，阿育王派儿子到僧伽罗弘扬佛法，受到当地国王的欢迎。从此，僧伽罗人摒弃婆罗门教而改信佛教。

终于挤进门去，庙堂内金碧辉煌，色彩华丽，四壁尽是佛教故事绘画，居中为如来结跏趺的坐金身塑像。僧众双手合十，虔诚行礼，甚至泪眼迷离。殿堂中央供桌有金黄木架，里面置镶金嵌玉的密封宝瓶，瓶里套半尺左右水晶塔，塔顶圆球状里就是佛舍

斯里兰卡寺里的佛舍利

利。据说，斯里兰卡的佛牙舍利最为灵验，而且每年都会举办盛大的“佛牙节”。但是，我始终没有看清水晶塔里的舍利模样，所拍图片也不够清晰，只看得出微蓝的水晶塔光华四射。

意犹未尽。但工作人员催促快走，以免影响后面参观的人群，只得步出寺外。

菩提伽耶的标志性佛教建筑摩诃菩提（Mahabodha）寺距此不远，便和徐长卿寻路前往。相对于鹿野苑和拘尸那迦，菩提伽耶香火旺盛，人声鼎沸，随处可见身着暗红僧袍的和尚。从衣着分辨，多为大乘僧众，奇怪的是，鲜有身披橘黄袈裟的小乘僧侣。我佛慈悲，寺院周围乞丐成群，他们总是希望得到施舍。但最初的佛教禁止弟子沾染钱物，即使现今，虔诚的佛教徒亦是清贫度日，小乘佛教教徒两餐甚至依靠信众布施。所以，佛祖脚下乞讨的眼睛也只能盯着修成菩萨心肠的游客了。

一队身着白衣的僧人举着蓝、黄、红、白、橙五彩佛教旗款款走过，从肤色判断，他们当是来自斯里兰卡的信徒。我们便尾随其后，进入菩提寺。

小贴士：

菩提伽耶中华大觉寺饭食仅供住宿客人，不对外营业。期里兰卡寺经常会展出佛舍利，运气好就能碰上。

“欢迎来到开示之地”

摩诃菩提寺院门口悬挂着蓝底白字的牌子，上面用印地语和英语分别写着“欢迎来到开示之地”，居中为特大号的寺庙名称“Mahabodhi Mahavihara”，并标明其现在的身份——世界遗产（A World Heritage Site）。

沿着粉色的走廊进入寺院，高耸入云的摩诃菩提塔最先进入视野。这座造型奇特的佛塔又叫大觉塔、大菩提塔、摩诃菩提僧伽耶（Mahabodhi Samgharama）塔，简称大塔或大觉塔。主塔高52米，外观9层，内部实为2层。塔体呈四棱锥形，向上逐渐收缩成圆形，顶端有铜制螺旋状伞盖，四角围绕同样风格的小塔。

寺院以大觉塔为中心，方方正正，规规矩矩，包括周围所有遗迹，约占1平方公里。院内花草茂盛，树木苍翠，里面又嵌套两个四方形。沿着外圈的人行道参观不用脱鞋，但如果要进入到中央区域就得脱了鞋子。园林外墙和里面的护栏及部分小型建筑皆被涂成粉色，与我们寻常所见的佛教色彩不甚相同。

一个年轻僧人看我拍照，凝视良久，问我能不能将大觉塔的图片发给他。我慨然允诺，他来自尼泊尔，留下邮箱，感谢着离去。

寺院空地上早就坐满了朝圣的僧侣，随处可见深红的僧袍，或打坐或转经或拍照，院落几乎被染成深红。大觉塔西面铺满了门扇样的木板，上面放着垫子、衣服、食物，许多人正在磕长头，如远赴拉萨朝圣的信徒一样。双脚并拢，低头弯腰，戴着木头护垫的双手向前滑出，直到身体伸展，五体完全投地。周而复始，连续重复，据说要磕到10万个才算功德圆满，可以累计，不做时限要求。

“磕长头”是藏传佛教里至诚的礼佛方式。五体投地为“身”敬；念念有词为“语”敬；心中有佛为“意”敬。据说，格鲁派（黄教）的创立者宗喀巴大师成佛地长出一棵菩提树，其上有10万片叶子，每片叶子都有一尊佛像，所以要磕10万个长头才算功德圆满。为防数

摩诃菩提寺

菩提寺里整齐列坐的僧侣

摩诃菩提寺虔诚的朝圣者

错，信徒们磕头时拿串佛珠计数。

磕长头的信徒肤色各异，来历甚杂。身着深红长袍的藏地僧侣占多数，也有不少殷勤的西方信徒和俗家弟子。

转到北面，徐长卿已不知去向，我便在台阶小坐。几个女警察也在这里休息，身材高挑的印度女子，穿上军装更显精神。砖塔之间，有几个僧侣，须发苍然，面目安详，旁边有半袋五色粮食，他们不断地抓起粮食撒到锃亮的圆形金属盒上，身边还有包裹、食物、念珠、经筒等物，不知道他们已经在这里坐了多久，十天，半月，或者更久？几个僧人正在读书，我探头过去，见满篇梵文，一字也不认得。

脱了鞋子放在角落里，小心地往大觉塔走去。塔身四面刻有佛龛佛像，精致庄严，佛像颈脖挂着黄色或红色的花环。那么高的位置，不知为何人所系。门口坐着许多白衣僧侣，身着深红僧袍的大师正在讲法。我听不明白，便到大觉塔门口排队，准备参谒佛祖金身。

大觉塔初建年代不详，或者由阿育王所建的小精舍演化而来。公元5世纪，东晋法显来时已有此塔。7世纪初，由帕拉瓦（Pallava）王朝的国王重新建造，玄奘来时，大觉塔尤其辉煌，“层龛皆有金像，四壁镂作奇制，或连珠形，或天仙像。”12世纪，菩提伽耶遭到伊斯兰圣战士的破坏，但大觉塔并未完全被毁灭，仍有零星香客前来膜拜。14世纪，崇信佛法的缅甸国王在原址建造缅甸风格的寺塔，但后来却被洪水带来的泥沙湮没，直到1861年才被英国考古学家康宁汉姆发现。两年后，由他主持对大觉塔进行保护性挖掘。

康宁汉姆可不简单，他在日记中写道：“发掘工作很单调，每天晚上睡觉前，我都在阅读中国人的《大唐西域记》，玄奘对那棵著名的菩提树以及周围的佛像和庙宇，记载得都很详细，我们很快就找到了大量的遗迹，书中的描述和发现结果非常吻合。”今天的大菩提寺就是根据《大唐西域记》重建，甚至连建筑材料和装饰图案也对应玄奘所述。

除此之外，康宁汉姆的印度考古勘探团还发现了鹿野苑、那烂陀寺、桑奇（Sanchi）大觉塔等遗迹。他把玄奘当年所看到的，却被印度人自己遗忘1000多年的历史展示给世人，使佛教在印度重见天日。

大觉塔的归属问题也是佛教徒心中的伤痛。从1590年开始，一个定居菩提伽耶的印度教家族，逐渐将大觉塔变成他们的私人财产。直到1953年，政府才将大觉寺的管理权交由佛教徒占主导地位的管理委员会。

随人流进入精舍内室，殿中供奉佛陀降魔正觉鎏金像。相传，精舍最早的佛陀塑像由弥勒菩萨点化绘制而成。佛祖结跏趺坐，双腿交叠，右足居上，左手敛，右手垂。这尊塑像刻画了如来最典型的情态特征，即特有的“内审神态”，目光集中在鼻端，以控制自己的精神情绪。从哲学的角度来讲，佛祖就是征服内心世界的人。

我只停留得片刻，就被后面的人流推搡着走出殿外。

小贴士：

摩诃菩提寺离中华大觉寺很近，免费参观，需交摄影30卢比。

菩提树下金刚座上，佛祖成等正觉

大觉塔北面有许多身着白衣的信徒，或双手合十，或修习经文。

环塔南西北三面有60多根两米高的石制护栏，栏杆雕有各种不同的花鸟动物图案，纵梁刻有佛本生故事。上面搭着许多红黄颜色的花环，以及金黄色的布幔经幡和各色旗帜。这就是著名的阿育王石栏，不过现在所见，皆为复制品，真迹被各地博物馆收藏。

阿育王初登王位，信受邪道，毁佛遗迹。他将菩提树“分寸斩截，挖根焚烧”，都未能绝。阿育王睹异悔过，以香乳灌溉，树生如本。他老婆也信外道，嫉妒之余，遣人重伐其树，阿育王便“垒石周垣，其高十余尺”，用以保护菩提树。但是，菩提树还是遭受其他国王的戕害，阿育王的末代孙为防后人继续砍伐，“周峙石垣，高二丈四尺。”

大觉塔北侧通道还有十余断残的阿育王石柱遗迹，状如石鼓，贴着金箔，中央堆满鲜花香烛。

沿着护栏转到大觉塔后面，一株巨大的树木扑入视野。因为一面靠近高耸的大觉塔，粗大的树干分成五六枝向外斜逸出去，浓密的树冠像巨大的伞，覆盖了整个过道甚至后面的半片园林。延伸的枝干婆娑欲垂，管理处撑起金属架子支撑。这就是佛教所称菩提（Bodhi）树，又名思维树、黄桷树、毕钵罗树（Pippala），桑科榕属常绿乔木。要说外貌形状，与珠江两岸古榕相差无几。其实，信奉原始自然宗教的民族，也将榕树当成神灵，比如云南的傣族和佤族，视村寨周围的老榕树为“神林”。

“菩提”梵文意为“觉悟、智慧”，有豁然开朗、顿悟的意思。佛祖在尼连禅河畔苦修六年，还是没有悟出解脱之道，精疲力竭、形容枯槁。便放弃苦行，到尼连禅河中洗去泥垢，接受了牧羊女奉献的牛奶粥。

随后，他来到毕钵罗树下，铺上吉祥草，盘腿向东而坐，发誓如果不能大彻大悟就终身不起。他冥思苦想，战胜各种诱惑，禅定七天七夜，终于获得大彻大悟。所以，

摩诃菩提寺里朝圣的人们

他捡到一片菩提叶，正在摩擦以粘上金箔

摩诃菩提寺里朝圣的人们

世人将毕钵罗树称为菩提树。如来成等正觉后，没有马上站起来，而是继续入定七天。起身以后，到菩提树北散步七天，留下十八处奇异的莲花纹。为报树恩，瞻仰菩提树七天。再于帝释天所建的七宝座上，沉思七天。

佛祖在菩提树下悟到了什么呢？就是“四圣谛、八正道和十二因缘”。他找到了人类痛苦的根源，并道出相应的解决之道。因缘变化无常而引起痛苦，在“无明”状态中轮回于痛苦而不能自拔，即“四圣谛”和“十二因缘”。而“八正道”则可以摆脱“无明”，从而达到涅槃的境界。当然，这是后人总结出来的，如来最初所悟之道，未必如此系统。

据传，如来得道以后，为了报答菩提树的恩德，目不斜视，瞻仰菩提树七天。其实，现今所见菩提树是从斯里兰卡移植过来的。当然，其祖先还是佛祖当年在其下打坐成佛的那株。阿育王在位期间，他女儿曾将菩提树的分枝移植到狮子国首都阿努拉德普勒（Anuradhapura），因此斯里兰卡的菩提树是真正的嫡系。19世纪康宁汉姆在这里考古发掘时，见老树已经倒卧，便又从斯里兰卡折枝移植于此，现在看到的菩提树是第四代。

因为如来在树下顿悟，菩提树成为圣树。玄奘说：“每至如来涅槃之日，叶皆凋落，顷之复故。”这恐怕也是他听来的故事，未必属实。不过，除了斯里兰卡的菩提树，世间恐怕不会再有第二棵如此受人尊敬的树木。几个僧侣捡到菩提树叶，在石栏上小心摩擦，使叶子粘满金箔。

菩提树下有石头围栏，材质类于广州市珠江两岸的麻石栏杆，略带粉色，柱身刻有莲花纹，里面有金属防护栏。就算这样，石栏还是被信徒贴足了金箔，光华灿烂，神圣庄严。我跟着几个信徒，看完了他们贴金的整个过程。所献金箔，薄如“创可贴”，撕下外层包装，敷到石头上就好。但是，他们虔诚的模样确实让人感动。

沿着阿育王石栏走来走去，寻找金刚座，但看起来都不像。菩提树下石栏正中，有块略呈半圆的石头，置于雕刻着莲花纹的石锁状台基上。石头和基座贴满了金箔，系

贴满金箔的莲花石柱

她正在往石栏上贴金箔

了许多哈达和丝绸，应该正对金刚座的位置，但又没有相关的文字或者碑铭，是以无法确认。

据相关资料介绍，金刚座位于菩提树下，是当年阿育王供奉的红砂岩，长2.3米，宽1.2米，高0.9米，其上安置佛陀石像。如来昔年面东而坐，那么金刚座应该在石栏里菩提树内侧靠近大觉塔墙壁，根本无法近距离观看。透过石栏缝隙窥探，只看到金黄色的布幔。

玄奘描述，金刚座与大地同时出现，是三千大世界的中心，下至金轮，上至地面，由金刚构成。从前有1000位佛坐在这里入金刚定，所以称为金刚座。因为是得道成佛的地方，所以又称道场。据说，如来将要成佛时，走到哪儿，大地都会震动，只有这里无事。后来佛法衰微，金刚座隐遁。如来涅槃后，人们根据传闻用两尊菩萨像标注金刚座的南北界线，说如果菩萨像被沙土埋没，佛法也就消失了。

当年玄奘来时，南边的菩萨像已被风沙掩埋至胸，玄奘不禁长跪流泪："佛成道时，我不知漂泊沦落何处，而今只剩佛像，我才来到。可见我的业障是多么深重啊！"在场僧侣信徒听了，莫不呜咽落泪。

唐代时，我国高僧玄照、道希、智光、悟空等十余人先后至此拜谒金刚座。其中玄照曾留居四年，研学《俱舍论》及其他经律佛法。智光也在此留居两年，研学《俱舍论》和因明学。五代及两宋时期，志义、归宝、蕴述等人陆续至此，并在附近建碑修塔。

菩提树西南角有个玻璃罩，里面有方形巨石，上面置磨盘状的圆石，圆石刻着一只佛祖大脚印，足掌中央刻15条辐的圆形法轮相，周围还有四条鱼纹，其中三条鱼头重合，侧边是小鱼儿，后脚掌还有个双圆圈，五趾端全为螺旋纹。这个脚掌纹与佛典描述有所不同，难道我看到的是其他版本?

实际上，寺院内随处都是如来成道前后留下的圣迹。树北有佛散步的地方，站立瞻仰菩提树的地方；树西有佛打坐沉思的地方；树南有佛接受吉祥草的地方，还有他即将成佛时青雀和群鹿呈祥的地方；树东有魔王乱佛心智的地方。附近还有郁金香塔、迦叶波像、牧女献粥塔等，基本按照《大唐西域记》里的描述布局建设。宝塔参差，雕像庄严，一派佛国庄严气象。

让人颇感意外的是，菩提树西边有照壁样的建筑，居中供如来佛像，两边有中文联语："经道永传诵，心法正眼藏。"上联末字被杂物挡住，我想着除了"诵"，没有第二个字更好。唐贞观十九年（645年），唐朝融州黄水县令王玄策曾来到这里，于菩提树西立碑刻铭："至摩诃菩提寺所菩提树下金刚之座，贤劫千佛并于中成道，严饰相好，具若真容。"

王玄策是唐代英雄人物，曾数次出访印度。一次受摩揭陀国戒日王邀请出访，但抵达时戒日王已驾崩，其继任者阿罗那顺（Arunasva）拒唐使入境，发兵袭击，王玄策及随从被擒。后来他设法逃出，从西藏和尼泊尔借来兵丁前往征讨，以少胜多，直至擒获阿罗那顺。此乃极为罕见的古代中国和印度的交战记录。可惜，唐朝将星如云，王玄策官小职微，不入史学家法眼。他自己所撰《中天竺国行记》，也未能留存于世，其事迹散见于《法苑珠林》等古籍。

他将古代北印度的波斯菜（菠菜）种植和石蜜（蔗糖）制造方法带入中国。后来中国的制糖技术超过印度，能够熬制出晶莹剔透的白砂糖。于是，这种糖又被当作珍品带回印度。在印地语中，"白砂糖"叫"Cini"，意思就是"中国"。同时，印度先进的医学也传入中国，尤其治疗眼疾的方法。

菩提树南的园林，是佛陀活动过的地方。宝塔佛像间坐着许多排列整齐的僧侣，或低头看书，或转动法轮，或默数佛珠，或闭目养神。菩提树前的香案上摆满了漂亮的酥油花和各种植物花卉，正中悬挂巨幅高僧画像，不知其为何许人。我轻手轻脚穿行其间，宏大的场面对人有种无形的压迫感。僧侣们温和慈善，笑眯眯地鼓励我近前拍照。

再往南边，有个水池，名曰美兰（Muchalinda）湖，据说为当年的婆罗门兄弟所造。佛祖得道后第六个星期，在此入定七天，美兰龙王（有说蛇王）守护如来，以身绕佛七匝，化出多头，俯垂为盖。水池中央有佛陀结跏趺坐的雕像，顶上覆盖巨大的龙头。池子西边有个大石头，是如来初成正觉后的晒衣石，据说是帝释天从大雪山搬来。帝释天原为印度教的天帝因陀罗（Indra），后皈依佛教，为如来守护神。他住在须弥山顶的忉利天，居所装饰珍奇异宝。

小贴士：

推荐阅读《大唐西域记》。

藏传佛教迦珠派第十七世大宝法王

菩提伽耶街头摆满了来自中国西藏的纪念品，藏刀、佛乐、念珠等应有尽有。看似香火鼎盛的菩提伽耶，念经的都是外来和尚。佛教的发展，是典型的“墙里开花墙外香”，如今属于“出口转内销”，本地僧侣需要从外面汲取营养。而本地僧人，多为被印度教排挤的低种姓，所以很少有高僧大德。

距寺院不远，有家“Shiva”西餐厅，我要来三明治、煎蛋和奶茶聊作午餐。想起同时入境的金樱子小姐也到了菩提伽耶，便打个电话约她吃饭。未几，她翩然进来，打个招呼，然后走来走去探头张望。我颇为好奇，问她在看什么。她说，看别人吃什么东西，看准了才好点菜啊。原来，金樱子几乎不懂英语，她组建的旅行团队早已解散，后半程时间基本独行，吃饭就靠这种办法解决。她对此非常得意，虽然有语言障碍，但她的行程很顺利。

金樱子信佛，但不承认自己是佛教徒，只说是修习佛法。她此行的重点就是参谒印度境内的佛教圣地，即鹿野苑、拘尸那迦、巴特那、王舍城、吠舍离、那烂陀、菩提伽耶，最后从加尔各答回国。

她说今天下午会有一场佛事，大宝法王噶玛巴会亲临现场。

噶玛巴是藏传佛教迦珠派的第十七世大宝法王。迦珠派是藏传佛教四大派别之一，藏语“迦珠”是“口授传承”的意思。因为迦珠派注重的密法修习通过师徒口耳相传继承，师长口传，徒弟心受，故名为“迦珠派”。又因当时上师马尔巴尊者、密勒日巴尊者皆是在家居士，依从印度学来的习惯，修习时穿白色僧服，故又称为“白派”。

和其他转世法王一样，噶玛巴的转世传承富有传奇色彩，中国国务院也同意并颁布噶玛巴为第十七世大宝法王。大宝法王年纪轻轻就获得了很多荣誉，自然成为信徒们追逐膜拜的对象。他居住在印度，信徒可以预约时间拜会。

人们抬着金佛游行

话又说回来，作为人们生活哲学的宗教，事实上也像金字塔，站在顶端的领袖级人物与底层的普通信众之间，几乎没什么共同语言。如今的宗教领袖大多学贯中西，知识渊博，他们的世界观更趋向于主流世俗社会，而不再是只会念“阿弥陀佛”的和尚。大宝法王在他25岁生日开始就以林肯的名言作结束语，“人生重要的不是你活过多少年，而是如何活过你的有生之年。”普通的信徒则转山转水转佛塔，以磕10万个长头来达到“功德圆满”。

1964年，泰戈尔在宗教大会上演讲时说：“每种宗教在开始都有解放的力量，但最终却变成巨型的牢狱，而这座牢狱往往建立在其奠定者所放弃的基础上，成为宗教司祭者手中所操弄的机器。”泰戈尔出身于印度教婆罗门种姓，他对宗教的认识可谓真知灼见。

我和金樱子来到斯里兰卡寺庙前，道路两边已经挤满了人，有许多荷枪实弹的军警在现场维持秩序，我们便站在人群中翘首以待。

熙熙攘攘的人群突然骚动起来，走来几个提着花篮的女尼，后面跟着十余足蹬长筒绣花靴子、身着宽大藏袍的长发男子，接着是数头装饰华美的大象。军警示意人们让道，我抢到前面，发现大象的装饰实在是可爱极了。耳朵、面颊、鼻子上都画了许多彩色的佛教图案，头顶金丝银边的大红盖头，身披红色幔布，全身挂满红黄色的花环，御象师是红布包头、红衣白裤、手持长竿的赤脚男子。

后面是庞大整齐的团队组织，像参加运动会一样，队伍最前面有手持牌子的美少女领路。从牌子名称来看，有各国僧团、佛教组织、社会团体、当地学校等。如果说印度是色彩的国度，菩提伽耶的佛教法会，则将色彩发挥到极致，这里就像一场露天的时装秀，新颖怪异，夸张大胆，让人眼花缭乱。

大宝法王格外受人尊崇

游行队伍的中间，是装载佛陀金色雕像的花车。佛像后面人头攒动，大宝法王来了。

游行的队伍，简直就是时装展

大宝法王属牛，身形略胖，戴副眼镜，身穿大红僧衣，肩披黄色绶带。他在众人簇拥下走过，稳重大方，温文尔雅。我抢拍到几张相片，就被后面过来的大象队伍挤开了。法王走进斯里兰卡寺庙，金樱子顺势跟随进去，余人拥上前时，被军警拦住。

不一会儿，大宝法王被几个领导模样的人簇拥着站在斯里兰卡寺内的高台上，似乎在举行什么佛像的交接仪式。仪式完毕，法王完成了使命，隐入到后院不再现身。而街道两边的热闹才刚刚开始，装扮新颖的大象编队和穿着奇装异服的人们次第走过。锣鼓喧天，号角争鸣，仿佛穿越回古代，正欲赴一场神的约会。

我跟随庞大的游行队伍往前走，来到中华大觉寺门口，才收住脚步。

小贴士：

菩提伽耶是小镇，除了佛教名胜，饮食购物都没什么特色。除大菩提寺，附近还有许多佛教圣迹和各国的寺庙。

菩提伽耶来了大人物

大觉寺是典型的中华佛寺建筑，由中国人永虔于1945年建成，是汉传佛教在菩提伽耶唯一的寺庙，内中两层大殿及僧舍由谭云山居士捐资兴建。印度的中国佛寺建筑，都有谭云山的功绩，他为中印文化交流做出了巨大的贡献。1983年，谭云山在大觉寺溘然长逝，英迪拉·甘地夫人在谭云山的悼词中说：“是伟大的学者，崇高的文化人。”

大觉寺门联云：中华发展遍天下，大觉慈容满虚空。嵌入“中华大觉”四字，联语双关，颇有深意。黄色的大雄宝殿门口悬挂着大红灯笼，门口为比较少见的八言联语：“于一毛端，献宝王刹；坐微尘里，转大法轮。”殿内首层供奉如来佛祖，上层供奉观世音菩萨。

其实，摩诃菩提寺周围有许多佛教国家建立的寺院，如泰国、缅甸、日本、不丹等。各国寺庙一方面促进佛学交流，另一方面也接待本国的信徒。就像大使馆，能为远道而来的本国信徒服务，走到里面，感觉到熟悉和亲切。

正在参观的时候，我看到吴茱萸从后院出来，便又和她返回摩诃菩提寺。我们早上踏遍了寺院的每个角落，便不再继续走动，坐在朝拜的僧侣当中感受佛国气韵。

吴茱萸提议去看菩提伽耶的街道，却看到金樱子在大树下和一位女士聊天。那位女士来自四川甘孜，她诉苦说，到印度很不容易，审批手续复杂。我还想再问下去，金樱子却拖着我们赶紧离开。她今天很兴奋，拿出相机给我看，里面有她和大宝法王的合影。难能可贵的是，那么拥挤的场面，照片却拍得很周正。对她来说，确实是意外的惊喜，多少人求之不得的机缘，她却不期而遇。

到门口时，人群突然拥挤起来，赶来许多军警封闭道路，我们只好站在旁边观看。未几，一位身着印度传统服装的中年男子在众人簇拥下走过，我大为惊讶，不知何许人也。后面有位僧人用中文说：“他就是比哈尔邦的最高行政长官。”原来如此，怪

中华大觉寺

不得这么大的排场。

菩提伽耶是小镇，有条像菜市场一样的街道，两边是农副产品和小杂货店。再往东就是尼连禅河，没有水色，只看到干枯的河床。顺着街道往南，金樱子居然细心地买米买菜。她说找到了搭档，还要在菩提伽耶住两天，旅馆提供厨房，所以干脆自己做饭。

穿过街道，来到菩提伽耶的居民区，问院子里玩耍的小朋友，从这里能不能到达摩诃菩提寺，答曰不能，只得原路返还。

回到摩诃菩提寺门口，发觉前后左右出现了大批军警，路上甚至停着野战车。士兵全副武装，三步一岗，五步一哨，如临大敌。长官们则拿着对讲机不停地走来走去，似乎随时通报情况。我大为惊讶，好在他们对游客比较宽容，看到我们询问的目光，很有礼貌地点头致意。

别过金樱子，来到中华大觉寺前台，巴豆和徐长卿已经在等待。今晚四人组合将分手，我们三人乘晚9点的火车往瓦拉纳西，而巴豆则乘11点的火车去加尔各答。

带齐行李，因为戒严，路上看不到突突车和出租车，便一直往前边走去。越走越远，还是看不到车辆，心里着急起来。问过几个当地人，说突突车停在摩诃菩提寺附近，只好让他们三人看管行李，我回头去找车。

然而，找遍了寺庙附近的每个角落，都没突突车。问过许多军警长官，不是摇头晃脑，就是指错方向。折腾个把小时，了无头绪，我正着急时，却发现吴茱萸和徐长卿也跑过来。原来她俩等不到我，以为发生什么事情。

斯里兰卡寺后面的巷子里有家旅游公司，我问包车到格雅火车站多少钱，回答1000卢比。正准备讨价还价时，路上居然有突突车驶过，狂奔过去抓住车门，先跳进车里。司机开价280卢比，还算厚道，便没有还价，叫他放慢速度前行。在斯里兰卡寺庙门口，看到吴茱萸和徐长卿还在张望，便赶紧招呼她俩上来。

跑过两三公里，才见路边停着许多突突车。不知道什么人要来，导致菩提伽耶戒严，连突突车也不得入内，害我等莫名紧张。不会只是比哈尔邦的首脑吧？今晚赶不上火车倒也罢了，错过一程，就怕引起连锁反应，影响后天回国的航班。

到格雅火车站时才7点多，便在车站旁边的餐馆里吃饭。餐馆只提供面包、煎蛋和奶茶。进来几个身着大红僧衣的小孩，问他们，来自中国西藏。这群孩子受过良好的教育，见多识广，英语流利。

闲谈间才知，我离开瓦拉纳西后，他们三人的活动精彩纷呈。吴茱萸和徐长卿到恒河乘船观日出，随后看了一场电影，当然还有恒河夜祭。而巴豆最大的收获是看火葬，他说亲眼见到灵魂出窍。徐长卿白他一眼，说怎么可能。但他认真地说，看到灵魂随着轻烟在空中飘来飘去。又说，我们刚经过佛法的洗礼，不要再去恒河岸边沾惹不洁之物。

离别在即，巴豆有些激动。他说，很多团队中途就解散了，无论如何，我们总算圆满结束旅程。我们相处半个多月，虽然磕磕绊绊，临别的时候，却情不自禁地拥抱起来。但是，列车晚点，每有火车停靠，我们便道别一次。道别三五次后，我们总算登上开往瓦拉纳西的列车。站台上，依稀可见巴豆挥着帽子道别。

三人在同节车厢，凌晨3点，顺利到达瓦拉纳西。原以为半夜往老城的突突车会贵点儿，结果司机只要100卢比，便任由他载着飞奔。

小贴士：

菩提伽耶经常有重大佛教活动，期间可能会找不到突突车，往格雅方向二三公里才有，请合理安排时间。

谁说非印度教徒不准进入黄金寺庙？

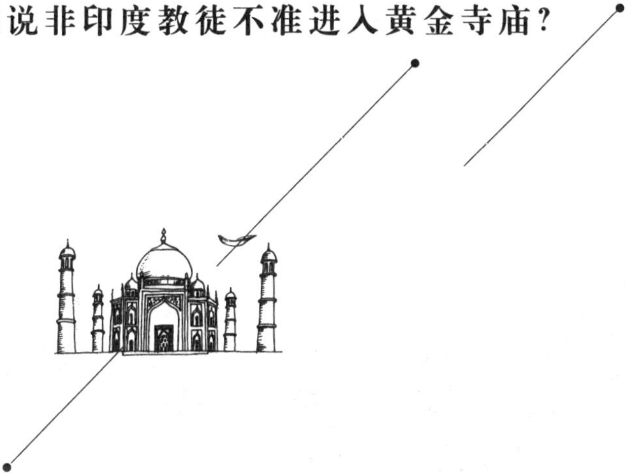

凌晨4点才睡，原想自然醒来，但7点的时候就睁开了眼睛。

吴茱萸也起来，梳洗之后，一起出门闲逛。她想寄明信片，走出去不远，就看到白色的邮电大楼。门窗紧锁，我们探头张望的时候，出来一个中年男子，带我俩直接进入办公室。邮局办公室有些简陋，房顶很高，空间宽敞，桌椅老旧，地上有几台电扇，还在使用14英寸的彩色显示器。印度软件业发达，没想到邮电局的硬件设备如此破旧。相对圣城瓦拉纳西老邮局的“寒乞相”，中国的邮政大楼几乎是城市的地标性建筑。

办公室里还有一个工作人员，看样子是领导。吴茱萸说明来意，领导让她填好放在这里就行。两人很好说话，吴茱萸要求给她的笔记本上盖个邮戳，两人也答应，并送给她一个空白邮封。他们对中国很好奇，想欣赏“人民币”的样子，我正好有零钞，便拿出来送给他们。

打听黄金寺庙的位置，半天才搞清楚，我们称之为黄金寺庙，当地人其实不这么叫，而是称之为毗湿瓦那特（Vishwanath）寺庙。往北走过去不远，穿过几条胡同就是。说起来简单，走起来费尽周折。因为路口窄小，又有警察把守，我绕来绕去才走到跟前。

以前，这座寺庙非印度教徒不得入内，现在虽然开放，但不让带入任何物品。吴茱萸对寺庙不感兴趣，我便将包交给她看管，自己跑进去参观。路口的警察先搜一遍身，然后进入小胡同，门口的警察摸过一遍，示意去登记。脱了鞋子，跑到旁边的小房子里，登记完护照号码，便光脚往里面闯，被警察拦住，再搜一遍身，总算进去了。

这座寺庙供奉湿婆神，初建于公元5世纪，12世纪被伊斯兰军队破坏。现在的寺庙系1776年重建，莫卧儿时期曾改建成清真寺。

不知从哪儿来的流水，漫到地上。寺庙窄小，香火鼎盛，信徒众多。里面的工作

一个骑着自行车的祭司

人员示意顺时针参观，转过门廊，被佛龛里的象头神吓了一跳。印度人崇信橘色，“萨蒂”仪式中的手印，“林伽”和“象头神”以及其他壁龛周围总是涂满这种艳红色，就像泼上去自然流下，红得触目惊心。

正殿里有个方形水池，里面供奉巨大的林伽，教徒们不停地用手抚摸，然后将手上的水迹沾到额头。我做出虔诚的样子，双手合十，随着拥挤的人群移动。殿里还有一些雕像，但光线幽暗，人又太多，没办法详细分辨。寺庙的墙壁垂下许多藤类植物，一直蔓延到大殿顶，几只猴子爬来爬去，不时抢劫人们手上的供品和食物。一位年长的女士，被泼猴抓掉了头巾，露出花白的头发，而那猢狲挤眉弄眼，一副无赖相。

殿外有口围起来智慧井（Jnana Vapi Well），据说喝了井水就能得到智慧。里面坐着神职人员，用金属杯子舀起井水分发给信徒。大家你争我抢，不时有工作人员过来，将不太自觉的信徒赶走。

如果按顺序参观，十来分钟就可结束，但我想着进来不易，就转了两圈。步出殿外才看清楚其外观，果真是“黄金”寺庙，果然不同凡响。顶上金光灿烂，据说用去800公斤金箔；底层银华四射，外墙裹满银饰。黄金寺庙名副其实，也难怪戒备森严。

瓦拉纳西是湿婆神的领地，黄金寺庙又是瓦拉纳西最为神圣的湿婆神庙，因此信徒们来到圣城，不论如何，都要前来膜拜。姑且不说镶金饰银的寺庙建筑，只里面的宗教气氛，就能让人窒息。我甚至觉得，这种虔诚到骨子里的宗教活动，会使人惶恐不安。较之于奥尔恰的罗摩王爷神庙，黄金寺庙里的宗教氛围，简直令人生畏。

出了寺庙，遍寻不见吴茱萸。左顾右盼之际，却见小店里的老板在喊我，原来吴茱萸看上人家的丝绸产品，挑来拣去，最后也没有成交。于是，我们继续在巷子里转悠，剩下来的时间就在店铺里度过。最后吴茱萸买了几捆香，价格还算便宜，我随她买到两条丝绸围巾。

本着不在街头吃饭的原则，中午还是回到客栈。徐长卿也已经起来，正和老板聊天。老板很年轻，他说自己的女朋友是北京人，不过已经40多岁了。说到香料，他说德里的香料最好，也比较便宜，他就经常到德里买香料寄给女朋友。这么算来，我们是他女友的娘家人，怪不得他对我们几个比较关照。

他拿出手写的小本子，一字一顿地用中文念起来：

你是谁？

你叫什么名字？

我爱你！

你在做什么？

做爱。

音调怪异，表情夸张，大家笑得前俯后仰。我探头过去查看，本子上密密麻麻记了不少东西，中文后面用印地语标注读音。我想起初学英语，在“English”后注“阴沟里死”，在“Apple”后面注“暗炮”。看来世界各地的人们在学习语言时都心有灵犀，都用差不多的方法。

说到恒河，他说我们看到的那些“稻草人”确实是尸体，因为有些非正常死亡者不允许火化，只能水葬。再谈起教育，他说，印度小学的教科书里，描述中国贫穷落后，所以印度人普遍认为中国比印度更穷更脏更破。他去过北京，对两国间的差距有比较客观的认识。

吃过午饭，吴茱萸和徐长卿继续去逛街购物，我又跑到恒河岸边闲逛。

墙角有几个浑身涂满白灰的苦行僧（Sadhu），赤身裸体，头包红布，胯间仅用巴掌大的白布掩住私处，双腿交叠，结跏趺坐，手里拿着漏斗形的小鼓不停地摇晃，面前竖柄三股钢叉，身边放着几个金属罐子，还放个相框，内供象头神伽内什。修行者对物质要求极低，甚至和街头的乞丐相差无几。

“苦行”（Tapas）一词，梵文原意为“热”，因为印度气候炎热，信徒便把受热作为苦行的主要手段。苦行僧也叫禁欲者或苦行修道者，在印度已存在数千年。印度教把人的一生分成净行期、居家期、修行期和苦行期四大阶段。他们经历了学习、工作以及成家立业等人生的几个重要阶段，在子女长大成人后，就离家出走，去当神的使者或仆从。

印度教虽然派别林立，但修行方法，发展为两个极端，就像金庸笔下的丐帮，分净衣派和污衣派。一派提倡享乐至上，诚如克久拉霍性庙所示，“法”、“利”、“欲”为其终极追求目标；另一派则为苦行，将自身的欲望降到最低，赤身断发，涂灰绝食，以求达到精神灵魂的解脱，和古老的“沙门”（Samana）一脉相承，走佛陀最初修行的路线。

呆坐半日，看时间不早，便回到客栈。今晚将乘7点的火车去新德里。吴茱萸和徐长卿也刚回来，便辞别热情的客栈老板，踏上归程。

街头正是拥挤的时候，很少看到突突车，好不容易拦下一辆，要价80卢比。四人坐到车上，吴茱萸再问价格，司机居然说每人80卢比，只好愤而下车。走过马路，才见路边有许多突突车，到火车站100卢比。

火车又晚点一个多小时。上车后相邻铺位是一家来自克什米尔的印度人，他们看到吴茱萸和徐长卿手上已经淡化的“海娜”纹身，便详细介绍起来。我问他，为什么没有看到中国常见的“印度飞饼”。他说那是南印度的小吃，北印度很少。说起筷子，他觉得很好奇，吴茱萸正好带着，便示范给他们看。男主人好学，笨拙的手法惹得大家哈哈大笑，车厢里充满了欢乐的气氛。

车马劳顿，连日睡眠不足，我便爬到上铺睡觉。次日醒来，见那个克什米尔男士已经在学习抓筷子了。

小贴士：

黄金寺庙在深巷里，现允许外国人免费参观，不能带任何物品，需要登记护照。圣城有车流高峰期，打车也比较困难，请早做准备。

12

NEW DELHI

新德里

火车站遇到小麻烦

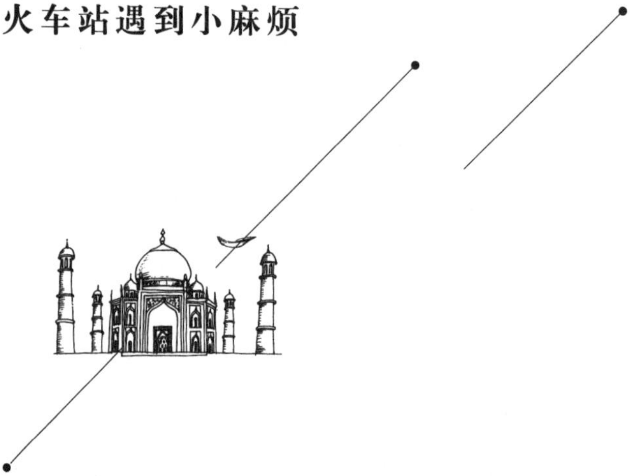

清晨8点，火车抵达新德里。

我们没有立即出站，先到站台寻找行李寄存处，以卸掉身上的累赘，轻装参观新德里。旅客排成了长龙，我探头看时，行李寄存处大门紧锁，似乎没有营业。徐长卿询问旁边的印度男士，他说，两个小时后开门营业。

新德里的景点比较多，如果耽误到10点，时间就会非常紧迫。我建议找家旅馆放行李，她俩同意。印度有些火车站设有临时休息室，但左右逡巡不见，便咨询适才遇到的男士。

此君非常热情，说马路对面就是火车站的旅馆，自告奋勇带我们过去。穿过车站前面的马路，我开始感觉不太对劲儿，但既然出来，只好跟着他继续前行。他带我们来到一间窄小的店面，门上挂着旅游公司的牌子，屋里坐着两个穿制服的工作人员，说只接待团队和提供咨询，没有房间服务。吴茱萸看出期间端倪，放下行李，不再搭理热情的印度男士。

附近有许多客栈。我和吴茱萸分头挨家挨户询问，出乎意料，到处都没有空房。再回到火车站，寄存处早已营业，遂决定我来排队，她俩先去吃饭。吴茱萸跑到门口咨询，原来只是临时关门，我们正好遇上。她说，刚才热情过度的印度男子是个“托”，我出去找客栈时，他赖在旅游公司门口，等着拿小费呢。我暗自惭愧，印度之旅的最后一天，差点被这位老兄守株待兔。

新德里地铁公司发行一种针对外国游客的旅行卡，面额100卢比，押金150卢比，在当天地铁停止营运前，可不受限制搭乘地铁。真是这样吗？新德里站到机场的地铁票就需要80卢比，吴茱萸和徐长卿觉得非常划算，咨询再三，确定可以任意乘坐，我们便各自买了一张。

背影

通过重重安检进入地铁，徐长卿和吴茱萸在女士专用车厢就座，我靠在车厢衔接处欣赏德里的时尚女郎。相对于偏远小城，新德里毕竟是大都市，兼容并蓄，能够广泛接受外来文化。所以地铁车厢里能看到许多着装新潮的年轻女性，而不再是单调的纱丽世界。

印度有句老话："无论谁在德里建起新城市，最终毫无疑问都会失去。"不知道现代印度会不会应验这个谶言？此前的德里地区，按照官方的标准，共有八个被严格划分的都城。

前四个城市位于德里南郊的古特伯高塔地区，分别为公元1060年拉吉普特人建立的拉尔·考特（Lal Kot）城，1303年阿拉·乌德·丁（Ala Ud Din）建立的西里（Siri）城、1321年阿拉·乌德·丁的继任者建立的杜格拉克阿巴德（Tughlaqabad）和1326年杜格拉克（Tughlaq）王朝建立的第二座城市贾汗帕纳（Jahanpanah）；第五座城市是1354年由费罗斯·沙·克特拉（Firoz Shah Kotla）在新德里地区建立的菲罗扎巴德（Firozabad）；第六座城市为1533年由阿富汗君主舍尔·沙·苏里（Sher Shah Suri）在印度门附近所建的旧堡（Purana Qila）；第七城市是1638年莫卧儿皇帝沙·贾汗建造的沙贾汗阿巴德（Shahjahanabad），也就是旧德里；第八城市为鲁琴斯主持建造的新德里，号称"殖民王冠上的一颗宝石"。

19世纪中期，英属印度将首都迁至加尔各答。1911年，英国殖民统治者驻印度总

瞧这一家子

督筹划将首都从加尔各答迁回德里，并开始在旧都以南兴建新城，称为新德里。1931年新德里正式启用，1947年印度独立，新德里仍为首都。如今，新旧德里连成一片，新德里成为新旧德里共同的名称。

传说，3000多年前的摩诃婆罗多（Mahabharata）时代，德里被称之为“因陀罗普罗斯泰”（Indraprastha），即“因陀罗的居所”。早期印度经典《梨俱吠陀》中，因陀罗（Indra）是天神之王、战神和雷雨神。据说，因陀罗喝足苏摩酒（Soma），带着风神，杀死巨龙弗栗多（Vritra），劈山引水，摧毁龙宫的99座城堡，帮助雅利安人击败达萨（Daza）人。在佛教中，因陀罗是如来护法神。

小贴士：

火车站可存放行李，景点多在地铁沿线。地铁公司推出一种针对外国游客的“旅行卡”，面额100卢比，24小时内随意使用，但不含到达机场的地铁票。到古特伯高塔站，出站乘突突车30卢比到高塔门口。

突厥“奴隶”的胜利之塔

暗红色的古特伯高塔(Qutab Minar)高耸入云，这片遗迹是印度早期的伊斯兰建筑群所留。其中除了高塔，还有清真寺、陵墓以及旃陀罗笈多王朝时期的铁柱。

公元12世纪晚期，阿富汗加兹尼(Ghazni)的执行官穆罕默德·郭里(Mohammed Ghori)在第二次塔兰(Tarain)战争中击败德里的最后一任拉吉普特王公，委派从突厥奴隶晋升起来的将领古特伯—乌德—丁·艾伯克(Qutb-Ud-Din Aibak)来治理此地，他自己则返回加兹尼。1206年，郭里在一次祈祷中被谋杀。消息传到德里，古特伯马上抢到郭里帝国在印度的控制权，宣称自己是这个地区的苏丹。所谓“苏丹”，是指伊斯兰教国家中，依照沙里亚(al-Shari'ah)法规设立的政教合一的统治者。

从奴隶爬升到苏丹，自然要夸耀一番。古特伯为了纪念印度战争的胜利，着手修建这座“胜利之塔”，可惜他只完成了第一层；1231年他的女婿主持修建了第二层和第三层；1368年由杜格拉克王朝的费罗斯·沙·杜格拉克(Firoz Shah Tughluq)修建了顶部两层。1803年，一次地震造成顶部坍塌。1829年，英国人重建顶部，但被认为不太搭调而拆除。

从初建算起，这座高塔已经矗立了800余年。我此行所参观的名胜古迹中，除了佛教遗迹和克久拉霍部分神庙，古特伯高塔算是比较古老的建筑。1993年，古特伯高塔与胡马雍大帝陵同时被联合国教科文组织列入世界文化遗产。

塔共五层，高73米，底部直径15米，顶部2.5米。底部三层由红砂岩筑成，顶端两层则使用白色大理石和砂石混合材料。底层外壁有半圆形和三角形组成凹槽纵沟，二、三层外壁分别由半圆形和三角形组成凹槽纵沟，四层比较平滑，五层看起来像座碉楼。周围环绕多重古兰经文和植物花卉图案组成的浮雕，据说有些工匠将自己的名字镶嵌其间。间隔位置呈蜂窝状，又像探出来的阳台，雕刻工艺非常精美。

古特伯高塔略有倾斜，但不影响其雄伟壮观。据说以前可以攀登，1981年有学生从上

古特伯高塔

古瓦特乌尔清真寺

古特伯高塔

面跌落，自此严禁攀爬，游客们再也不能享受登临的快感，只能在塔脚仰望。

高塔旁边是古瓦特乌尔（Quw-watul）清真寺，1193年由古特伯开始修建，此后由其继承者陆续完成。古瓦特乌尔号称印度首座清真寺，建在原印度教神庙的旧址上。刻于东门的文字记录显示，最初的原材料来自“27座邪教庙宇”。显然，当初伊斯兰教摧毁许多印度教和耆那教寺庙，然后在其基础上修建了大量的清真寺。

不过，这座寺庙还是融合了印度教和耆那教的元素，环绕清真寺的廊柱上，雕刻着许多几何图案。因为年代久远，寺庙已经败落，只能从现存墙壁和窗户的雕刻中，依稀可见昔日的风采。

清真寺中庭有根铁柱（Iron Pillar），高达7米，据说在清真寺建造之前就矗立于此。柱身有六行梵文雕刻，道明其原来置于毗湿奴神庙，为纪念公元4世纪晚期的旃陀罗笈多二世（Chandragupta Ⅱ）而铸造，但铭文没有记录这根高纯度的铁柱如何制成。令人惊讶的是，铁柱在风雨中挺立近2000年，仍然没有生锈。

铁柱黑油油的，上细下粗，顶端有拉丝状的箍纹，四五层重叠起来，简洁大方，由此可推断当时的锻造技术之发达。据说，背对铁柱以双手环绕许愿，就可以实现心中所想。不过，现在周围加了铁栏杆，再也不能轻易摸到了。

铁柱北面，有半截砖石结构的建筑，叫阿莱高塔（Alai Minar）。这座高塔，1311年由

古瓦特乌尔清真寺

阿拉－乌德－丁（Ala–Ud–Din Khalji）所建。据说此公最初设想，阿莱宣礼塔与古特伯高塔风格相同，但要比古特伯塔高出两倍，用以纪念他的丰功伟绩。然而，搭建到24.5米他就去世了，此后没有人愿意接手这个烂摊子，只好荒废至今。

实际上，阿莱高塔根本没有塔的样子，看起来像座火山口。难得的是，700多年之后，它还保持着当初的风貌。

景区内还有阿莱达瓦萨陵墓（Alai Darwaza），被夸耀成伊斯兰建筑的珍宝，不过比较破败。除了拱形门窗上精美的雕刻和圆形屋顶，看不出特别之处来。另外，园区有莫卧儿王朝最后几位皇帝的陵墓，还为其末代国王巴哈杜尔·沙二世（Bahadur Shah Ⅱ）留了位置。巴哈杜尔·沙因参与1857年的印度民族大起义，失败后被英国人流放到缅甸，1862年死于仰光（Yangon），那块空地至今还被保留。许多人可能不知道，巴哈杜尔·沙二世还是诗人，他在诗中写道："爱的一切都去了，就像被秋天夺去美丽的花园，我只拥有记忆中的辉煌。"

小贴士：

古特伯高塔的售票处在高塔对面，门票外国人250卢比，有中文语音导游，100卢比，但介绍很简单。

不幸的“幸运者”胡马雍

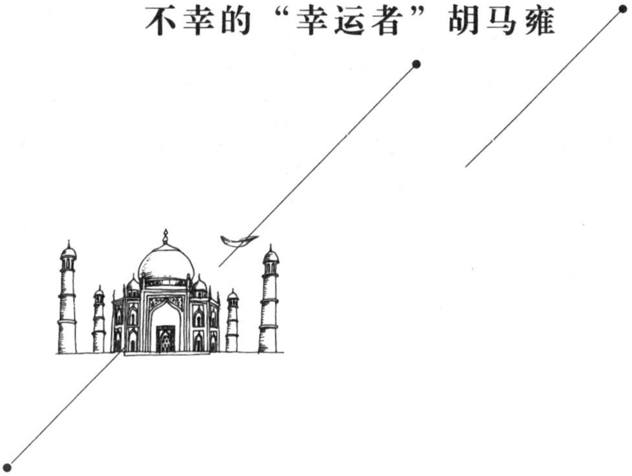

本来想直接前往胡马雍大帝陵（Humayun's Tomb），从距离最近的地铁口出来，却到了新德里的洛提（Lodi）路西边。对面有座颇具规模的伊斯兰陵墓，三层城楼，中间是巨大的莫卧儿风格的拱形门，两边各有四座拱形窗。正门口有保安值守。我不知道其来历，便过去打听，原来这是萨夫达尔疆陵墓（Safdarjang's Tomb）。

萨夫达尔疆陵墓是18世纪中叶由印度阿瓦德（Avadh）的行政长官为他父亲修建的陵寝，为莫卧儿王朝衰落前建立的最后一座花园式陵墓，整体仍然遵循莫卧儿风格的简洁和优雅。

走进拱门，穹顶可见彩色石头拼起来的几何图案和植物花卉，工艺精湛甚至超过了阿格拉的阿克巴大帝陵。巨大的门扇上缀满铁钉，像城堡一样坚固。门楼正中有蜂窝状藻井。透过拱形门，可见庭院内三层陵墓，正前方是长方形的水池，两边是种满大王椰子的莫卧儿花园。底层四周由许多拱门组成正方形基座，上面为对称形式的陵墓，顶端有双层洋葱状白色大理石穹顶。

外墙有使用红黄两色砂石嵌套而成的各种图案，并以白色大理石勾边，看起来大方美观。墓室内部光线不足，但能看清精雕细琢的内壁和穹顶，居中位置是大理石棺材。甬道里刻着阿拉伯铭文：“当勇敢的原野英雄从他短暂的世界中离开时，将成为天堂最高神的子民。”

这是意外的收获，我不敢停留太久，赶紧出门。

拦辆突突车到胡马雍大帝陵。在门口碰到正在列队的小学生，看见我们，他们调皮地摆好姿势要求拍照。带队老师连忙制止，但当我举起相机时，他却赶紧整理衣衫，比学生们更注重风纪。

胡马雍陵是早期的莫卧儿风格的建筑，16世纪中叶由胡马雍的波斯王妃哈姬·碧古姆（Haji Begum）建造。她是一位波斯学者的女儿，死后和胡马雍合葬于此。

胡马雍大帝陵

莫卧儿王朝的创立者巴布尔早逝，23岁的胡马雍继位。16世纪中期，阿富汗人舍尔·沙·苏里两度击败胡马雍，夺取德里，将胡马雍赶出印度。15年后，胡马雍在波斯国王太美斯普一世（Tahmasp Ⅰ）的帮助下，东山再起，击败舍尔·沙·苏里的继任者，重新统治北印度。当然，天下没有免费的午餐，太美斯普一世得到了坎大哈（Kandahar）。

不幸的是，收复德里后的第二年，胡马雍在旧堡（Old Fort）的一座八角楼上意外跌落受伤，最终不治身故。史学家们调侃说，他是“幸运的不幸者”，因为“胡马雍”波斯语意为“幸运者”。九年后，哈姬·碧古姆为他修建了胡马雍大帝陵。

胡马雍喜欢文学艺术，就算在流亡期间，也悉心研究波斯和中国文学。但他同时嗜酒如命，丢掉德里与此不无关系。幸运的是，他有个好妻子，在他最困难的时候嫁给了他，不离不弃，而且为他建造了漂亮的陵墓。胡马雍大帝陵融合了印度教和伊斯兰的建筑艺术，被称为最早的成熟的莫卧儿风格建筑，1993年，被联合国教科文组织列入世界文化遗产。

此处建筑形式和传统的伊斯兰建筑类似。入口是比较简单的拱形门，走过长长的甬道，正面又是一座红黄两色砂岩嵌套而成的拱门，左面也有一座同样形式但比较破旧的拱门（Arab Sarai Gate）。和阿格拉所见陵墓不同，这些门楼本身比较低矮，但拱门却异常阔大。

走进正门，里面是典型的莫卧儿花园式陵墓。整体建筑较阿克巴大帝陵简洁，但比萨夫达尔疆陵雄伟。规模宏大，布局完美，庭院呈长方形，四面环绕红砂岩围墙。绿草高树，水道喷泉，方形陵墓坐落在花园中央。整体建筑主要使用红黄黑多种颜色的砂岩嵌套而成，饰以大量的白色大理石，看起来威严端庄、简朴明丽。

底层是由许多拱形门和房间组成的印度教风格的基座。陵墓主体有四座拱形门，四壁为上下两层排列整齐的小拱门，顶端中央是洋葱形白色大理石拱顶，上有金属小尖塔，四面围绕八角形凉亭。这个圆顶由上下两个单独的拱顶组成，中间留有空隙，外层是白色大理石外壳，内层则形成覆盖墓室的穹隆。

陵墓里呈放射状，通向两边的八角形宫室。胡马雍夫妇的石棺就安放在寝宫正中，两侧的宫室里则放着莫卧儿王朝其他五个帝王的大理石棺材。阳光透过精细镂刻的石格子窗照到墓室，冰冷的石棺上便有了些许温暖。

花园里还有其他人员的陵墓和清真寺。不过，这里的清真寺不像其他伊斯兰陵墓那样讲究对称，而是散落在各处。门口还有个小型的博物馆，陈列着与胡马雍陵相关的绘画和摄影作品。

除却建筑的艺术和历史价值，这座被水道分成格子状的花园本身也是让人非常惬意的休闲场所。许多印度人躺在草地上聊天、睡觉、恋爱，看起来很享受。但我们今天要游览的景点比较多，无缘享受清静，参观完毕赶紧出门。

胡马雍大帝陵

萨夫达尔疆陵

小贴士：

从胡马雍大帝陵地铁站出来，附近有萨夫达尔疆陵，门票100卢比。此处突突车50卢比可到胡马雍大帝陵，门票250卢比。

神的城堡，因陀罗普罗斯泰

德里的旧堡，官方称之为“Purana Qila”。1533年由阿富汗的伊斯兰君主舍尔·沙·苏里所建，位于印度门附近。

旧堡附近有座清真寺，看起来有些破败。我和吴茱萸走进去，见里面有戴着小白帽的穆斯林打扫院落。实际上，这座清真寺年代更为久远，风格比较简洁。两边围墙上的拱形门损坏严重，庭院中央有八角形水池。主体建筑只有三个拱门，中间大，两边小。顶端的半球形拱顶变成了黑色，显得很旧，估计是莫卧儿之前的建筑。看得多了，懒得再花心思细心研究，稍事浏览，便在穆斯林的微笑中步出寺门。

德里的第六座城市，建在最早的因陀罗普罗斯泰的原址。这座属于神的城堡，好像被诅咒过。据传，印度史诗《摩诃婆罗多》里俱卢族和班度族之间的血腥战争，就发生在旧堡附近。班度五兄弟初建该城时，为其取名为“因陀罗普罗斯泰”。从此以后，残酷和血腥从来没有间断。

1539年开始，阿富汗人两度击败胡马雍，迫使胡马雍于1540年流亡波斯，差点终结了莫卧儿的统治。不过，幸运者胡马雍15年后王者归来，夺回了旧堡。然而，好景不长，1556年胡马雍从旧堡里面的八角塔楼意外跌落，身受重伤，不治而亡。

更为不幸的是，1947年印巴分裂，数以千计的穆斯林难民聚集在这里，等待前往巴基斯坦。但是，其中的许多人被屠杀，永远没有到达他们的目的地。

到门口的时候，徐长卿坚决不再参观陵墓，想去吃饭，然后直接回新德里火车站等我们。她已经花完了手头的卢比，我也只剩1000左右，便分给她200卢比。旧堡门票250卢比，看着为数不多的纸币，顿时感觉窘迫起来。

入口在西门，这个城楼和胡马雍陵的大门几乎相同，式样比较简洁，两边圆柱形的碉楼，仍然可以看出昔年的雄浑壮观。门口出来两个年轻的印度小伙子，看到我挂着相机，便

让我拍照。小伙子很俊朗，拍完给他俩看，简单聊过几句，他们才转身离去。

巨大的原木门扇缀满铁钉，通过拱门，便来到了花园式的旧堡。两边是修剪整齐的园林，芳草萋萋，繁花灿灿。排列整齐的大王椰子，好像忠诚的卫士，守护着这座城堡。

前面就是舍尔·沙修建的清真寺（Qila-i-kuhran Mosque），建筑简洁明了。拱门周围有各色石头镶嵌而成的几何图案，两边是对联样的古兰经文。顶上黑色的半球形拱顶，没有圆顶凉亭。风格和适才参观的清真寺相同，只是更加雄伟。门前的圆形水池早已干涸，变成了大坑，有几个孩子在里面玩耍。室内有黑白两色大理石嵌套而成的假拱门，雕刻精美细致，两边也有古兰经文。

对比旧德里的贾玛清真寺和阿格拉的清真寺，可以看出明显的区别。这座清真寺就像原始版本，而莫卧儿时代的建筑，则加进去许多印度教元素，更加完美。

走到庭院边缘，能看到新德里的市容。下面是巨大的停车场，密密麻麻的车辆像玩具样摆满场地，远处有四个巨大的金属柱子，不知道是什么建筑。北面好像是体育馆，草绿色的建筑比较奇特，但不能分辨具体细节。

顺着花园小径往南，许多当地人在草坪上闲坐聊天。靠近南门处有座三层的八角塔楼（Sher Mandal），下面两层各有八个拱门，上面是圆形拱顶凉亭。八角塔是舍尔·沙建造的观象台，胡马雍将其改为图书馆。他是个爱读书的人，但很不幸，他就是从这座塔的跌落受伤，不治身亡。

南门有些破落，但不减壮观，裸露的砂石城墙展现出岁月的痕迹。墙头的两个圆顶八角亭依然完好，像迟暮的勇士，在夕阳下回忆曾经的辉煌。

返回入口，太阳已经落在城楼的凉亭上。我坐在博物馆的门口小憩，等吴茱萸回来。

城堡内的清真寺

胡马雍就从这座八角亭上摔下来

小贴士：

从胡马雍大帝陵出来，搭乘突突车往北，到旧堡只需30卢比。

从印度门到总统府

徐长卿没有离开，不知从哪儿买到零食，无精打采地坐在门外乱吃。看到我们出来，连声抱怨："这么一座破城堡，你们居然逛了两个小时。"吴茱萸无言以对，我笑而不语。

从此往西就是印度门，我们徒步前往。相对于印度其他城市，新德里的道路整齐有序，有了红绿灯、斑马线、隔离带等基本元素。一路打听，不觉间就到了国家现代美术馆。

其实，原计划要参观国家美术馆，可惜时间不够，没能及时赶来。美术馆门窗紧锁，只能透过铁栅栏观看里面的现代建筑和院子里的艺术作品。雕塑很有趣，几个赤裸的汉子用杠杆撬大石头，头顶落满鸽子，和雕塑浑然一体，如中国的"愚公移山"，一幅战天斗地的景象。

到底是鲁琴斯规划的城市，所谓殖民王冠上的宝石，绝非浪得虚名。英国人离开之后，新的统治者继承了这里的井然有序。对照破败的旧德里，简直天上地下，甚至让人怀疑两个城区是否属于同一个国家。

走到宽阔得有些夸张的国王大道（Raj Path），这种感觉愈加明显。印度门就坐落在国王大道的东端，中心位置被隔离成花园，里面种满奇花异草。道路整齐，树木苍翠，东边有座细而高的四角凉亭，和近在咫尺的印度门相互映照。

印度门（India Gate）其实就是战争纪念碑。拱门高42米，由鲁琴斯模仿巴黎凯旋门设计建造，以纪念第一次世界大战、西北边境行动和1919年阿富汗战争中阵亡的9万名不列颠印度军人，红砂岩和花岗岩墙壁上刻有13500名将士的名字。东侧有三面旗帜，周围花团锦簇。拱门中央有座平台，四角各置铜炉，里面燃着熊熊火焰。旁边站立身着藏青色军服的士兵，腰杆笔挺，英俊威武，手扶上了刺刀的长枪。有意思的是，他

印度门

们的裤管只有七分，下面三分搭配另类的白色，像翻卷的高腰白色雨鞋。还有怀抱自动步枪的士兵，来回走动，供人拍照。

印度门顶端有一盏直径3.5米的圆盆状大油灯，节日期间会点燃。那个位置原来有乔治五世的雕像，现在放在加冕公园的角落里。我猜想，前几天的印度共和日，那盏灯一定不会省油吧？据说，每年的游行集会和阅兵仪式都在这里举行。可惜共和日那天我在斋普尔，没有时间赶到印度门。

当初，印度军人为争取国家独立，开赴前线替英国殖民者作战。但是，战后英国人食言。为了安抚印度人的不满情绪，英国政府于1921出资修建印度门聊以纪念。印度独立后，印度门成为无名战士纪念碑。

印度门有“东方凯旋门”之称，实际上，巴黎凯旋门是用来庆祝胜利的。孟买还有一座印度门，为纪念来访的英王乔治五世和玛丽皇后而建。我参观过老挝万象的胜利纪念碑，也叫凯旋门，较印度门低矮，顶层是老挝风格的佛塔。

沿着国王大道往西，沿途尽是政府机关。国王大道有漂亮的路灯和建筑，两边分别为秘书处的南楼和北楼，财政部和外交部也在这里办公。秘书处大楼东北为白色大理石柱支撑起来的圆盘状印度国会大厦，西端为建于1929的总统府。总统府由鲁琴斯融合莫卧儿和西方建筑风格设计完成，除了主体建筑，还有巨大的莫卧儿花园。原为殖民总督官邸，听说二三月间对公众开放。

俗话说“看山走死人”，总统府的青铜拱顶越来越近，但就是可望而不可即。过了国家博物馆，直到秘书处大楼，血色的太阳落在半圆形拱顶上，天际的彩霞如锦缎般铺展开来，让人没来由地想起“帝国落日”这样的主题。

过了秘书处大楼，总统府尽收眼底。时间已经不早，我们赶紧返回附近的地铁站，准备归程。换乘间隙，在西餐店里花光了身上所有的卢比。

新德里地铁站到机场有直达地铁，票价80卢比。但是，我们所买的旅行卡不能使用。我说呢，当时总觉得不妥，地铁公司殚精竭虑琢磨出来的方案，岂能让游客大占便宜？至此才恍然大悟。退卡拿回押金，总算凑够到机场的地铁票。

到机场的地铁专列很豪华，但乘客不多，里面不准拍照，严禁吃喝。工作人员过来时，吴茱萸和徐长卿已经完成了拍摄。我们顺利地来到候机楼，遇到在菩提伽耶见过的韩国摄影师，相互寒暄几句，便分头找自己的航班了。

在电子屏幕里找到航班的对应入口，值班警察拿出花名册，找到我们的名字，便让我们进去了。行李超重，不能随身带上飞机，只好拿出相机，办理托运手续。机场的安检非常严格，威严的女警察让我脱掉外套，她会说中文“夹克”，我一时没反应过来，招来她好几个白眼。

圆形的印度议会大厦

晚上9点40分，飞机终于起飞。

盘点我的旅程，此行横穿北印度5个邦，走过11个城镇；参观8处世界文化遗产，3处佛教圣地；搭乘11次火车，5次长途巴士，无数突突车和公共汽车；游览8座古堡，3座城市宫殿以及众多寺庙和陵墓；还有夜宿火车、沙漠露营以及歌舞、电影、祭祀、火葬、神牛、泼猴……

新德里的灯火已然远去，空乘小姐推来饮料，我与同排的印度男士要了红酒。我举起杯子：“中国欢迎您！”他愉快地笑了，两只杯子“叮”的一声碰在一起。

小贴士：

新德里还有许多景点，西藏屋、莲花寺、甘地墓、洛提花园、加冕公园、国家博物馆、简塔曼塔天文台、阿克萨尔达姆庙以及清真寺和锡克教、耆那教寺庙等，还有一座荒诞的国际厕所博物馆。清真寺均不收门票，但拍摄则需付费。经常有谎称官方导游的骗子借机敲诈，需要提高警惕。

到机场的地铁很豪华，票价80卢比。到机场请将电子客票打印出来，有时会发生因没有客票而不让进入办理大厅的事情。